TENTH EDITION

거시경제학 해법

TENTH EDITION

거시경제학 해법

N. Gregory Mankiw 지음 | 이병락 옮김

Σ 시그마프레스

Mankiw의

거시경제학 해법, 제10판

발행일 | 2020년 3월 5일 1쇄 발행

저 자 | N. Gregory Mankiw
역 자 | 이병락
발행인 | 강학경
발행처 | (주)시그마프레스
디자인 | 강경희
편 집 | 문승연

등록번호 | 제10－2642호
주소 | 서울시 영등포구 양평로 22길 21 선유도코오롱디지털타워 A401~402호
전자우편 | sigma@spress.co.kr
홈페이지 | http://www.sigmapress.co.kr
전화 | (02)323－4845, (02)2062－5184~8
팩스 | (02)323－4197

ISBN | 979－11－6226－255－9

Solutions Manual to accompany Mankiw :
MACROECONOMICS, 10th Edition

First published in the United States by Worth Publishers

* 책값은 책 뒤표지에 있습니다.
* 이 도서의 국립중앙도서관 출판예정도서목록(CIP)은 서지정보유통지원시스템 홈페이지(http://seoji.nl.go.kr)와 국가자료공동목록시스템(http://www.nl.go.kr/kolisnet)에서 이용하실 수 있습니다.(CIP제어번호 : CIP2020005238)

역자 서문

이 책은 N. Gregory Mankiw 교수의 『거시경제학』(제10판)에 있는 '복습용 질문', '문제와 응용', '추가문제와 응용'에 대한 풀이를 수록한 것이다.

이 책은 독자들이 자신들의 풀이를 스스로 점검해 보도록 하는 지침을 제공하기 위해 발행되었다. 따라서 문제를 풀어 보기 전에 먼저 이 해법집을 참조하는 것은 적절하지 않다고 생각된다.

'복습용 질문'은 각 장에서 다룬 내용 중 핵심적인 사항을 질문한 것으로 교과서를 참조하여 쉽게 해법을 찾을 수 있다. 따라서 각 장을 숙독한 후 전반적인 이해 사항을 점검하고 핵심내용을 정리하는 데 도움이 될 것이다. '문제와 응용' 및 '추가문제와 응용'은 기본적인 개념과 논리를 적용하고 분석하는 능력을 키우는 데 도움이 될 것으로 보인다. 따라서 숙지한 내용에 기초하여 각자 먼저 문제의 실마리를 찾고 답을 구한 후 이 책을 참조하는 것이 바람직할 것이다.

끝으로 이 책을 출간하는 데 도움을 주신 (주)시그마프레스 관계자 여러분께 감사드린다.

차례

제 1 장 과학으로서의 거시경제학 …… 1

제 2 장 거시경제학의 자료 …… 3

제 3 장 국민소득 : 생산과 분배 …… 11

제 4 장 화폐제도 : 정의 및 역할 …… 27

제 5 장 인플레이션 : 원인, 결과, 사회적 비용 …… 35

제 6 장 개방경제 …… 41

제 7 장 실업 및 노동시장 …… 63

제 8 장 경제성장 I : 자본축적과 인구증가 …… 71

제 9 장 경제성장 II : 기술, 경험 그리고 정책 …… 83

제 10 장 경제변동 입문 …… 97

제 11 장 총수요 I : *IS*－*LM* 모형의 도출 …… 107

제 12 장 총수요 II : *IS*－*LM* 모형의 응용 …… 119

제 13 장 개방경제에 관한 재논의 : 먼델－플레밍 모형과 환율제도 …… 145

제 14 장 총공급과 인플레이션 및 실업의 단기적 상충관계 …… 173

제 15 장 경제변동의 동태 모형 …… 187

제 16 장 안정화정책에 관한 대안적 관점 …… 199

제 17 장 정부채무 및 재정적자 …… 205

제 18 장 금융제도 : 기회 및 위험 …… 209

제 19 장 소비 및 투자의 미시경제적 기초 …… 213

부 록 경기변동이론의 발전 …… 223

1

과학으로서의 거시경제학

복습용 질문

1. 미시경제학은 개별 기업 및 가계가 어떻게 결정을 내리고 서로 어떻게 상호작용하는지를 알아보는 경제학의 한 분야이다. 기업 및 가계의 미시경제 모형은 자신들에게 주어진 제약하에서 최선을 다한다는 최적화 원칙에 기초하고 있다. 예를 들면 가계는 자신들의 효용을 극대화하기 위하여 어떤 재화를 구입할 것인지를 선택하며, 기업은 이윤을 극대화하기 위하여 얼마나 생산할지를 결정한다. 반면에 거시경제학은 전반적인 경제에 대해 알아보는 경제학의 한 분야이다. 즉 거시에서는, 예를 들면 총생산량, 총고용, 전반적인 물가수준과 같은 문제를 중점적으로 다룬다. 이와 같은 경제 전반적인 변수들은 수많은 가계와 기업의 상호작용에 기초하게 된다. 따라서 미시경제학은 거시경제학의 기초가 된다.

2. 경제학자들은 경제변수들 간의 관계를 요약해서 나타내는 수단으로 사용하기 위해 모형을 설정한다. 모형은 경제 내 많은 세부사항으로부터 발췌한 것으로 가장 중요한 경제적 연결관계를 집중적으로 보여 주기 때문에 유용하다.

3. 시장청산 모형은 공급과 수요가 균형을 이룰 수 있도록 가격이 조절되는 모형이다. 시장청산 모형은 가격이 신축적인 상황에서 유용하다. 하지만 많은 경우에 가격이 신축적이라는 가정은 현실적이지 못하다. 예를 들면 노동계약의 경우 빈번히 3년 동안까지도 임금을 일정 수준으로 유지한다. 대부분의 거시경제학자들은 가격 신축성에 대한 가정이 장기적인 문제를 연구하는 데 적합하다고 본다. 가격이 단기적으로는 서서히 조절되더라도 장기적으로는 수요 또는 공급의 변화에 반응을 한다.

문제와 응용

1. 미국의 경우는 다음과 같다. 첫째, 2018년에도 금융정책은 계속해서 주요한 논쟁 대상이 되었다. 이때는 연방준비은행이 연방자금금리를 얼마나 신속하게 인상해야 할지 결정해야 했고 임금과 물가 상승에 대해서도 주시하고 있었다. 둘째, 미국은 무역과 이민을 제한하는 강화된 보호주의정책을 시행하고 있다. 이런 정책이 소비자, 근로자, 기업에 어떤 영향을 미칠지 그리고 다른 국가들이 어떤 반응을 할지 불확실성이 지속되고 있다. 셋째, 미국은 경제 전체에 영향을 미치게 될 조세개혁안을 입법화했으며, 이로 인해 가계 및 기업의 결정이 변화할 수 있고 연방재정에 대해 문제가 제기될 수 있다.

2. 많은 과학자들은 과학이 갖는 명백한 특징으로 안정적인 관계를 찾는 데 과학적인 연구방법을 사용한다는 점을 들고 있다. 과학자들은 자주 통제된 실험을 통해 얻은 자료를 검토하여 가설을 입증하거나 반증한다. 이에 비해 경제학자들은 실험을 한다는 면에서 더 제한되어 있다. 경제학자들은 경제에 대해 통제된 실험을 할 수 없으며, 자료를 수집하기 위해서 경제에서 나타나는 자연적인 전개과정에 의존해야 한다. 경제학자들이 과학적인 조사방법을 사용하는 한도 내에서, 즉 가설을 설정하고 이를 검정하는 범위까지 경제학은 과학으로서의 특징을 갖는다.

3. 이 장에서 다룬 피자의 공급 및 수요 모형을 약간 변형시켜서 이 문제에 답을 할 수 있다. 아이스크림의 수요량은 아이스크림 가격과 소득뿐만 아니라 냉동 요구르트의 가격에도 의존한다고 가정하자.

$$Q^d = D(P_{\mathrm{IC}}, P_{\mathrm{FY}}, Y)$$

아이스크림과 냉동 요구르트는 대체재이므로 냉동 요구르트의 가격이 하락하면 아이스크림에 대한 수요가 감소할 것으로 기대된다. 즉 냉동 요구르트의 가격이 하락하면 이에 대한 소비를 증가시키는 대신에 아이스크림 소비를 감소시켜 냉동 디저트를 먹고 싶은 충동을 채우게 된다. 이 모형의 두 번째 부분은 아이스크림의 공급함수, 즉 $Q^s = S(P_{\mathrm{IC}})$이다. 마지막으로 균형에서 공급과 수요는 같아야 하므로 $Q^s = Q^d$가 된다. Y와 P_{FY}는 외생변수이며 Q와 P_{IC}는 내생변수이다. 그림 1-1은 이 모형을 이용하여 냉동 요구르트의 가격이 하락할 경우 아이스크림에 대한 수요곡선이 안쪽으로 이동한다는 사실을 보여 주고 있다. 새로운 균형에서 아이스크림 가격과 수량 둘 다 낮아진다.

그림 1-1

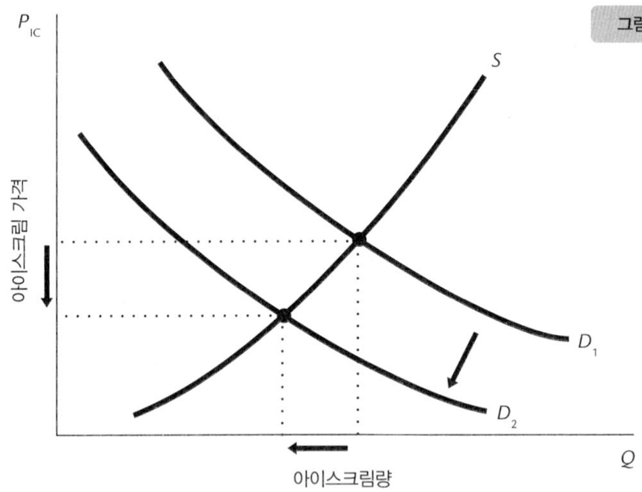

4. 이발료는 다소 드물게 변한다. 일상적으로 보면 이발사들은 이발에 대한 수요나 이발사들의 공급에 관계없이 1년 또는 2년 동안 동일한 가격을 유지하는 경향이 있다. 이발시장을 분석하는 시장청산 모형은 신축적 가격이라는 비현실적인 가정을 한다. 이 가정은 가격이 비신축적이라고 관찰되는 단기적으로 볼 때 비현실적이다. 하지만 장기적으로 볼 때 이발료는 조절되는 경향이 있으므로 시장청산 모형은 적절하다고 볼 수 있다.

2

거시경제학의 자료

복습용 질문

1. GDP는 해당 경제 내 모든 사람들의 총소득과 해당 경제의 재화 및 용역 생산량에 대한 총지출 둘 다를 의미한다. 이 둘은 실제로 동일하기 때문에, 즉 경제 전체로 보면 소득이 지출과 같아야 하기 때문에 GDP는 이 두 가지를 측정할 수 있다. 이 장에서 살펴본 순환경로에서처럼 이 둘은 경제 내 화폐의 흐름을 측정하는 대안적인 동등한 방법이다.

2. GDP의 네 가지 구성요소는 소비, 투자, 정부구매, 순수출이다. GDP의 소비 범주는 새로운 텔레비전 구매와 같이 새로운 최종 재화 및 용역에 대한 가계 지출들로 구성된다. GDP의 투자범주는 기업 고정투자, 주택고정투자, 재고투자로 구성된다. 기업이 새로운 장비를 구입할 경우 이는 투자로 간주된다. 정부구매는 새로운 군사장비에 대한 대금 지급처럼 연방정부, 주정부, 기타 지방정부에 의한 새로운 최종 재화 및 용역의 구매로 구성된다. 순수출은 우리가 외국에 판매한 재화 및 용역의 금액에서 외국이 우리에게 판매한 재화 및 용역의 금액을 감하여 구할 수 있다.

3. 소비자물가지수는 한 경제의 전반적인 물가수준을 측정한다. 이는 기준연도의 동일한 바스켓 가격에 대한 고정된 재화 바스켓 가격을 알려 준다. GDP 디플레이터는 해당 연도의 실질 GDP에 대한 GDP의 비율이다. GDP 디플레이터는 생산된 모든 재화 및 용역의 가격들을 측정하는 반면에 CPI는 소비자가 구입한 재화 및 용역의 가격들만을 측정한다. GDP 디플레이터는 국내에서 생산된 물품만을 포함하는 반면에 CPI는 소비자가 구매한 국내 및 해외 물품을 포함한다. 마지막으로 CPI는 상이한 물품의 가격들에 고정된 가중치를 배당하는 라스파이레스 지수인 반면에 GDP 디플레이터는 상이한 물품의 가격들에 변화하는 가중치를 배당하는 파셰지수이다. 실제로는 두 물가지수가 함께 변화하는 경향이 있으며 보통 서로 갈라져서 변화하지는 않는다.

4. CPI는 기준연도 재화의 고정 바스켓 가격에 대한 동일한 바스켓의 가격 비율을 측정한 것이다. PCE 디플레이터는 실질 소비자 지출에 대한 명목 소비자 지출의 비율이다. CPI와 PCE 디플레이터는 모두 소비자가 구입한 재화들의 가격만을 포함한다는 점에서 유사하며, 또한 둘 다 국내에서 생산된 재화뿐만 아니라 수입된 재화의 가격도 포함한다. 하지만 CPI는 고정 바스켓의 가격변화를 측정하는 반면에 PCE 디플레이터로 측정하는 재화는 특정 연도에 소비자가 구매하는 것에 따라 해마다 변화한다. 이런 점에서 두 측정값은 서로 다르다.

5. 미국 노동통계국은 경제 내 구성원을 다음과 같은 세 범주, 즉 취업자, 실업자, 비경제활동인구 중 하나로 분류하였다. 실업상태에 있는 경제활동인구의 백분율인 실업률은 다음과 같이 계산할 수 있다.

$$\text{실업률} = \frac{\text{실업자}}{\text{경제활동인구}} \times 100$$

경제활동인구는 취업자에 실업자를 합한 것이다.

6. 미국 노동통계국은 매월 고용을 측정하기 위해서 두 가지 조사를 시행한다. 첫째, 약 6만 가구에 대한 조사를 해서 고용상태에 있다고 대답한 사람들의 비율을 추정한다. 총고용을 추정하기 위해서 이 비율에 총인구의 추정값을 곱한다. 둘째, 약 16만 업체에 대한 조사를 해서 얼마나 많은 사람을 고용하고 있는지 질문을 한다. 위의 조사방법 모두 완전하지 못하다. 따라서 두 측정값은 동일하지 않다.

문제와 응용

1. 웹페이지 bea.gov로부터 구한 자료는 다음과 같다. 미국의 실질 GDP 성장률은 2017년 4사분기에 2.9퍼센트였다. 2017년 처음 세 분기 동안의 성장률, 즉 1.2퍼센트, 3.1퍼센트, 3.2퍼센트와 비교해 볼 때 평균을 약간 상회한다. 웹페이지 bls.gov로부터 구한 자료는 다음과 같다. 2018년 2월의 미국 실업률은 4.1퍼센트로 이는 이전 몇 개월과 거의 같다. CPI로 본 인플레이션율은 2018년 2월에 전체 품목의 경우 0.2퍼센트였으며 식료품 및 에너지를 제외한 경우도 0.2퍼센트였다. 이 인플레이션율은 미국 평균 인플레이션율보다 낮은 것이며 연방준비제도이사회의 목표 인플레이션율 2퍼센트보다 낮았다.

2. 각 개인의 부가가치는 생산된 재화의 가치에서 해당 재화를 생산하는 데 필요한 재료에 대해 지불한 금액을 감한 것이다. 따라서 농부의 부가가치는 1달러(1달러 − 0달러 = 1달러)가 된다. 제분업자의 부가가치는 2달러이다. 제분업자는 제빵업자에게 3달러를 받고 밀가루를 판매하였지만 해당 밀가루에 대해 1달러만을 지불하였기 때문이다. 제빵업자의 부가가치는 3달러이다. 제빵업자는 기술자에게 6달러를 받고 빵을 판매하였지만 밀가루에 대해 제분업자에게 3달러만을 지불하였다. GDP는 총부가가치로 1달러 + 2달러 + 3달러 = 6달러가 되며 GDP는 최종재(빵)의 가치와 같다.

3. 한 여성이 자신의 집사와 결혼한 경우 GDP는 집사의 임금만큼 감소한다. 그 이유는 측정된 총소득이 집사의 임금 손실분만큼 감소하므로 측정된 GDP도 이만큼 감소하기 때문이다. GDP가 모든 재화 및 용역의 가치를 정확하게 모두 측정할 수 있다면, 경제활동의 총량이 불변하기 때문에 결혼은 GDP에 영향을 미치지 않는다. 하지만 일부 재화 및 용역의 가치가 누락되기 때문에 실제 GDP는 경제활동을 불완전하게 측정할 수 있을 뿐이다. 집사의 일이 자기 가정의 일상사가 일단 되고 나면 집사의 용역은 더 이상 GDP에 계산되지 않는다. 이 예가 보여 주는 것처럼 GDP는 가정에서 생산된 생산물의 가치를 포함하지 않는다.

4. a. 정부구매 : 공립학교는 정부의 일부이므로 공립학교에 판매된 컴퓨터는 정부구매에 해당한다.
   b. 투자 : 회계사무소에 판매된 컴퓨터는 민간기업에 판매된 자본재이므로 투자에 해당한다.
   c. 순수출 : 프랑스에 소재하는 빵집에 판매된 컴퓨터는 외국업체에 판매한 것이므로 수출에 해당한다.
   d. 소비 : 패리스 힐튼에게 판매된 컴퓨터는 민간인에게 판매되었으므로 소비에 해당한다.
   e. 투자 : 내년에 판매하기 위해 제작된 컴퓨터는 투자에 해당한다. 특히 1년간 제작해서 그 이후 연도에

판매되기 때문에 재고투자에 해당한다.

5. 미국의 경우 백분율은 다음과 같다(관련 자료는 www.bea.gov를 참조하시오). 한국의 경우 백분율에 대해서는 상황에 맞게 각자 조사해 보자[관련 자료는 www.nso.go.kr 또는 「경제통계연보」(한국은행)를 참조하시오].

	1950	1990	2017
a. 개인소비지출	64.0%	64.0%	69.1%
b. 총민간국내투자	18.8%	16.6%	16.6%
c. 정부구매	16.9%	20.7%	17.3%
d. 순수출	0.2%	−1.3%	−2.9%
e. 국가방위 구매	7.6%	6.7%	3.8%
f. 수입	3.9%	10.5%	15.0%

1950～2017년 사이에 다음과 같은 추세를 관찰할 수 있다.

a. 개인소비지출은 1980년과 2017년 사이에 그 비율이 GDP의 약 3분의 2를 차지한다.
b. 총민간국내투자의 GDP에 대한 비율은 상당히 안정적이다.
c. 정부구매의 비율은 1950년과 1990년 사이에 큰 폭으로 증가하였지만 그 이후 약간 감소하였다.
d. 1950년에 양수였던 순수출은 그때 이래로 음수가 되었다.
e. 국가방위 구매의 비율은 감소하였다.
f. GDP에 대한 수입의 비율은 급속하게 증가하였다.

6. a. GDP는 생산된 최종 재화 및 용역 금액을 측정한 것이다. 1,000,000달러이다.
b. NNP는 GNP에서 감가상각을 뺀 것이다. 이 예에서는 외국거래가 존재하지 않기 때문에 GDP와 GNP는 동일하다. 따라서 NNP는 875,000달러이다.
c. 국민소득은 NNP에서 통계상 불일치를 뺀 것이다. 이 예에서는 통계상 불일치가 존재하지 않기 때문에 국민소득은 NNP와 같아진다. 따라서 875,000달러이다.
d. 종업원의 보수는 600,000달러이다.
e. 사업주의 소득은 소유주의 소득을 측정한 것이다. 따라서 150,000달러이다.
f. 기업이윤은 법인세에 배당금 및 유보이익을 합한 금액으로 이 예에서 275,000달러이다. 유보이익은 매출액에서 종업원 임금, 배당금, 감가상가액, 법인세를 감하여 구할 수 있으며 이 예에서 75,000달러이다.
g. 개인소득은 종업원의 보수에 배당금을 합하여 구할 수 있다. 따라서 750,000달러이다.
h. 개인 가처분소득은 개인소득에서 세금을 감한 것으로 550,000달러이다.

7. a. i. 명목 GDP는 현재 가격으로 측정한 재화 및 용역의 전체 금액으로 다음과 같다.

$$\begin{aligned}
\text{명목 GDP}_{2010} &= \left(P_{\text{핫도그}}^{2010} \times Q_{\text{핫도그}}^{2010}\right) + \left(P_{\text{햄버거}}^{2010} \times Q_{\text{햄버거}}^{2010}\right) \\
&= (\$2 \times 200) + (\$3 \times 200) \\
&= \$400 + \$600 \\
&= \$1,000
\end{aligned}$$

$$\begin{aligned}
\text{명목 GDP}_{2018} &= \left(P_{\text{핫도그}}^{2018} \times Q_{\text{핫도그}}^{2018}\right) + \left(P_{\text{햄버거}}^{2018} \times Q_{\text{햄버거}}^{2018}\right) \\
&= (\$4 \times 250) + (\$4 \times 500) \\
&= \$1,000 + \$2,000 \\
&= \$3,000
\end{aligned}$$

ii. 실질 GDP는 경상가격으로 측정한 재화 및 용역의 전체 금액이다. 따라서 (2010년을 기준연도로 하는) 2018년도 실질 GDP를 계산하려면 2018년도 구매량에 2010년도 가격을 곱하여 구할 수 있다.

$$\begin{aligned}
\text{실질 GDP}_{2018} &= \left(P_{\text{핫도그}}^{2010} \times Q_{\text{핫도그}}^{2018}\right) + \left(P_{\text{햄버거}}^{2010} \times Q_{\text{햄버거}}^{2018}\right) \\
&= (\$2 \times 250) + (\$3 \times 500) \\
&= \$500 + \$1,500 \\
&= \$2,000
\end{aligned}$$

2010년도 실질 GDP는 2010년도 수량에 2010년도 가격을 곱하여 계산할 수 있다. 기준연도가 2010년이므로 실질 GDP_{2010}는 명목 GDP_{2010}와 같고 \$1,000이다. 따라서 실질 GDP는 2010년과 2018년 사이에 증가하였다.

iii. GDP에 대한 묵시적 물가 디플레이터는 생산된 모든 재화 및 용역의 현재 물가를 동일한 재화 및 용역의 기준연도 물가와 비교하여 구할 수 있다.

$$\text{묵시적 물가 디플레이터}_{2010} = \frac{\text{명목 GDP}_{2010}}{\text{실질 GDP}_{2010}} = 1$$

위에서 계산한 명목 GDP_{2018} 및 실질 GDP_{2018}를 사용하여 구하면 다음과 같다.

$$\text{묵시적 물가 디플레이터}_{2018} = \frac{\$3,000}{\$2,000} = 1.5$$

위의 계산에 따르면 2018년도에 생산된 재화들의 물가는 해당 경제에서 재화들이 2010년도에 판매된 물가와 비교해 볼 때 50퍼센트 상승하였음을 알 수 있다(기준연도에 대한 명목 GDP와 실질 GDP는 동일하다. 2010년이 기준연도이기 때문에 2010년에 대한 묵시적 물가 디플레이터의 값은 1이 된다).

iv. 소비자물가지수(CPI)는 해당 경제의 물가수준을 측정한다. CPI는 가격을 가중하기 위해서 고정된 재화 바스켓을 사용하기 때문에 고정된 가중 지수라고 한다. 기준연도가 2010년이라면 2018년의 CPI는 2010년의 바스켓 비용에 대한 2018년 바스켓 비용을 측정한 것이다. CPI_{2018}는 다음과 같이 계산된다.

$$\begin{aligned}\text{CPI}_{2018} &= \frac{\left(P^{2018}_{\text{핫도그}} \times Q^{2010}_{\text{핫도그}}\right) + \left(P^{2018}_{\text{햄버거}} \times Q^{2010}_{\text{햄버거}}\right)}{\left(P^{2010}_{\text{핫도그}} \times Q^{2010}_{\text{핫도그}}\right) + \left(P^{2010}_{\text{햄버거}} \times Q^{2010}_{\text{햄버거}}\right)} \\ &= \frac{\$1{,}600}{\$1{,}000} \\ &= 1.6\end{aligned}$$

위의 계산에 따르면 2015년 구매한 재화들의 물가는 2010년 판매된 재화들의 물가와 비교해 볼 때 60퍼센트 상승하였음을 알 수 있다. 기준연도인 2010년에 대한 CPI는 1이다.

b. 묵시적 물가지수는 파셰지수이다. 왜냐하면 이는 변화하는 재화 바스켓으로 계산되기 때문이다. CPI는 라스파이레스 지수이다. 왜냐하면 이는 고정된 재화 바스켓으로 계산되기 때문이다. 2018년도의 묵시적 물가지수는 1.5였으며, 이는 2010년으로부터 물가가 50퍼센트 상승하였음을 의미한다. 2018년도의 CPI는 1.6이었으며, 이는 2010년으로부터 물가가 60퍼센트 상승하였음을 의미한다.

모든 재화의 가격이 예를 들어 50퍼센트 상승하였다면 물가수준이 50퍼센트 증가하였다고 분명히 말할 수 있다. 하지만 지금 살펴보고 있는 예에서는 상대가격이 변하였다. 핫도그의 가격은 100퍼센트 인상되었으며 햄버거의 가격은 33.33퍼센트 인상되었다. 따라서 햄버거가 상대적으로 저렴하게 되었다.

CPI와 묵시적 물가 디플레이터 사이의 차이가 보여 주는 것처럼 물가수준의 변화는 재화가격이 어떻게 가중되느냐에 달려 있다. CPI는 2010년에 구입한 수량으로 재화 가격을 가중한다. 반면에 묵시적 물가 디플레이터는 2018년에 구입한 수량으로 재화 가격을 가중한다. 두 개 재화의 수량이 2010년에 동일했기 때문에 CPI는 두 개 가격변화에 동일한 가중치를 둔다. 2018년에는 햄버거의 수량이 핫도그의 두 배가 되었으므로 핫도그 가격에 비해 햄버거 가격에 두 배의 가중치를 두게 된다. 이런 이유로 인해서 CPI가 더 높은 인플레이션율을 나타낸다. 즉 가격이 더 많이 상승한 재화에 대해 더 많은 가중치를 두기 때문에 계산 결과가 커진다.

8. a. 소비자물가지수는 주어진 재화가격에 가중치를 주기 위해 첫해의 소비 바스켓을 사용한다.

$$\begin{aligned}\text{CPI} &= \frac{(\$2 \times 10) + (\$1 \times 0)}{(\$1 \times 10) + (\$2 \times 0)} \\ &= \frac{\left(P^{2}_{\text{빨간}} \times Q^{1}_{\text{빨간}}\right) + \left(P^{2}_{\text{초록}} \times Q^{1}_{\text{초록}}\right)}{\left(P^{1}_{\text{빨간}} \times Q^{1}_{\text{빨간}}\right) + \left(P^{1}_{\text{초록}} \times Q^{1}_{\text{초록}}\right)} \\ &= 2\end{aligned}$$

CPI에 따르면 물가는 두 배가 되었다.

b. 명목지출은 각 연도에 생산된 생산량의 총가치이다. 첫해와 두 번째 해에 아비는 각각 1달러씩 주고 사과 10개를 구입하였으므로 명목지출은 10달러로 일정하다. 예를 들면 다음과 같다.

$$\begin{aligned} \text{명목지출} &= \left(P^2_{\text{빨간}} \times Q^2_{\text{빨간}}\right) + \left(P^2_{\text{초록}} \times Q^2_{\text{초록}}\right) \\ &= (\$2 \times 0) + (\$1 \times 10) \\ &= \$10 \end{aligned}$$

c. 실질지출은 각 연도에 생산된 생산량을 첫해 가격으로 환산하여 구한 총액이다. 기준연도인 첫해의 실질지출은 명목지출인 10달러와 같다. 두 번째 해에 아비는 첫해 가격인 2달러로 환산되는 10개의 초록 사과를 소비하므로 실질지출은 20달러가 된다. 즉 다음과 같다.

$$\begin{aligned} \text{실질지출} &= \left(P^1_{\text{빨간}} \times Q^2_{\text{빨간}}\right) + \left(P^1_{\text{초록}} \times Q^2_{\text{초록}}\right) \\ &= (\$1 \times 0) + (\$2 \times 10) \\ &= \$20 \end{aligned}$$

따라서 아비의 실질지출은 10달러에서 20달러로 증가하였다.

d. 묵시적 물가 디플레이터는 아비의 두 번째 해의 명목지출을 같은 해 실질지출로 나눔으로써 다음과 같이 계산할 수 있다.

$$\begin{aligned} \text{묵시적 물가 디플레이터} &= \frac{\text{명목지출}_2}{\text{실질지출}_2} \\ &= \frac{\$10}{\$20} \\ &= 0.5 \end{aligned}$$

따라서 묵시적 물가 디플레이터에 의하면 가격은 반으로 하락하였다. 그 이유는 디플레이터는 아비가 첫해 가격을 이용하여 자신의 사과에 어떤 가치를 두는지 평가하기 때문이다. 이런 관점에서 보면 초록 사과는 매우 금전적 가치가 있는 것처럼 보인다. 아비가 10개의 초록 사과를 소비한 두 번째 해에 디플레이터는 빨간 사과보다 초록 사과에 더 높은 금전적 가치를 두었으므로 소비가 증가한 것처럼 보인다. 이전과 같이 10달러를 지출하면서도 더 높은 소비바구니를 소비할 수 있는 유일한 방법은 소비하는 재화의 가격이 하락하는 데 있다.

e. 아비가 빨간 사과와 초록 사과를 완전대체재로 생각할 경우 이 경제의 생활비는 변화하지 않는다. 각 연도에 10개의 사과를 소비하는 데 10달러의 비용이 든다. 하지만 CPI에 의하면 생활비가 두 배가 든다. 이는 CPI가 빨간 사과 가격이 두 배가 되었다는 사실만을 고려하기 때문이다. 즉 CPI는 초록 사과가 첫해 소비바구니에 있지 않았기 때문에 초록 사과 가격이 하락했다는 사실을 무시한다. CPI와는 대조적으로 묵시적 가격 디플레이터는 생활비가 반으로 줄었다고 추정하였다. 따라서 라스파이레스 지수인 CPI는 생활비의 증가를 과대평가하는 반면에 파셰지수인 디플레이터는 이를 과소평가한다. 이 장에서는 라스파이레스 지수와 파셰지수의 차이점을 보다 자세히 논의하였다.

9. a. 경제활동인구에는 전일제 근로자, 시간제 근로자, 자신의 사업을 영위하는 사람, 취업하고 있지는 않지만 일자리를 찾고 있는 사람들로 구성된다. 따라서 경제활동인구는 70명이 된다. 생산연령인구는 경제활동인구와 비경제활동인구로 구성된다. 10명의 낙담한 노동자와 10명의 은퇴한 사람은 경제활동인구에 포함되지 않지만 근로할 수 있는 능력이 있다고 가정하므로 성인인구의 일부가 된다. 성인

인구는 90명이며, 경제활동인구 참가율은 70/90, 즉 77.8퍼센트가 된다.

b. 실업자의 수는 10명이며, 실업률은 10/70, 즉 14.3퍼센트가 된다.

c. 가계 표본조사는 표본가계들에게 고용상태에 관해 질문을 하여 총고용을 추정한다. 이 경우는 가계 표본조사에 따르면 60명을 고용된 인구로 본다. 기업체 표본조사는 표본업체들에게 얼마나 많은 노동자를 고용하고 있는지 알리도록 요청함으로써 총고용을 추정한다. 기업체 표본조사에 따르면 55명을 고용된 인구로 본다. 왜냐하면 두 개의 일자리를 갖고 있는 5명은 두 번 계산되며 자신의 사업을 영위하는 10명은 계산되지 않기 때문이다.

10. 로버트 케네디 상원의원이 지적한 것처럼 GDP는 경제적 성과나 복지를 불완전하게 측정한다. 케네디가 인용한 제외된 사항 이외에도 GDP는 다음과 같은 사항들을 포함하지 않는다. 즉 GDP는 자동차, 냉장고, 잔디 깎는 기계와 같은 내구재에 대한 전가된 임대료, 요리 및 청소와 같은 가계활동의 일부로 생산되는 많은 용역 및 생산물, 마약 거래와 같이 불법적인 활동으로 생산되고 판매되는 재화의 가치 등을 고려하지 않는다. GDP 측정상의 이런 불완전성으로 인해 GDP의 유용성이 반드시 감소하지는 않는다. 이런 측정상의 문제가 시간이 지남에 따라 일정하다면 연도별로 경제활동을 비교하는 데 GDP가 유용하다. 나아가 GDP가 증가하면 아이들에게 더 나은 의료혜택을 제공할 수 있으며 더 나은 교육용 책자와 더 많은 장난감을 줄 수 있다. GDP수준이 높은 국가들의 경우 기대수명이 길어지며, 깨끗한 물, 위생시설, 더 높은 수준의 교육을 더 잘 이용할 수 있다. 따라서 GDP는 국가들 사이에 성장 및 발전 수준을 비교하는 데 유용한 수단이 된다.

11. a. 디즈니월드가 폐쇄되어 있는 동안에 디즈니월드는 어떤 용역도 생산할 수 없기 때문에 실질 GDP는 하락한다. 이는 (국민계정의 소득 측면에서) 디즈니월드에 종사하는 노동자와 주주들의 소득이 감소하고 (국민계정의 지출 측면에서) 사람들의 디즈니월드에 대한 소비가 감소하기 때문에 경제적 후생의 감소와도 상응한다.

b. 농장생산에 투입된 처음의 자본과 노동을 갖고 이제는 더 많은 밀을 생산할 수 있기 때문에 실질 GDP가 증가한다. 이는 사회의 경제적 후생 증대와도 상응한다. 왜냐하면 사람들이 이제는 더 많은 밀을 소비할 수 있기 때문이다(사람들이 더 많은 밀을 소비하려 하지 않는 경우 사회가 가치를 두는 다른 재화를 생산할 수 있도록 농부와 농장을 다른 용도에 사용할 수 있다).

c. 더 적은 수의 노동자가 근무를 하게 되어 기업의 생산이 감소하므로 실질 GDP가 감소한다. 이는 경제적 후생의 하락을 정확하게 반영한다.

d. 노동자를 해고한 기업들은 더 적게 생산하게 되므로 실질 GDP가 감소한다. (소득 측면에서) 노동자의 소득이 감소하고 (지출 측면에서) 사람들이 더 적은 재화를 구입하게 되므로 이는 경제적 후생을 감소시킨다.

e. 기업들이 더 적은 재화를 생산하지만 더 적은 오염물질을 배출하는 생산방식으로 전환하게 됨에 따라 실질 GDP가 감소할 것 같다. 하지만 경제적 후생은 증가할 수 있다. 경제는 이제 측정된 생산량을 더 적게 생산하게 되지만 깨끗한 공기는 더 많이 산출할 수 있다. 깨끗한 공기가 시장에서 거래되지 않기 때문에 측정된 GDP에는 나타나지 않지만 사람들이 가치를 두는 재화이다.

f. 고등학교 학생들이 시장에서 거래되는 재화 및 용역을 생산하지 않는 활동에서 거래되는 재화 및 용역을 생산하는 활동으로 이동하였기 때문에 실질 GDP가 증가한다. 하지만 경제적 후생은 감소할 수

있다. 이상적인 국민계정에서는 고등학교에 다닐 경우 노동자의 장래 생산성을 증대시킬 수 있으므로 투자로 기록되어야 한다. 그러나 실제 국민계정은 이런 종류의 투자를 측정하지 못한다. 또한 장래의 노동력이 교육을 덜 받게 됨에 따라 학생들이 학교에 다닐 경우보다 장래 GDP가 더 낮아질 수 있다는 점에 주목해야 한다.

g. 아버지가 시장에서 거래되는 재화 및 용역을 생산하는 데 더 적은 시간을 사용하게 되기 때문에 측정된 실질 GDP는 감소한다. 하지만 재화 및 용역의 실제 생산을 감소할 필요가 없다. (아버지가 보수를 받고 하는 활동인) 측정된 생산은 감소하지만 측정되지 않는 자녀를 양육하는 서비스의 생산은 증가한다.

3

국민소득 : 생산과 분배

복습용 질문

1. 생산요소와 생산기술이 한 경제가 생산할 수 있는 생산량을 결정한다. 생산요소는 재화 및 용역을 생산하는 데 투입되는 요소로 가장 중요한 요소로는 자본 및 노동을 들 수 있다. 생산기술은 생산요소의 주어진 양을 갖고 생산할 수 있는 양을 결정한다. 생산요소 중 하나가 증가하거나 기술이 향상되면 경제의 생산량이 증가한다.

2. 한 기업이 투입할 생산요소의 양을 결정할 경우 기업은 이 결정이 이윤에 어떤 영향을 미치는지 고려하게 된다. 예를 들어 노동을 한 단위 추가적으로 고용할 경우 생산량이 증가하며 이로 인해 수입이 증가한다. 기업은 이런 추가적인 수입과 임금의 추가비용을 비교하게 된다. 기업이 받게 될 추가수입은 노동의 한계생산물(MPL)과 생산된 재화의 가격(P)에 달려 있다. 노동이 추가적으로 1단위 투입되어 추가적으로 생산량 MPL단위를 생산하게 되며 이것이 P달러에 판매된다. 따라서 해당 기업의 추가수입은 $P \times MPL$이 된다. 노동을 추가적으로 고용할 경우 그 비용은 임금 W가 되므로 고용을 결정할 때 이윤에 미치는 다음과 같은 영향을 고려해야 한다.

$$\begin{aligned}\Delta\text{이윤} &= \Delta\text{수입} - \Delta\text{비용}\\ &= (P \times MPL) - W\end{aligned}$$

추가적인 수입 $P \times MPL$이 노동을 추가적으로 고용하는 데 따른 비용(W)을 초과할 경우 이윤이 증가한다. 노동 고용으로 더 이상 이윤이 발생하지 않을 때까지, 즉 MPL이 이윤의 변화가 0이 되는 점으로 하락할 때까지 기업은 노동을 고용한다. 위의 식에서 기업은 Δ이윤 = 0이 될 때까지, 즉 $(P \times MPL) = W$가 될 때까지 노동을 고용한다. 이 조건은 다음과 같이 쓸 수도 있다.

$$MPL = W/\ P$$

그러므로 경쟁상태하에서 이윤을 극대화하는 기업은 노동의 한계생산물이 실질임금과 같아질 때까지 노동을 고용한다. 동일한 논리가 기업이 자본을 고용할 때도 적용된다. 즉 기업은 자본의 한계생산물이 실질임대가격과 같아질 때까지 자본을 고용한다.

3. 모든 생산요소가 동일한 백분율로 증가할 경우 생산량도 동일한 백분율로 증가하면 생산함수는 규모에 대해 수확불변한다. 예를 들어 기업이 자본 및 노동을 50퍼센트 증가시킬 경우 생산량도 50퍼센트 증가

하면 생산함수는 규모에 대해 수확불변한다.

생산함수가 규모에 대해 수확불변하는 경우 경쟁상태하에서 이윤 극대화를 추구하는 기업들이 속한 경제의 총소득(또는 이와 동등한 의미로 사용되는 총생산량)은 노동에 대한 보상 $MPL \times L$과 자본에 대한 보상 $MPK \times K$로 나뉜다. 즉 규모에 대한 수확불변인 경우 경제적 이윤은 0이 된다.

4. 콥-더글라스 생산함수는 $F(K, L) = AK^{\alpha}L^{1-\alpha}$와 같다. 모수 α는 소득 중 자본의 비율을 나타낸다(경제 전반적으로 볼 때 소득은 생산량과 같으므로 이는 또한 생산량 중 자본이 차지하는 비중이다). 자본이 총소득의 4분의 1을 차지한다면 $\alpha = 0.25$가 된다. 따라서 $F(K, L) = AK^{0.25}L^{0.75}$가 된다.

5. 소비는 모든 조세를 납부한 이후의 소득액인 가처분소득과 양의 관계에 있다. 가처분소득이 많아질수록 소비가 증대한다.

   투자재에 대한 수요량은 실질이자율과 음의 관계에 있다. 투자가 이윤을 남기기 위해서는 투자수익이 투자비용보다 더 커야만 한다. 실질이자율은 자금의 비용을 측정하므로 실질이자율이 높을수록 투자비용이 더 높아지고 이에 따라 자본재에 대한 수요가 감소한다.

6. 정부구매는 정부가 직접 구매하는 재화 및 용역을 말한다. 예를 들면 정부는 미사일과 탱크를 구입하며 도로를 건설하고 항공운항 통제와 같은 서비스를 제공한다. 모든 이런 활동들은 GDP의 일부가 된다. 이전지급은 재화 또는 용역과 교환되지 않고 개인에게 지불되는 지급금을 말하며 이는 조세와 정반대되는 역할을 한다. 조세는 가계 가처분소득을 낮추는 반면에 이전지급은 이를 증가시킨다. 이전지급의 예로는 노령인구에 대한 사회보장지급금, 실업보험, 퇴역군인연금 등을 들 수 있다.

7. 소비, 투자, 정부구매가 한 경제의 생산량에 대한 수요를 결정하는 반면에 생산요소와 생산함수가 생산량의 공급을 결정한다. 한 경제의 재화에 대한 수요가 공급과 일치하도록 실질이자율이 조절된다. 균형이자율에서 재화 및 용역에 대한 수요가 공급과 일치한다.

8. 정부가 조세를 증가시키면 가처분소득이 감소하며 이에 따라 소비도 역시 감소한다. 소비의 감소는 조세증가에 한계소비성향(MPC)을 곱한 만큼 이루어진다. MPC가 높을수록 조세증가가 소비에 미치는 음의 효과는 커진다. 생산량은 생산요소와 생산기술에 의해 고정되고 정부구매는 불변하므로 소비의 감소는 투자의 증대로 상쇄되어야 한다. 투자가 증가하기 위해서는 실질이자율이 하락해야만 한다. 따라서 조세가 증가하면 소비는 감소하고 투자가 증가하며 실질이자율이 하락한다.

문제와 응용

1. a. 분배의 신고전파이론에 따르면 실질임금은 노동의 한계생산물과 같다. 노동에 대한 수확체감 때문에 경제활동인구가 증가하면 노동의 한계생산물이 감소한다. 이에 따라 실질임금이 감소한다.

   콥-더글라스 생산함수인 경우 경제활동인구가 증가하면 자본의 한계생산물이 증가하여 자본의 실질임대가격이 상승한다. 노동자가 증가함에 따라 자본이 보다 집약적으로 사용되어 보다 생산적이 된다.

   b. 실질임대가격은 자본의 한계생산물과 같다. 지진으로 인해 자본량의 일부가 파괴된 경우(하지만 기적적으로 사망자는 발생하지 않아 경제활동인구가 감소하지 않은 경우) 자본의 한계생산물은 증가하고 실질임대가격은 상승한다.

콥-더글라스 생산함수인 경우 자본량이 감소하면 노동의 한계생산물이 감소하여 실질임금이 하락한다. 자본이 감소함에 따라 각 노동자는 덜 생산적이 된다.

c. 기술진보로 인해 생산함수의 능력이 향상될 경우 자본 및 노동의 한계생산물 둘 다 증대되기 쉽다. 따라서 실질임금 및 실질임대가격 모두 증가하게 된다.

d. 명목임금과 물가수준을 두 배로 하는 높은 인플레이션은 실질임금에 영향을 미치지 않는다. 이와 유사하게 자본의 명목임대가격과 물가수준을 두 배로 하는 높은 인플레이션은 자본의 실질임대가격에 영향을 미치지 않는다.

2. a. 생산량을 구하기 위해서 노동 및 토지에 대해 주어진 값을 생산함수에 대입하면 다음과 같다.

$$Y = 100^{0.5}100^{0.5} = 100$$

b. 이 책에서 살펴본 바에 따르면 노동의 한계생산물과 자본(토지)의 한계생산물은 다음과 같다.

$$MPL = (1-\alpha)AK^{\alpha}L^{-\alpha}$$
$$MPK = \alpha AK^{\alpha-1}L^{1-\alpha}$$

이 문제에서 α는 0.5이고 A는 1이다. 노동 및 토지에 대해 주어진 값으로 대체시키면 노동의 한계생산물은 0.5가 되고 자본(토지)의 한계생산물도 0.5가 된다. 실질임금은 노동의 한계생산물과 같고 토지의 실질임대가격은 토지의 한계생산물과 같다는 사실을 알고 있다.

c. 생산량 중 노동의 몫은 노동의 한계생산물에 노동량을 곱하여 구할 수 있다. 즉 50이 된다.

d. 새로운 생산량 수준은 70.71이다.

e. 새로운 임금은 0.71(0.7071)이고 토지의 새로운 임대가격은 0.35이다.

f. 이제 노동은 35.36을 받게 된다. 생산량의 몫으로 보면, 이것은 35.36/70.71 = 0.5 또는 50퍼센트이다. 콥-더글라스 생산함수이므로 생산량(또는 소득) 중 노동의 몫은 이전과 동일하다.

3. 모든 생산요소가 동일한 백분율로 증가하였지만 생산량이 더 적은 백분율로 증가한 경우 생산함수가 규모에 대해 수확체감한다고 한다. 예를 들어 자본 및 노동의 양이 두 배로 증가하였지만 생산량이 두 배에 못 미치게 증가한 경우 생산함수가 자본 및 노동에 대해 수확체감한다고 한다. 생산함수에 토지와 같은 고정요소가 있고 이 고정요소가 경제가 커짐에 따라 희귀하게 될 경우 이런 현상이 발생한다.

모든 생산요소가 동일한 백분율로 증가하여서 생산량이 더 큰 백분율로 증가하는 경우 생산함수는 규모에 대해 수확체증한다고 한다. 예를 들어 자본 및 노동요소가 두 배로 증가하여서 생산량이 두 배를 초과하여 증가한 경우 생산함수는 규모에 대해 수확체증한다고 한다. 인구가 증가함에 따라 노동의 특화가 더욱 커질 경우 이런 현상이 발생한다. 예를 들어 한 노동자가 자동차를 제작하는 경우 여러 가지 상이한 기술을 습득해야 하며 끊임없이 작업과 용구를 교체해야 하므로 시간이 오래 소요된다. 하지만 많은 노동자들이 자동차를 제작하게 되면 각 노동자는 특정 작업에 특화하여 이를 빨리 끝낼 수 있다.

4. a. 콥-더글라스 생산함수는 $Y = AK^{\alpha}L^{1-\alpha}$의 형태를 갖는다. 부록에서 콥-더글라스 생산함수의 한계생산물이 다음과 같다는 사실을 살펴보았다.

$$MPL = (1-\alpha)Y/L$$
$$MPK = \alpha Y/K$$

경쟁상태하에서 이윤을 극대화하는 기업은 노동의 한계생산물이 실질임금과 같아질 때까지 노동을 고용하며 자본의 한계생산물이 실질임대율과 같아질 때까지 자본을 투입한다. 이런 사실과 콥-더글라스 생산함수의 한계생산물 식을 이용하여 다음과 같이 도출할 수 있다.

$$W/P = MPL = (1-\alpha)Y/L$$
$$R/P = MPK = \alpha Y/K$$

이를 재정리하면 다음과 같다.

$$(W/P)L = MPL \times L = (1-\alpha)Y$$
$$(R/P)K = MPK \times K = \alpha Y$$

위에서 $(W/P)L$ 및 $(R/P)K$는 각각 임금 및 자본에 대한 총수익을 의미한다는 점에 주목하자. $\alpha = 0.3$인 경우 위의 공식에 따르면 노동은 총생산량의 $(1-0.3)$인 70퍼센트를 받으며 자본은 총생산량의 30퍼센트를 받는다.

b. 노동인구가 10퍼센트 증가하는 경우 총생산량에 어떤 영향을 미치는지 알아보기 위하여 다음과 같은 콥-더글라스 생산함수를 생각해 보자.

$$Y = AK^{\alpha}L^{1-\alpha}$$

Y_1을 최초생산량이라 하고 Y_2를 최종생산량이라 하자. $\alpha = 0.3$이고 L은 10퍼센트 증가한다는 사실을 알고 있다.

$$Y_1 = AK^{0.3}L^{0.7}$$
$$Y_2 = AK^{0.3}(1.1L)^{0.7}$$

노동인구가 10퍼센트 증가한다는 사실을 반영하기 위하여 L에 1.1을 곱하였다는 사실에 주목하자. 생산량의 백분율 변화를 계산하기 위하여 Y_2를 Y_1으로 나누면 다음과 같다.

$$\frac{Y_2}{Y_1} = \frac{AK^{0.3}(1.1L)^{0.7}}{AK^{0.3}L^{0.7}}$$
$$= (1.1)^{0.7}$$
$$= 1.069$$

즉 생산량은 6.9퍼센트 증가한다.

노동인구의 증가로 인해 자본 임대가격에 어떤 영향을 미치는지 알아보기 위해 다음과 같은 자본의 실질임대가격 R/P에 대한 공식을 생각해 보자.

$$R/P = MPK = \alpha AK^{\alpha-1}L^{1-\alpha}$$

$\alpha = 0.3$이고 노동(L)이 10퍼센트 증가하였다는 사실을 알고 있다. $(R/P)_1$은 자본의 최초임대가격이며 $(R/P)_2$는 노동인구가 10퍼센트 증가하고 난 후 자본의 최종임대가격이다. $(R/P)_2$를 구하기 위해서 노동인구의 10퍼센트 증가를 반영하는 1.1을 다음과 같이 L에 곱해 보자.

$$(R/P)_1 = 0.3AK^{-0.7}L^{0.7}$$
$$(R/P)_2 = 0.3AK^{-0.7}(1.1L)^{0.7}$$

임대가격이 증가하는 비율은 다음과 같다.

$$\frac{(R/P)_2}{(R/P)_1} = \frac{0.3AK^{-0.7}(1.1L)^{0.7}}{0.3AK^{-0.7}L^{0.7}}$$
$$= (1.1)^{0.7}$$
$$= 1.069$$

따라서 임대가격이 6.9퍼센트 증가한다. 노동인구의 증가로 인해 실질임금에 어떤 영향을 미치는지 알아보기 위해 다음과 같은 실질임금 W/P에 대한 공식을 생각해 보자.

$$W/P = MPL = (1-\alpha)AK^{\alpha}L^{-\alpha}$$

$\alpha = 0.3$이고 노동(L)이 10퍼센트 증가했다는 사실을 알고 있다. $(W/P)_1$은 최초실질임금이며 $(W/P)_2$는 최종실질임금이다. $(W/P)_2$를 구하기 위해서 노동인구의 10퍼센트 증가를 반영하는 1.1을 다음과 같이 L에 곱해 보자.

$$(W/P)_1 = (1-0.3)AK^{0.3}L^{-0.3}$$
$$(W/P)_2 = (1-0.3)AK^{0.3}(1.1L)^{-0.3}$$

실질임금의 백분율 변화를 계산하기 위하여 $(W/P)_2$를 $(W/P)_1$으로 나누면 다음과 같다.

$$\frac{(W/P)_2}{(W/P)_1} = \frac{(1-0.3)AK^{0.3}(1.1L)^{-0.3}}{(1-0.3)AK^{0.3}L^{-0.3}}$$
$$= (1.1)^{-0.3}$$
$$= 0.972$$

즉 실질임금은 2.8퍼센트 감소한다.

c. 다음과 같이 (b)와 동일한 논리를 적용해 보자.

$$Y_1 = AK^{0.3}L^{0.7}$$
$$Y_2 = A(1.1K)^{0.3}L^{0.7}$$

따라서 다음과 같아진다.

$$\frac{Y_2}{Y_1} = \frac{A(1.1K)^{0.3}L^{0.7}}{AK^{0.3}L^{0.7}}$$
$$= (1.1)^{0.3}$$
$$= 1.029$$

이 식에 의하면 생산량이 2.9퍼센트 증가한다. $\alpha < 0.5$라는 사실은 자본이 비례적으로 증가할 경우 노동이 동일한 비율로 증가할 때보다 생산량이 더 적게 증가한다는 의미이다.

다시 한 번 (b)와 동일한 논리를 사용하여 자본의 실질임대가격 변화를 구하면 다음과 같다.

$$\frac{(R/P)_2}{(R/P)_1} = \frac{0.3A(1.1K)^{-0.7}L^{0.7}}{0.3AK^{-0.7}L^{0.7}}$$
$$= (1.1)^{-0.7}$$
$$= 0.935$$

자본에 대해 수확체감이 발생하기 때문에, 즉 자본이 증가하면 자본의 한계생산물이 감소하기 때문에 자본의 실질임대가격이 6.5퍼센트 하락한다.

마지막으로 실질임금의 변화는 다음과 같다.

$$\frac{(W/P)_2}{(W/P)_1} = \frac{0.7A(1.1K)^{0.3}L^{-0.3}}{0.7AK^{0.3}L^{-0.3}}$$
$$= (1.1)^{0.3}$$
$$= 1.029$$

이처럼 추가된 자본이 현존하는 노동자의 한계생산성을 증가시켜 실질임금이 2.9퍼센트 증가하였다 (콥-더글라스 기술의 특징인 노동의 몫은 불변하면서 임금과 생산량 모두 같은 양만큼 증가하였다).

d. 동일한 공식을 이용하여 생산량을 구하면 다음과 같다.

$$\frac{Y_2}{Y_1} = \frac{(1.1A)K^{0.3}L^{0.7}}{AK^{0.3}L^{0.7}}$$
$$= 1.1$$

위의 식에 따르면 생산량은 10퍼센트 증가한다. 이와 유사하게 자본의 임대가격 및 실질임금도 또한 다음과 같이 10퍼센트 상승한다.

$$\frac{(R/P)_2}{(R/P)_1} = \frac{0.3(1.1A)K^{-0.7}L^{0.7}}{0.3AK^{-0.7}L^{0.7}}$$
$$= 1.1$$

$$\frac{(W/P)_2}{(W/P)_1} = \frac{0.7(1.1A)K^{0.3}L^{-0.3}}{0.7AK^{0.3}L^{-0.3}}$$
$$= 1.1$$

5. 노동소득은 다음과 같다.

$$\frac{W}{P} \times \mathrm{L} = \frac{WL}{P}$$

총소득에 대한 비율은 다음과 같다.

$$\left(\frac{WL}{P}\right)/Y = \frac{WL}{PY}$$

이 비율이 예를 들면 0.7처럼 대략 일정하다면 $W/P = 0.7(Y/L)$인 경우이다. 이것이 의미하는 바는 실질임금은 대략적으로 노동생산성에 비례한다는 것이다. 여기서 노동생산성의 추세는 실질임금의 동일한 추세와 부합되어야 한다. 그렇지 않다면 노동소득의 비율이 0.7로부터 일탈한다. 따라서 첫 번째 사실(즉 노동소득의 비율이 일정하다는 사실)은 두 번째 사실(즉 실질임금의 추세는 노동생산성의 추세와 밀접히 연계된다는 사실)을 의미한다.

6. a. 명목임금은 근로시간당 달러화로 측정되며, 가격은 생산단위당 달러화(이발당 달러화 또는 농장 생산물당 달러화)로 측정된다. 한계생산성은 근로시간당 생산물 단위로 측정된다.

   b. 신고전파이론에 따르면 농부의 한계생산물을 증가시키는 기술진보로 인해 농부의 실질임금이 증가한다. 농부의 실질임금은 근로시간당 농장 생산물 단위로 측정된다.

   c. 이발사의 한계생산성이 변화하지 않았다면 실질임금은 불변한다. 이발사의 실질임금은 근로시간당 이발을 한 단위로 측정된다.

   d. 근로자들이 농부와 이발사 사이에 자유롭게 전업이 가능하다면 각 부문에서 동일한 임금 W가 지불되어야 한다.

   e. 명목임금 W가 두 부문에서 동일하지만 농장 생산물의 측면에서 본 실질임금이 이발 측면에서 본 실질임금보다 더 크다면 이발 가격이 농장생산물 가격에 비해 상승해야만 한다. $W/P = MPL$이고, 따라서 $W = P \times MPL$이라는 사실을 알고 있다. 명목임금이 동일하다면 $P_f MPL_f = P_b MPL_b$, 즉 $P_b/P_f = MPL_f/MPL_b$를 의미한다. 이발사의 노동한계생산물은 변하지 않고 농부의 노동 한계생산물이 증가한다면 이발가격은 농장 생산물 가격에 비해 상승해야만 한다.

   f. 노동이 두 부문 간에 자유롭게 이동하여 전업이 가능하며, 두 가지 부류의 사람들이 동일한 재화 바스켓을 소비한다고 가정하면 농업부문의 기술진보 후에 농부와 이발사의 경제상황은 동일하게 나아진다. 명목임금이 각 근로자 부문에서 결국에는 동일해지고 최종재에 대해 동일한 가격을 지불한다고 가정하면 자신들의 명목소득을 갖고 구입할 수 있는 측면에서 볼 때 둘 모두 동일하게 경제적 상황이 나아진다. 농업부문의 기술진보로 인해 근로시간당 생산되는 농장 생산물의 단위 수가 증대된다. 두 부문 간 노동의 이동이 발생하여 명목임금이 같아진다.

7. a. 노동의 한계생산물 MPL은 생산함수를 노동에 대해 다음과 같이 미분함으로써 구할 수 있다.

$$\begin{aligned} MPL &= \frac{dY}{dL} \\ &= \frac{1}{3}K^{1/3}H^{1/3}L^{-2/3} \end{aligned}$$

   인적자본이 많아질수록 현존하는 모든 노동이 더 생산적이 되기 때문에 앞의 식은 인적자본에 대해 증가한다.

   b. 인적자본의 한계생산물 MPH는 생산함수를 인적자본에 대해 다음과 같이 미분함으로써 구할 수 있다.

$$\begin{aligned} MPH &= \frac{dY}{dH} \\ &= \frac{1}{3}K^{1/3}L^{1/3}H^{-2/3} \end{aligned}$$

수확체감으로 인해 이 식은 인적자본에 대해 감소한다.

c. 생산량 중에서 노동의 몫은 노동으로 할당되는 생산량의 비율이다. 노동에 할당되는 총생산량은 (완전경쟁하에서 노동의 한계생산물과 같은) 실질임금에 노동량을 곱한 것이다. 이 수량을 총생산량으로 나누면 다음과 같은 노동의 몫을 계산할 수 있다.

$$\text{노동의 몫} = \frac{(\frac{1}{3}K^{1/3}H^{1/3}L^{-2/3})L}{K^{1/3}H^{1/3}L^{1/3}} = \frac{1}{3}$$

동일한 논리를 이용하여 다음과 같이 인적자본의 몫을 구할 수 있다.

$$\text{인적자본의 몫} = \frac{(\frac{1}{3}K^{1/3}L^{1/3}H^{-2/3})H}{K^{1/3}H^{1/3}L^{1/3}} = \frac{1}{3}$$

따라서 노동이 생산량의 1/3을 받고 인적자본이 생산량의 1/3을 받게 된다. (우리가 희망하는 사항이지만) 노동자는 자신들의 인적자본을 갖고 있으므로 노동은 생산량의 2/3를 받을 것으로 기대된다.

d. 미숙련 노동자 임금에 대한 숙련 노동자 임금의 비율은 다음과 같다.

$$\frac{W_{\text{숙련 노동자}}}{W_{\text{미숙련 노동자}}} = \frac{MPL + MPH}{MPL} = \frac{\frac{1}{3}K^{1/3}L^{-2/3}H^{1/3} + \frac{1}{3}K^{1/3}L^{1/3}H^{-2/3}}{\frac{1}{3}K^{1/3}L^{-2/3}H^{1/3}} = 1 + \frac{L}{H}$$

숙련 노동자가 미숙련 노동자보다 더 많은 보상을 받기 때문에 이 비율이 언제나 1보다 크다는 사실에 주목해야 한다. 또한 H가 증가할 경우 인적자본에 대한 수확체감으로 인해 인적자본에 대한 보상이 감소하고 동시에 미숙련 노동자의 한계생산물은 증가하여 이 비율이 감소한다.

e. 대학 장학금의 증가로 인해 H가 증대되면 좀 더 평등한 사회를 이룩하는 데 도움이 된다. 이런 정책이 시행되면 교육에 대한 보상이 낮아지고 교육을 더 받은 노동자와 덜 받은 노동자 사이의 임금 차이를 축소시킨다. 더 중요한 사실은 이런 정책으로 인해 숙련 노동자의 수가 증가할 경우 미숙련 노동자의 한계생산물이 증가하기 때문에 미숙련 노동자의 절대임금 수준을 증가시키기까지 한다.

8. 정부가 조세를 1,000억 달러 증가시킬 경우 (a) 공공저축, (b) 개인저축, (c) 총저축에 미치는 영향은 다음의 관계를 이용하여 분석할 수 있다.

$$\begin{aligned}\text{총저축} &= [\text{개인저축}] + [\text{공공저축}]\\ &= [Y - T - C(Y-T)] + [T - G]\\ &= Y - C(Y-T) - G\end{aligned}$$

a. **공공저축** – 조세증가는 공공저축의 일대일 증가로 이어진다. T가 1,000억 달러 증가함에 따라 공공저축도 1,000억 달러 증가한다.

b. **개인저축** – 조세가 증가하면 가처분소득 $Y - T$가 1,000억 달러 감소한다. 한계소비성향(MPC)이 0.6이므로 소비는 0.6 × 1,000억 달러, 즉 600억 달러 감소한다. 따라서 다음과 같다.

$$\Delta \text{개인저축} = -\$1,000\text{억} - 0.6(-\$1,000\text{억}) = -\$400\text{억}$$

개인저축은 400억 달러 감소한다.

c. **총저축** – 총저축은 개인저축과 공공저축의 합이므로 조세가 1,000억 달러 증가하면 총저축이 600억 달러 증가한다.

위에서 살펴본 총저축의 세 번째 식을 사용하여 이를 달리 설명하면 다음과 같다. 즉 총저축은 $Y - C(Y - T) - G$이므로 조세가 1,000억 달러 증가하면 가처분소득이 감소하여 소비가 600억 달러 감소한다. G나 Y는 불변하므로 총저축은 600억 달러 증가한다.

d. **투자** – 조세증가가 투자에 미치는 영향을 결정하기 위하여 다음과 같은 국민계정 항등식을 생각해 보자.

$$Y = C(Y - T) + I(r) + G$$

이를 재정리하면 다음과 같다.

$$Y = C(Y - T) - G = I(r)$$

위 식의 좌변은 총저축이므로 이 식에 따르면 총저축이 투자와 같아야만 한다. 총저축이 600억 달러 증가하였으므로 투자 역시 600억 달러 증가해야 한다.

투자증가가 어떻게 이루어지는지 살펴보도록 하자. 투자가 실질이자율에 의존한다는 사실을 알고 있다. 투자가 증가하기 위해서는 실질이자율이 하락해야만 한다. 그림 3-1은 저축 및 투자를 실질이자율의 함수로 나타내고 있다.

조세가 증가하면 총저축이 증가해서 대부자금에 대한 공급곡선이 오른쪽으로 이동한다. 균형 실질

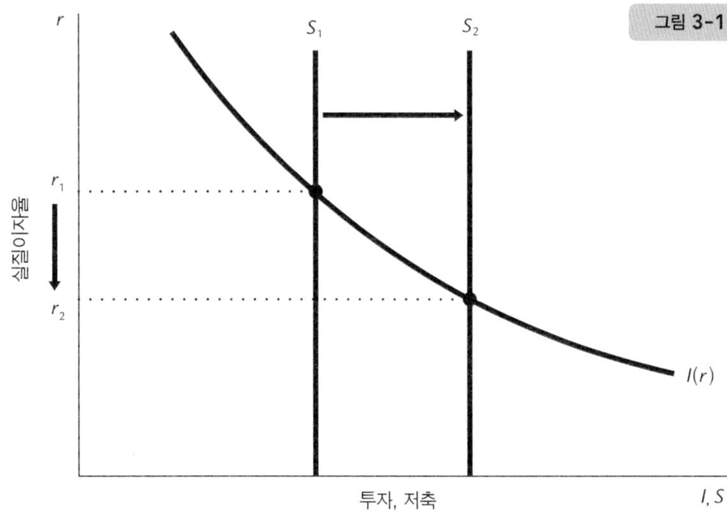

그림 3-1

이자율은 하락하고 투자는 증가한다.

9. 소비자가 현재 소비하고자 하는 규모를 증가시킬 경우 개인저축이 감소하며 이로 인해 총저축이 감소한다. 총저축에 대한 다음 정의를 통해 이를 알아볼 수 있다.

$$\begin{aligned} \text{총저축} &= [\text{개인저축}] + [\text{공공저축}] \\ &= [Y - T - C(Y - T)] + [T - G] \end{aligned}$$

소비가 증가하면 개인저축이 감소하여 총저축이 감소한다.

그림 3-2는 저축 및 투자를 실질이자율의 함수로 나타내고 있다. 총저축이 감소하면 대부자금의 공급곡선이 왼쪽으로 이동하여 실질이자율이 상승하고 투자가 감소한다.

그림 3-2

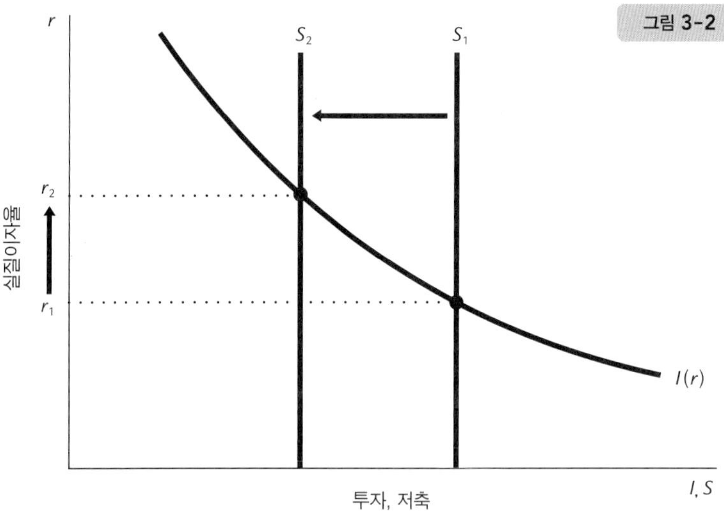

10. a. 개인저축은 소비되지 않은 가처분소득의 크기로 나타낼 수 있다.

$$\begin{aligned} S^{\text{개인저축}} &= Y - T - C \\ &= 8{,}000 - 2{,}000 - [1{,}000 + (2/3)(8{,}000 - 2{,}000)] \\ &= 1{,}000 \end{aligned}$$

공공저축은 정부가 구매를 하고 나서 남긴 크기로 나타낼 수 있다.

$$\begin{aligned} S^{\text{공공저축}} &= T - G \\ &= 2{,}000 - 2{,}500 \\ &= -500 \end{aligned}$$

총저축은 개인저축과 공공저축의 합이 된다.

$$\begin{aligned} S^{\text{총저축}} &= S^{\text{개인저축}} + S^{\text{공공저축}} \\ &= 1{,}000 + (-500) \\ &= 500 \end{aligned}$$

b. 균형이자율은 대부자금시장을 청산하는 r의 값이다. 총저축이 500이라는 사실을 이미 알고 있으므로 이를 투자와 같다고 보면 된다.

$$\begin{aligned} S^{\text{총저축}} &= I \\ 500 &= 1,200 - 100r \end{aligned}$$

r에 대해 앞의 식을 풀면 다음과 같다.

$$r = 0.07 \text{ 또는 } 7\%$$

c. 정부가 지출을 증대시킬 경우 개인저축은 이전과 같지만 (앞의 $S^{\text{개인저축}}$에 G가 포함되지 않는 점에 주목하자) 정부저축은 감소한다. 새로운 G를 위의 식에 대입하면 다음과 같다.

$$\begin{aligned} S^{\text{개인저축}} &= 1,000 \\ S^{\text{공공저축}} &= T - G \\ &= 2,000 - 2,000 \\ &= 0 \end{aligned}$$

따라서 총저축은 다음과 같다.

$$\begin{aligned} S^{\text{총저축}} &= S^{\text{개인저축}} + S^{\text{공공저축}} \\ &= 1,000 + (0) \\ &= 1,000 \end{aligned}$$

d. 균형이자율은 다시 한 번 대부자금시장을 청산하며 다음과 같다.

$$\begin{aligned} S^{\text{총저축}} &= I \\ 1,000 &= 1,200 - 100r \end{aligned}$$

r에 대해 위의 식을 풀면 다음과 같다.

$$r = 0.02 \text{ 또는 } 2\%$$

11. 조세와 정부구매가 동일하게 증가한 경우 투자에 미치는 영향을 결정하기 위하여 다음과 같은 총저축에 대한 국민소득계정 항등식을 생각해 보자.

$$\begin{aligned} \text{총저축} &= [\text{개인저축}] + [\text{공공저축}] \\ &= [Y - T - C(Y - T)] + [T - G] \end{aligned}$$

Y는 생산요소에 의해 고정되어 있으며 소비의 변화는 가처분소득의 변화에 한계소비성향(MPC)을 곱한 것과 같다는 사실도 알고 있다. 이를 식으로 나타내면 다음과 같다.

$$\begin{aligned} \Delta\text{총저축} &= \{-\Delta T - [MPC \times (-\Delta T)]\} + [\Delta T - \Delta G] \\ &= [-\Delta T + (MPC \times \Delta T)] + 0 \\ &= (MPC - 1)\Delta T \end{aligned}$$

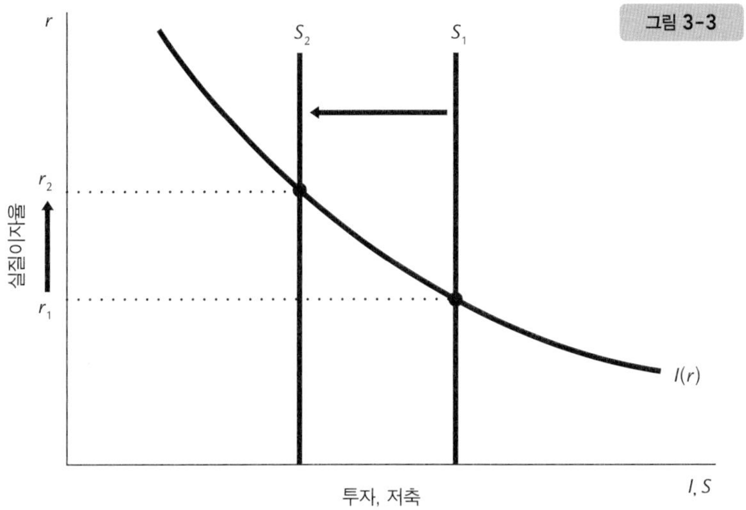

위의 식에 따르면 T 및 G가 동일하게 증가할 경우 저축에 미치는 영향은 한계소비성향에 의존한다는 사실을 알 수 있다. MPC가 1에 근접할수록 저축의 감소가 줄어든다. 예를 들면 MPC가 1일 경우 소비의 감소가 정부구매의 증가와 같아지므로 총저축 $[Y-C(Y-T)-G]$은 불변한다. MPC가 0에 근접할수록(따라서 가처분소득이 1달러 변화할 경우 지출보다 저축하는 금액이 더 커질수록) 저축에 미치는 영향이 더 커진다. MPC가 1보다 작다고 가정하기 때문에 조세와 정부구매가 동일하게 증가함에 따라 총저축이 감소할 것으로 기대된다.

저축이 감소함에 따라 대부자금 공급곡선은 그림 3-3에서 왼쪽으로 이동하게 되며 실질이자율은 상승하고 투자는 감소한다.

12. a. 일정한 이자율 수준에서 보조금이 지급되면 이익이 남는 투자기회의 수가 증가하기 때문에 기업투자의 수요곡선이 바깥쪽으로 이동한다. 주택투자의 수요곡선은 불변한다.

    b. 한 경제의 투자에 대한 총수요곡선은 바깥쪽으로 이동한 기업투자와 불변인 주택투자를 합한 것이므로 바깥쪽으로 이동한다. 결과적으로 그림 3-4에서 보는 것처럼 실질이자율이 상승한다.

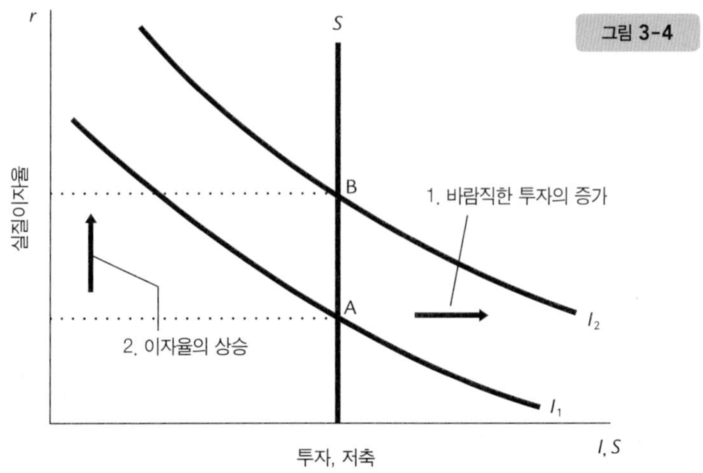

그림 3-5

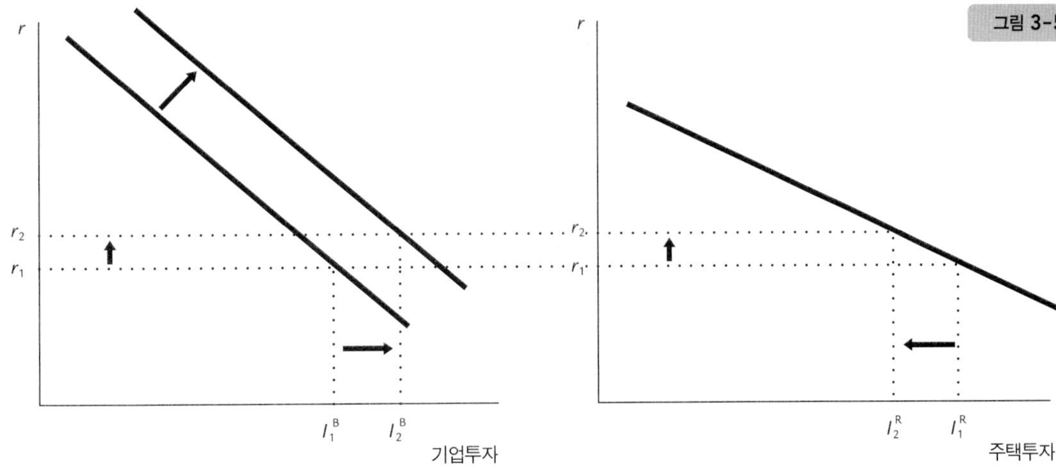

c. 총투자량은 비탄력적인 저축의 공급에 의해 제약되기 때문에 변화하지 않는다. 투자세액공제로 인해 기업투자는 증가하지만 주택투자는 이를 상쇄하며 감소한다. 즉 이자율이 상승함에 따라 주택투자는 감소하며(곡선을 따라 이동하며) 기업투자곡선은 바깥쪽으로 이동하여 동일한 양만큼 증가한다. 그림 3-5는 이런 변화를 보여 주고 있다. $I_1^B + I_1^R = I_2^B + I_2^R = \overline{S}$라는 점에 주목하자.

13. 이 장에서는 정부지출이 증가하면 총저축을 감소시키고 이자율을 상승시킨다고 결론을 내렸다. 따라서 정부 지출이 증가한 양만큼 투자를 구축하게 된다. 이와 유사하게 조세가 감소하면 가처분소득이 증가하고 이에 따라 소비가 증가한다. 소비가 증가하면 총저축이 감소하여 투자를 다시 구축하게 된다.

소비가 이자율에 의존할 경우 재정정책에 관한 위의 결론은 다소 수정되어야 한다. 소비가 이자율에 의존할 경우 저축도 이자율에 의존하게 된다. 이자율이 높을수록 저축에 대한 수익이 증가한다. 따라서 이자율이 상승하면 저축이 증가하며 소비는 감소한다고 생각하는 것이 합리적인 것처럼 보인다. 그림 3-6은 저축을 이자율에 대한 증가함수로 나타내고 있다.

정부구매가 증가할 경우 어떤 일이 발생하는지 생각해 보자. 일정하게 주어진 이자율 수준에서 총저축

그림 3-6

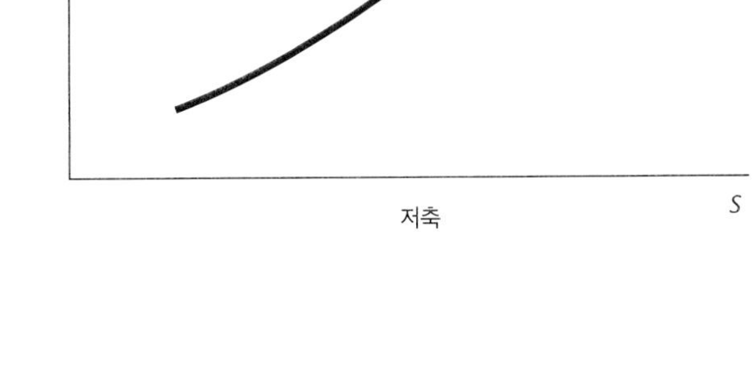

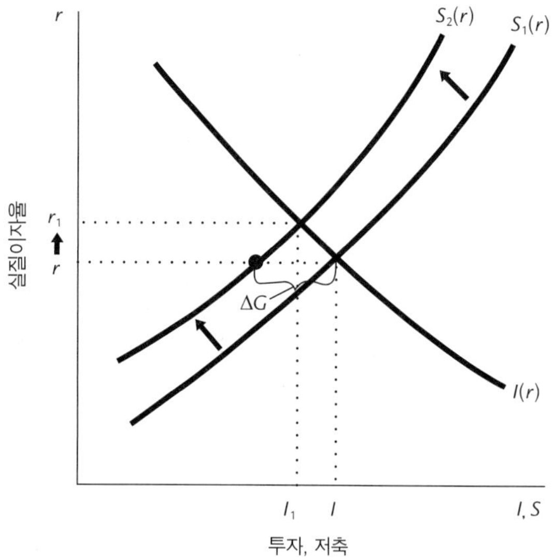

그림 3-7

은 그림 3-7에서 보는 것처럼 정부구매가 변화한 만큼 감소한다. 저축함수의 기울기가 상향할 경우 투자는 정부구매가 증가한 양보다 더 적게 감소한다. 이는 이자율이 상승함에 따라 소비가 감소하고 저축이 증가하기 때문에 발생한다. 따라서 소비가 이자율에 반응할수록 정부구매가 투자를 더 적게 구축한다는 사실을 알 수 있다.

14. a. 그림 3-8은 대부자금에 대한 수요는 안정적이지만 공급(저축곡선)은 소득에 대한 일시적인 충격, 정부 지출의 변화, 소비자 신뢰의 변화를 아마도 반영하면서 변동하는 경우를 보여 주고 있다. 이 경우 이자율이 하락하면 투자가 증가하고 이자율이 상승하면 투자가 감소한다. 투자와 이자율 사이에 음의 상관관계가 있을 것으로 기대된다.

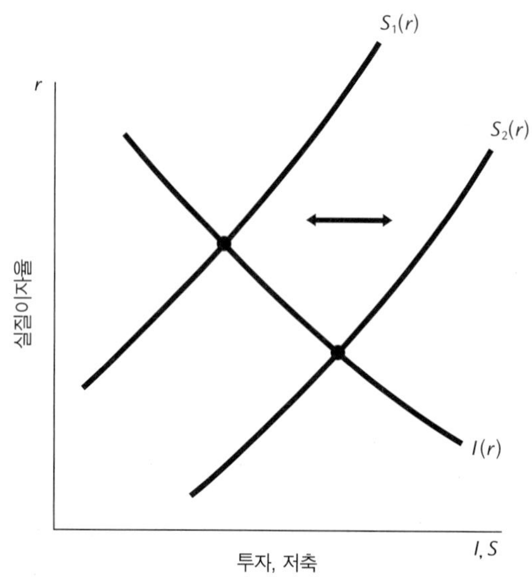

그림 3-8

그림 3-9

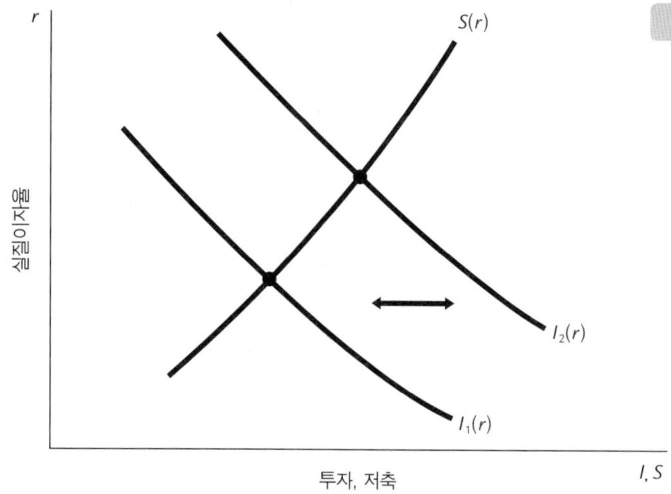

b. 그림 3-9는 대부자금의 공급(저축)이 이자율에 반응하지 않는 경우를 보여 주고 있다. 또한 대부자금의 공급곡선은 안정적이지만 대부자금에 대한 수요는 아마도 자본의 한계생산물에 대한 기업의 기대 변화를 반영하면서 변화하는 경우를 가상해 보자. 이제는 투자와 이자율 사이에 양의 상관관계가 있음을 알 수 있다. 즉 대부자금에 대한 수요가 증가하여 이자율이 상승한다. 따라서 투자가 증가하고 동시에 실질이자율이 상승하는 상황을 경험하게 된다.

c. 대부자금의 공급 및 수요 곡선 둘 다 이동할 경우 그림 3-10에서 보는 것처럼 산재된 점들이 존재하게 된다. 경제는 점 A, B, C, D 사이에서 변동한다. 경제가 이 점들 각각에 어떻게 머물지에 기초할 경우 투자와 이자율 사이의 명확한 관계를 발견하기가 어렵다.

그림 3-10

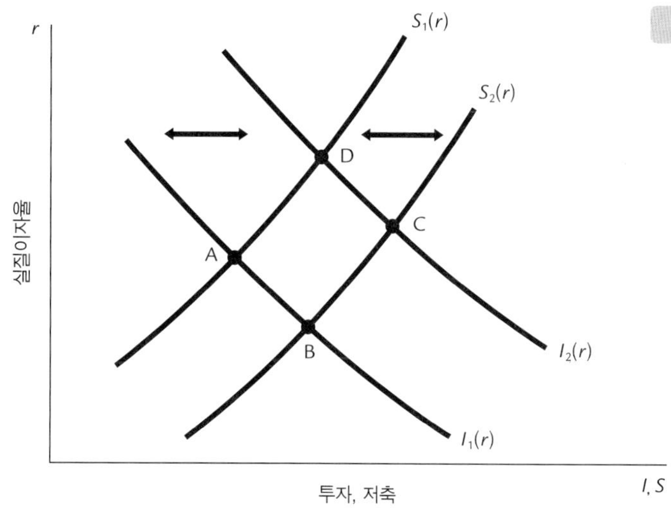

d. 대부자금의 공급과 수요가 경제 상황의 변화에 대응하여 시간이 흐름에 따라 둘 다 변동하는 (c)가 가장 합리적인 것처럼 보인다.

4

화폐제도 : 정의 및 역할

복습용 질문

1. 화폐는 세 가지 기능, 즉 가치저장, 계산단위, 교환의 매개수단으로서 기능을 수행한다. 화폐는 가치저장의 기능으로서 구매력을 현재에서 장래로 이전하는 역할을 한다. 화폐는 계산단위의 기능으로서 가격을 매기고 부채를 기록하는 기준이 된다. 화폐는 또한 교환의 매개수단으로서 재화 및 용역을 구입하는 데 사용된다.

2. 법정불환지폐는 정부가 화폐로 확정한 것이지만 자체적인 가치는 없다. 예를 들어 미국 달러화는 법정불환지폐이다. 상품화폐는 어떤 자체적인 가치를 갖는 상품에 기초한 화폐이다. 화폐로서 사용될 때 금은 상품화폐의 예가 된다.

3. 공개시장조작은 중앙은행에 의한 정부채권의 매입 및 매도이다. 중앙은행이 일반인으로부터 정부채권을 매입할 경우 이들 채권에 대해 중앙은행이 지불한 화폐로 인해 본원통화가 증가하며 이에 따라 통화공급이 증가한다. 중앙은행이 일반인들에게 정부채권을 매도할 경우 이들 채권에 대해 일반인들이 중앙은행에 지불한 화폐로 인해 본원통화가 감소하며 이에 따라 통화공급이 감소한다.

4. 부분지급준비제도에서 은행들은 일반적으로 예금 중 일부만을 지급준비금으로 보유하기 때문에 통화를 창조할 수 있다. 은행들은 예금 중 나머지 부분만을 사용하여 대출을 할 수 있다. 은행이 통화를 어떻게 창조하는지 알 수 있는 가장 손쉬운 방법은 그림 4-1에서처럼 세 개 은행의 대차대조표를 살펴보는 것이다.

   사람들이 한 경제의 통화공급액 1,000달러를 그림 4-1(A)에서 보는 것처럼 제1은행에 예치하였다고 가상하자. 통화공급은 아직 1,000달러이지만 이제는 현찰이 아닌 요구불예금의 형태로 갖고 있다. 은행이 예금의 100퍼센트를 지급준비금으로 갖는 경우 통화공급에 영향을 미칠 수 없다. 하지만 부분지급준비제도하에서 은행은 예금 모두를 지급준비금으로 갖고 있을 필요가 없다. 즉 예금주가 예금을 인출하려 할 때마다 지급준비금을 이용할 수 있도록 충분한 지급준비금을 보유하기만 하면 된다. 예금의 나머지는 대출로 사용할 수 있다. 제1은행의 지급준비금-예금 비율이 20퍼센트인 경우 1,000달러 중 200달러를 지급준비금으로 보유하고 나머지 800달러를 대출로 제공할 수 있다. 그림 4-1(B)는 800달러가 대출로 제공된 이후 제1은행의 대차대조표를 보여 주고 있다. 이런 대출을 제공함으로써 제1은행은 통화공급을 800달러 증가시키게 된다. 1,000달러가 아직 요구불예금으로 있으며 차용자는 또한 추가적으로 800달러를 현찰로 보유하고 있다. 총통화공급은 1,800달러가 된다.

그림 4-1

(A) 제1은행의 대차대조표

자산		부채	
지급준비금	$1,000	예금	$1,000

통화공급 = $1,000

(B) 제1은행의 대차대조표

자산		부채	
지급준비금	$200	예금	$1,000
대출금	$800		

통화공급 = $1,800

(C) 제2은행의 대차대조표

자산		부채	
지급준비금	$160	예금	$800
대출금	$640		

통화공급 = $2,440

통화창조는 제1은행으로 끝나지 않는다. 차용자가 현찰 800달러를 제2은행에 예치할 경우 제2은행은 이 예금을 이용하여 대출을 하게 된다. 제2은행의 지급준비금-예금 비율이 20퍼센트인 경우 800달러 중 160달러를 지급준비금으로 보유하고 나머지 640달러를 대출로 제공한다. 제2은행은 대출을 제공함으로써 그림 4-1(C)에서 보는 것처럼 통화공급을 640달러 증가시키게 된다. 총통화공급은 이제 2,440달러가 된다.

이런 통화 창조과정은 각 예치금과 이에 따른 대출로 인해 지속된다. 교과서에서 예치금 각 달러는 ($1/*rr*)를 창조하며 여기서 *rr*은 지급준비금-예금 비율이다. 이 예에서 $rr = 0.2$이므로 제1은행에 최초로 예치된 1,000달러는 5,000달러의 통화를 창조한다.

5. 미국 연방준비제도이사회는 공개시장조작, 법정지불준비, 할인율을 통하여 통화공급에 영향을 미칠 수 있다. **공개시장조작**은 연방준비제도이사회가 국채를 매입하고 판매하는 것이다. 연방준비제도이사회가 국채를 매입할 경우 채권을 매입할 때 지불한 달러화로 인해 미국의 본원통화가 증가하여 통화공급이 증대된다. 연방준비제도이사회가 국채를 판매할 경우 채권을 판매하고 받은 달러화로 인해 본원통화가 감소하여 통화공급이 감소한다. **법정지급준비**는 연방준비제도이사회가 부과하는 것으로 은행들로 하여금 최소한의 지급준비금-예금 비율을 유지하도록 하는 규제이다. 법정지불준비가 낮아지면 지급준비금-예금 비율이 낮아져서 일정한 예금액에 대해 은행이 더 많은 대출을 할 수 있게 된다. 이에 따라 통화승수와 통화공급이 증대된다. **할인율**은 은행이 차용을 할 때 연방준비제도이사회가 부과하는 이자율이다. 은행은 지급준비금이 법정지불준비 아래로 감소할 경우 연방준비제도이사회로부터 차용을 하게 된다. 할인율이 하락하면 은행이 지급준비금을 차용하는 비용이 저렴해진다. 따라서 은행은 연방준비제도이사회로부터 더 많이 차용하게 되고 이로 인해 본원통화가 증가하므로 통화공급이 증대된다.

6. 은행위기가 통화공급의 감소로 이어진 이유를 알아보기 위해 우선 무엇이 통화공급을 결정하는지 생각해 보자. 이 장에서 살펴본 통화공급 모형은 다음과 같다.

$$M = m \times B$$

통화공급 M은 통화승수 m과 본원통화 B에 의존한다. 통화승수는 또한 다음과 같이 지급준비금-예금 비율 rr과 현금-예금 비율 cr로 나타낼 수 있다.

$$M = \left[\frac{(cr+1)}{(cr+rr)}\right]B$$

위의 식에 따르면 통화공급은 현금-예금 비율, 지급준비금-예금 비율, 본원통화에 의존한다.

수많은 은행의 파산으로 이어진 은행위기로 인해 예금주와 은행가의 행태가 변했을 것이며 현금-예금 비율과 지급준비금-예금 비율도 변하게 된다. 많은 은행의 파산으로 인해 은행제도에 대한 일반 국민의 신뢰가 떨어졌다고 가상해 보자. 이렇게 되면 사람들은 은행에 예치하기보다 현금의 형태로 보유하려 할 것이다(그리고 매트리스 속을 현금으로 채우려 할 것이다). 예금주의 이런 행태 변화로 인해 예금의 대규모 인출사태가 발생하고 이에 따라 현금-예금 비율이 증대된다. 이 밖에 은행위기로 인해 은행의 행태도 변화한다. 대규모 예금 인출사태를 우려한 은행들은 더 주의를 기울이게 되고 지급준비금으로 보유하려는 화폐의 양이 증대되어 지급준비금-예금 비율이 상승한다. 앞에서 살펴본 통화승수 공식에 따르면 현금-예금 비율과 지급준비금-예금 비율이 모두 증가할 경우 통화승수의 감소로 이어지며 이에 따라 통화공급이 감소한다.

문제와 응용

1. 화폐는 가치저장, 교환의 매개수단, 계산단위로서의 기능을 수행한다.
   a. 신용카드는 재화 및 용역과 교환으로 받아들여지기 때문에 교환의 매개수단으로서의 기능을 수행한다. 신용카드는 이를 갖고 부채를 축적하게 되므로 말하자면 (음의) 가치저장 기능을 수행한다고 볼 수 있다. 신용카드는 계산단위가 될 수는 없다. 예를 들면 자동차가 비자카드 다섯 장의 비용이 든다고 말하지는 않는다.
   b. 렘브란트의 그림은 가치저장으로서의 기능만을 수행한다.
   c. 지하철 운행구역 내에서 지하철 토큰은 화폐의 세 가지 기능을 모두 충족한다. 하지만 지하철 운행구역 밖에서 이는 계산단위나 교환의 매개수단으로서 널리 사용되지 못한다. 따라서 지하철 토큰은 화폐의 형태가 아니다.

2. a. 중앙은행이 채권을 매입할 경우 일반인들에게 채권매입에 대한 대가로 지불하는 화폐는 본원통화를 증가시키고 이는 다시 통화공급을 증가시킨다. 지급준비금-예금 비율 또는 현금-예금 비율이 변화하지 않는다고 가정하면 통화승수는 영향을 받지 않는다.
   b. 중앙은행이 지급준비금 보유에 대해 해당 은행들에 지불하는 이자율을 인상할 경우 은행들에 예금에 대한 지급준비금을 보다 많이 보유하도록 하는 동기를 주게 된다. 지급준비금-예금 비율이 증가하면 통화승수가 감소한다. 통화승수의 감소는 통화공급의 감소로 이어진다. 은행들이 보다 많은 지급준비금을 보유하기 때문에(은행들이 대출을 더 적게 하기 때문에) 본원통화는 증가한다.
   c. 미국 연방준비은행이 기간입찰대출을 통해 은행들에 제공하는 대부를 축소시킬 경우 본원통화가 감

소하고 이에 따라 통화공급이 감소한다. 지급준비금-예금 비율 또는 현금-예금 비율이 변화하지 않는다고 가정하면 통화승수는 영향을 받지 않는다.

d. 사람들이 현금지급기에 대한 신뢰를 상실하고 보다 많은 현금을 보유하려 할 경우 현금-예금 비율이 증가하며 이로 인해 통화승수가 감소한다. 은행들이 대출하기 위한 보다 적은 지급준비금을 보유하기 때문에 통화공급이 감소한다. 사람들이 보다 많은 현금을 보유하기 때문에 본원통화가 증가하지만 은행들이 보다 적은 지급준비금을 보유하기 때문에 본원통화가 감소한다. 본원통화에 대한 순효과는 0이 된다.

e. 연방준비은행이 100달러짜리 신권을 헬리콥터로 뿌릴 경우 이는 본원통화 및 통화공급을 증대시킨다. 현금이 결국에는 은행에 예치될 경우 통화공급이 더욱 증가한다. 사람들이 예금에 비해 보다 많은 현금을 결국 보유하게 될 경우 통화승수는 하락하게 된다.

3. a. 모든 화폐가 현금으로 보유될 경우 통화공급은 본원통화와 같아진다. 통화공급은 1,000달러가 된다.

b. 모든 화폐가 예금으로 보유되지만 은행들이 예금의 100퍼센트를 지급준비금으로 보유할 경우 대출은 이루어지지 않는다. 통화공급은 1,000달러가 된다.

c. 모든 화폐가 예금으로 보유되고 은행들이 예금의 20퍼센트를 지급준비금으로 보유할 경우 지급준비금-예금 비율은 0.2이다. 현금-예금 비율은 0이고 통화승수는 1/0.2, 즉 5이다. 통화공급은 5,000달러가 된다.

d. 사람들이 현금과 예금을 동일한 규모로 보유할 경우 현금-예금 비율은 1이다. 지급준비금-예금 비율은 0.2이고 통화승수는 $(1 + 1)/(1 + 0.2) = 1.67$이다. 통화공급은 1,666.67달러가 된다.

e. 통화공급은 본원통화에 비례하며 $M = m \times B$로 나타낼 수 있다. 여기서 M은 통화공급, m은 통화승수, B는 본원통화이다. m은 현금-예금 비율 및 지급준비금-예금 비율로 정의된 상수이므로 본원통화 B의 10퍼센트 증가는 통화공급 M의 10퍼센트 증가로 이어지게 된다.

4. a. 통화공급은 현금에 요구불예금을 합산한 것으로 5,000달러이다. 본원통화는 현금에 지급준비금을 합산한 것이다. 은행들이 초과 지급준비금을 보유하지 않는다고 가정하면 지급준비금은 예금의 25퍼센트가 되어야 하므로 1,000달러이다. 이 경우 본원통화는 2,000달러이다. 통화승수는 통화공급을 본원통화로 나누어 구할 수 있으며 이는 2.5가 된다. 그렇지 않으면 통화승수는 다음과 같은 공식을 사용하여 계산할 수 있다. $m = (cr + 1)/(cr + rr)$. 여기서 cr은 현금-예금 비율로 0.25이며 rr은 지급준비금-예금 비율로 0.25이다.

b. 이 은행의 대차대조표는 다음과 같다. 은행이 초과 지급준비금을 보유하지 않는다고 가정하면 이 은행의 지급준비금은 예금의 25퍼센트로 1,000달러이다. 이렇게 되면 대출금은 3,000달러가 되어야 한다.

자산		부채	
지급준비금	\$1,000	예금	\$4,000
대출금	\$3,000		

c. 통화공급을 증가시키기 위해서 중앙은행은 정부채권을 매입해야 하며 이를 통해 은행의 지급준비금을 증대시키고 대출, 예금, 통화공급이 증가하도록 할 수 있다. $M = mB$이므로 $\Delta M = m \times \Delta B$가 된

다. 중앙은행이 통화공급을 10퍼센트 증가시키려 한다면 통화공급의 변화는 500달러가 되어야 한다. 통화승수가 2.5이므로 본원통화는 200달러 증가해야 한다. 중앙은행은 정부채권을 200달러 매입해야 한다.

5. a. 은행들이 예금의 1/3을 지급준비금으로 보유한다면 지급준비금-예금 비율(rr)은 1/3이 된다. 사람들이 자신들 화폐의 1/3을 현금으로, 2/3를 예금으로 보유한다면 현금-예금 비율을 다음과 같이 나타낼 수 있다.

$$cr = \frac{Cu}{D} = \frac{\frac{1}{3}M}{\frac{2}{3}M} = \frac{1}{2}$$

따라서 통화승수는 다음과 같다.

$$m = \frac{cr + 1}{cr + rr} = \frac{\frac{1}{2} + 1}{\frac{1}{2} + \frac{1}{3}} = 1.8$$

통화공급은 본원통화에 통화승수를 곱하여 구할 수 있으며 1,800달러가 된다.

b. 사람들이 화폐의 절반을 현금으로 보유한다면 현금보유액은 예금액과 같아져서 현금-예금 비율이 1이 된다. 따라서 통화승수는 1.5가 되어 통화공급은 1,500달러가 된다.

c. 중앙은행은 통화공급을 300달러만큼 증가시켜야 하므로 정부채권을 매입해야 한다. $\Delta M = m \times \Delta B$이므로 $\$300 = 1.5 \times \Delta B$가 되며 중앙은행은 정부채권을 200달러 매입해야 한다.

6. 제4장에서 살펴본 통화공급 모형은 다음과 같다.

$$M = mB$$

통화공급 M은 통화승수 m과 본원통화 B에 의존한다. 통화승수는 또한 지급준비금-예금 비율 rr과 현금-예금 비율 cr로 나타낼 수 있다. 통화공급식을 다시 나타내면 다음과 같다.

$$M = \left[\frac{(cr + 1)}{(cr + rr)}\right]B$$

위의 식에 따르면 통화공급은 현금-예금 비율, 지급준비금-예금 비율, 본원통화에 의존한다.

(a)에서 (c)까지 답하기 위하여 다음 표에 있는 통화공급, 본원통화, 통화승수, 지급준비금-예금 비율, 현금-예금 비율을 이용하도록 하자.

구분	1929년 8월	1933년 3월
통화공급	26.5	19.0
본원통화	7.1	8.4
통화승수	3.7	2.3
지급준비금-예금 비율	0.14	0.21
현금-예금 비율	0.17	0.41

a. 현금-예금 비율은 상승하였으나 지급준비금-예금 비율이 불변인 경우 통화승수를 다시 계산하여 이를 통화공급식 $M = mB$에 대입해야 한다. 현금-예금 비율의 1933년 값과 지급준비금-예금 비율의 1929년 값을 사용하여 통화승수를 다시 계산하면 다음과 같다.

$$m = (cr_{1933} + 1)/(cr_{1933} + rr_{1929})$$
$$m = (0.41 + 1)/(0.41 + 0.14)$$
$$m = 2.56$$

1933년 조건하에서 통화공급을 결정하면 다음과 같다.

$$M_{1933} = mB_{1933}$$

위에서 계산한 m값과 B의 1933년 값을 대입하면 다음과 같다.

$$M_{1933} = 2.56 \times 8.4$$
$$M_{1933} = 21.504$$

따라서 이 조건하에서 통화공급은 1929년의 26.5에서 1933년의 21.504로 감소한다.

b. 지급준비금-예금 비율은 증가하였지만 현금-예금 비율은 불변인 경우 통화공급에 어떤 일이 발생하는지 알아보려면 통화승수를 다시 계산하고 이 값을 통화공급 방정식 $M = mB$에 대입해야 한다. 지급준비금-예금 비율의 1933년 값과 현금-예금 비율의 1929년 값을 이용하여 통화승수를 다시 계산하면 다음과 같다.

$$m = (cr_{1929} + 1)/(cr_{1929} + rr_{1933})$$
$$m = (0.17 + 1)/(0.17 + 0.21)$$
$$m = 3.08$$

1933년 조건하에서 통화공급을 결정하면 다음과 같다.

$$M_{1933} = mB_{1933}$$

위에서 계산한 m값과 B의 1933년 값을 대입하면 다음과 같다.

$$M_{1933} = 3.08 \times 8.4 = 25.87$$
$$M_{1933} \approx 25.9$$

따라서 이 조건하에서 통화공급은 1929년의 26.5에서 1933년의 25.9로 감소한다.

c. (a)와 (b)의 계산에 따르면 현금-예금 비율의 하락이 통화승수 감소에 가장 큰 영향을 미쳤으므로 통화공급을 감소시킨 가장 큰 책임은 현금-예금 비율의 하락에 있다.

7. a. 수표세가 도입됨에 따라 당좌예금 계좌를 교환의 수단으로 사용하는 데 사람들이 더 주저하게 된다. 따라서 거래목적으로 현금을 더 많이 보유하게 되어 현금-예금 비율 cr이 증가한다.

b. 통화승수 $(cr + 1)/(cr + rr)$은 cr에 대해 감소하므로 통화공급이 감소한다. 직관적으로 볼 때 현금-예금 비율이 높아지면 은행이 지급준비금의 형태로 보유하는 본원통화의 비율이 낮아진다. 따라서 은행은 더 적은 통화를 창조하게 된다.

c. 수표세는 대공황 중에 시행된 좋은 정책이 아니었다. 왜냐하면 사람들이 수표를 사용하기보다 현금으로 지불하기를 선호함에 따라 통화공급의 감소로 이어졌기 때문이다. 은행들이 더 적은 지급준비금을 보유하였고 더 적은 대출을 하게 되었다.

8. 레버리지율은 은행자본에 대한 은행 총자산의 비율을 말한다. 레버리지율이 20인 경우 이는 은행 소유주가 제공한 자본의 각 달러에 대해 은행은 자산 20달러를 보유한다는 의미이다. 다음의 대차대조표에서 레버리지율은 20이다. 즉 총자산은 1,200달러이며 자본은 60달러가 된다.

자산		부채 및 소유주의 주식	
지급준비금	$200	예금	$800
대출금	$600	채무	$340
유가증권	$400	자본(소유주의 주식)	$60

은행 자산의 가치가 2퍼센트 증가하고 예금 및 채무는 불변인 경우 소유주의 주식도 또한 2퍼센트 증가하게 된다. 대차대조표의 양변에 있는 각 기재 항목의 합은 일치해야 하므로 자산가치가 2퍼센트 증가할 경우 오른편의 가치도 2퍼센트 증가하여 균형을 이루어야 한다. 은행의 자본을 0으로 낮추려면 자산가치가 60달러만큼 감소해야 하며 이는 현재 자산가치의 5퍼센트에 해당한다.

9. a. JPM의 대차대조표는 다음과 같다. 총 자산은 총부채와 같아야 하므로 지급준비금은 3,000달러가 된다는 사실을 알 수 있다.

자산		부채 및 소유주의 주식	
지급준비금	$3,000	예금	$14,000
대출금	$10,000	채무	$4,000
유가증권	$7,000	자본(소유주의 주식)	$2,000

레버리지율은 은행자본에 대한 은행 총자산의 비율이므로 10이 된다.

b. 은행 자산의 가치가 채무불이행으로 인해 5퍼센트 감소하고 예금 및 채무는 변화하지 않는다면 소유주 주식의 가치가 자산가치의 5퍼센트만큼 하락하게 된다. 대출금과 소유주의 주식 둘 다 500달러만큼 감소한다. 소유주의 주식(JPM의 자본)이 25퍼센트 하락한다.

자산		부채 및 소유주의 주식	
지급준비금	$3,000	예금	$14,000
대출금	$9,500	채무	$4,000
유가증권	$7,000	자본(소유주의 주식)	$1,500

5

인플레이션 : 원인, 결과, 사회적 비용

복습용 질문

1. 수량방정식은 사람들이 하는 거래의 수와 이들이 소유하고 있는 화폐 보유액 사이의 관계를 나타내는 항등식이다. 이를 등식으로 나타내면 다음과 같다.

$$\text{화폐} \times \text{유통속도} = \text{가격} \times \text{거래}$$
$$M \times V = P \times T$$

위 수량방정식의 우변은 주어진 기간, 예를 들면 1년 동안 이루어진 거래의 총숫자에 대해 알려 준다. T는 어떤 두 개인이 재화 또는 용역을 화폐와 교환하는 총횟수를 말한다. P는 일반적인 거래의 가격을 나타낸다. 여기서 $P \times T$의 값은 1년 동안 교환된 화폐의 수를 의미한다.

수량방정식의 좌변은 이런 거래에 사용되는 통화에 관해 알려 준다. M은 경제 내 화폐의 수량을 의미하며 V는 화폐의 거래속도, 즉 화폐가 경제에서 유통되는 율을 나타낸다.

거래 수는 측정하기가 어렵기 때문에 경제학자들은 통상적으로 앞의 수량방정식을 약간 변형시켜 사용한다. 즉 거래 수를 나타내는 T대신에 다음과 같이 해당 경제의 총생산량 Y를 사용한다.

$$\text{화폐} \times \text{유통속도} = \text{가격} \times \text{생산량}$$
$$M \times V = P \times Y$$

P는 이제 생산량 1단위의 가격을 의미하여 $P \times Y$는 생산량의 화폐 가치, 즉 명목 GDP가 된다. V는 화폐의 소득유통속도, 즉 화폐가 어떤 사람의 소득이 되는 횟수를 나타낸다.

2. 수량방정식의 속도가 일정하다고 가정하는 경우 수량방정식을 명목 GDP 이론으로 볼 수 있다. 유통속도가 일정한 경우 수량방정식은 다음과 같다.

$$MV = PY$$

유통속도 V가 일정한 경우 화폐수량(M)이 변화함에 따라 명목 GDP(PY)가 비례적으로 변하게 된다. 생산량이 생산요소와 생산기술에 의해 고정된다고 추가적으로 가정할 경우 화폐수량이 물가수준을 결정한다고 볼 수 있다. 이를 **화폐수량이론**이라 한다.

3. 화폐 보유자가 인플레이션 조세를 납부하게 된다. 물가가 상승함에 따라 사람들이 보유하는 화폐의 실질 가치는 하락한다. 즉 물가가 상승하기 때문에 일정한 화폐 보유액으로 더 적은 재화 및 용역을 구입하게 된다.

4. 피셔 방정식은 명목이자율과 실질이자율 사이의 관계를 나타낸다. 이에 따르면 명목이자율 i는 실질이자율 r에 인플레이션율 π를 더한 것과 같으며 식으로 나타내면 다음과 같다.

$$i = r + \pi$$

위의 식에 따르면 명목이자율은 실질이자율이 변하거나 인플레이션율이 변하기 때문에 변화하게 된다. 실질이자율은 인플레이션의 영향을 받지 않는다고 가정한다. 제3장에서 논의한 것처럼 실질이자율은 저축과 투자를 균형시킬 수 있도록 조절된다. 따라서 인플레이션율과 명목이자율 사이에 일대일의 관계가 성립된다. 인플레이션이 1퍼센트 증가할 경우 명목이자율 또한 1퍼센트 증가한다. 이런 일대일 관계를 피셔효과라 한다.

인플레이션이 6퍼센트에서 8퍼센트로 상승할 경우 피셔효과에 따르면 명목이자율은 2퍼센트 증가하는 반면에 실질이자율은 불변한다.

5. 기대한 인플레이션의 비용은 다음과 같다.

   a. **구두창비용** – 인플레이션이 높아지면 명목이자율도 상승하게 되며 이로 인해 사람들이 더 적은 실질 화폐잔고를 보유하려 한다. 사람들이 화폐잔고를 낮추는 경우 돈을 찾기 위해 은행에 더 자주 방문해야 한다. 이로 인해 불편함이 발생한다(그리고 신발이 더 빨리 닳아 없어지게 된다).

   b. **메뉴비용** – 인플레이션이 높아지면 기업들은 공표된 가격을 더 자주 변경시켜야 한다. 기업들이 메뉴표와 목록표를 재인쇄하게 되면 비용이 발생한다.

   c. **상대가격의 큰 폭 변동** – 기업들이 이따금 가격을 변경하는 경우 인플레이션으로 인해 상대가격의 변동이 확대된다. 자유시장경제는 상대가격에 의존하여 자원을 효율적으로 분배하기 때문에 인플레이션은 미시경제적 비효율성을 야기할 수 있다.

   d. **조세부담의 변화** – 조세법의 많은 규정들은 인플레이션의 효과를 고려하지 않고 있다. 이로 인해 인플레이션은 입법자들이 의도하지 않은 방향으로 개인 및 기업의 조세부담을 자주 변경시킬 수 있다.

   e. **물가수준의 변화에 따른 불편** – 가격수준이 수시로 변하는 세계에 살 경우 불편이 뒤따른다. 화폐는 경제거래를 측정하는 잣대가 되는데, 이 가치가 언제나 변할 경우 유용성이 훨씬 떨어진다.

   기대하지 못한 인플레이션에는 다음(f)과 같은 추가적인 비용이 수반된다.

   f. **임의적인 부의 재분배** – 기대하지 못한 인플레이션은 개인들 사이에 부를 임의적으로 재분배한다. 예를 들어 인플레이션이 기대보다 높으면 채무자는 이득을 보고 채권자는 손실을 보게 된다. 또한 고정된 연금으로 생활하는 사람들은 연금으로 더 적은 재화를 구입해야 하므로 피해를 보게 된다.

6. 초인플레이션은 언제나 금융정책을 반영한다. 즉 통화공급이 급속히 증가하지 않는다면 물가수준은 신속하게 상승할 수 없다. 정부가 통화공급을 극적으로 감소시키지 않는다면 초인플레이션이 종식되지 않는다. 그러나 이런 설명은 다음과 같은 핵심적인 의문점을 풀어야 한다. 정부가 막대한 화폐를 발행하기 시작한 이유는 무엇이며 이를 멈춘 이유는 무엇인가? 이 물음에 대한 대답은 거의 언제나 재정정책에 있다. 정부가 차용을 하여 재원을 조달할 수 없는(예를 들면 최근에 발생한 전쟁이나 어떤 주요한 사건으로 인

해) 대규모 재정적자를 경험할 경우 이를 해결하기 위해 화폐를 발행하게 된다. 정부 지출을 낮추고 조세를 더 거두어서 이런 재정 문제를 완화시킬 경우에만 정부가 통화증가율을 낮출 수 있다.

7. **실질변수**는 시간이 흐르더라도 변하지 않는 단위로 측정된 것으로, 예를 들면 '불변가격'으로 측정한 것이다. 즉 인플레이션에 대해 조정된 단위로 측정한 것이다. **명목변수**는 현재가격으로 측정되며 이 변수의 값은 인플레이션에 대해 조정되지 않는다. 예를 들면 실질변수는 초콜릿이고 명목변수는 이 초콜릿의 현재 가격이다. 은행이 여러분에게 제시한 이자율, 예를 들면 8퍼센트는 인플레이션에 대해 조정되지 않았으므로 명목이자율이 된다. 인플레이션이, 예를 들면 3퍼센트인 경우 구매력으로 측정한 실질이자율은 5퍼센트가 된다.

문제와 응용

1. a. 명목 GDP의 성장률을 구하기 위해서 수량방정식 $MV = PY$에서 시작해 보자. PY는 명목 GDP와 같거나 또는 생산된 재화 및 용역을 달러화로 측정한 가치이다. 위의 방정식을 백분율 변화 형태로 나타내면 다음과 같다.

$$M\text{의 백분율(\%) 변화} + V\text{의 백분율(\%) 변화} = PY\text{의 백분율(\%) 변화}$$

화폐 유통속도의 백분율(%) 변화가 0이라고 가정한다면 명목 GDP의 백분율 변화는 통화공급의 백분율 변화, 즉 8%와 같다.

b. 인플레이션율을 구하기 위해서 수량방정식을 백분율 변화 형태로 나타내면 다음과 같다.

$$M\text{의 백분율(\%) 변화} + V\text{의 백분율(\%) 변화} = P\text{의 백분율(\%) 변화} + Y\text{의 백분율(\%) 변화}$$

인플레이션율을 구하기 위해서 위의 식을 재정리하면 다음과 같다.

$$P\text{의 백분율(\%) 변화} = M\text{의 백분율(\%) 변화} + V\text{의 백분율(\%) 변화} - Y\text{의 백분율(\%) 변화}$$

문제에서 주어진 수치를 대입하면 다음과 같다.

$$P\text{의 백분율(\%) 변화} = 8\% + 0\% - 3\% = 5\%$$

c. 실질이자율은 명목이자율 9%에서 인플레이션율 5%를 감하면 구할 수 있다. 따라서 4%가 된다.

2. a. 평균 인플레이션율을 구하기 위해서 통화수요 함수를 다음과 같이 증가율의 형태로 나타낼 수 있다.

$$M^d\text{의 백분율(\%) 증가율} - P\text{의 백분율(\%) 증가율} = Y\text{의 백분율(\%) 증가율}$$

모수 k는 일정하기 때문에 무시할 수 있다. 명목 통화수요는 명목 통화공급과 같아야 하기 때문에 명목 통화수요 M^d의 백분율 변화는 통화공급의 증가율과 같다. 명목 통화수요가 12퍼센트 증가하고 실질소득(Y)이 4퍼센트 증가할 경우 물가수준 상승률은 8퍼센트이다.

b. (a)로부터 실질소득이 증가할 경우 평균 인플레이션율이 낮아진다는 사실을 추론할 수 있다. 예를 들어 실질소득이 6퍼센트로 증가하고 통화공급 증가율은 계속해서 12퍼센트인 경우 인플레이션은 6퍼센트로 감소한다. 이 경우 GDP 증가를 지지하기 위해서 통화공급의 증가가 필요하므로 인플레이션

이 하락한다.

c. 모수 k는 각 소득단위에 대해 사람들이 얼마나 많은 화폐를 보유하고자 하는지를 나타낸다. 모수 k는 화폐유통속도와 역의 관계에 있다. 그 밖의 모든 것이 동일하다면 사람들이 더 적은 화폐를 보유할 경우 동일한 양의 재화 및 용역을 구입하기 위해서 화폐를 더 여러 번 사용해야 한다.

d. 화폐유통속도의 증가가 양수인 경우 그 밖의 다른 것들이 동일하다면 인플레이션이 상승한다. 수량방정식으로부터 다음과 같은 사실을 알 수 있다.

M의 백분율(%) 증가율 + V의 백분율(%) 증가율 = P의 백분율(%) 증가율 + Y의 백분율(%) 증가율

통화공급은 12퍼센트 증가하며 실질소득은 4퍼센트 증가한다고 가상하자. 유통속도의 증가가 0인 경우 인플레이션은 8퍼센트가 된다. 유통속도가 2퍼센트 증가하였다고 가상하자. 이로 인해 물가는 10퍼센트로 증가하게 된다. 동일한 양의 통화가 동일한 규모의 재화를 구입하는 데 더 자주 사용되어야 하므로 인플레이션이 상승한다. 이 경우 양수인 유통속도의 증가를 상쇄하기 위해서 통화공급은 보다 서서히 증대되어야 한다.

3. a. 화폐유통속도에 관한 식을 구하기 위해서 수량방정식 $MV = PY$로부터 시작해 보자. 이를 재정리하면 $M/P = Y/V$가 된다. 균형에서 실질통화공급 M/P은 실질 통화수요와 같아지며 다음과 같다.

$$\frac{Y}{V} = \frac{.2Y}{i^{1/2}}$$

$$.2V = i^{1/2}$$

$$V = 5i^{1/2}$$

위의 식에서 보는 것처럼 화폐유통속도는 명목이자율과 양의 관계로 의존한다. 왜냐하면 명목이자율이 상승할 때 화폐를 덜 보유하고자 하는 동기를 갖게 된다. 사람들이 화폐를 덜 보유할 경우 보유하고 있는 화폐는 보다 자주 사용되고 화폐유통속도는 증가하게 된다.

b. 명목이자율이 4퍼센트인 경우 위의 식에 따르면 화폐유통속도는 10이 된다.

c. 실질 통화수요 함수를 다시 정리하면 다음과 같다.

$$M^d = Px\frac{.2Y}{i^{1/2}}$$

균형에서 명목통화수요는 명목통화공급과 같아지므로 M^d는 1,200달러가 된다. 생산량 Y가 1,000이고 명목이자율이 4퍼센트라면 물가수준 P는 12가 된다.

d. 피셔효과에 따르면 기대인플레이션이 5퍼센트 상승할 경우 명목이자율도 5퍼센트 상승하여 새로운 명목이자율은 9퍼센트(4퍼센트 + 5퍼센트)가 된다.

e. 새로운 화폐유통속도는 15가 된다.

f. 새로운 물가수준은 18이다. 기대인플레이션율이 상승하면 실질통화수요가 감소하게 된다. 명목통화공급이 변화하지 않는다면 실질통화공급과 실질통화수요의 균형을 이루기 위해서 물가수준이 상승해야만 한다. 이는 다음 식을 통해 분명하게 알 수 있다.

$$\text{실질통화수요} = \frac{M}{P}$$

g. 통화공급은 800에 설정되어야만 한다.

4. a. 생산량 Y가 g율로 증가할 경우 명목이자율 i가 일정하다면 실질화폐잔고 $(M/P)^d$도 또한 g율로 증가해야 한다.
   b. 화폐유통속도를 구하기 위해서 수량방정식 $MV = PY$를 $V = (PY)/M = (P/M)Y$로 재작성해 보자. P/M는 실질통화수요와 같은 실질통화공급의 역수라는 점에 주목하자. 따라서 화폐유통속도 $V = (5i/Y) \times Y$, 즉 $V = 5i$이다.
   c. 명목이자율이 일정하다면 화폐유통속도는 일정해야만 한다.
   d. 명목이자율이 한 번 인상될 경우 화폐유통속도도 한 번 증가하게 된다. 화폐유통속도에 그 이상의 변화는 없다.
   e. 목표 인플레이션 π를 달성하기 위해서 명목통화공급은 π율로 증가해야 한다. 실질생산량 수준 Y가 일정하고 화폐유통속도 V가 일정한 경우 통화공급 M의 백분율 변화는 물가수준 P의 백분율 변화와 같아진다.

5. a. 법률제정자들은 사회보장 및 기타 급부금들이 시간이 흐르더라도 일정하게 유지되도록 하려 한다. 이런 급부금들을 소비자물가지수로 측정한 생활비에 연계시킴으로써 이를 달성할 수 있다. 이렇게 연계시킴으로써 명목급부금이 물가와 동일한 비율로 변하게 된다.
   b. 인플레이션이 정확하게 측정된다고 가정하면(이 문제에 관한 더 자세한 내용은 제2장을 참조) 노년층은 낮아진 인플레이션율로 인해 영향을 받지 않는다. 정부로부터 더 적은 급부금을 받더라도 구매하고자 하는 재화의 가격이 낮아진다. 따라서 구매력은 인플레이션율이 더 높을 때와 정확히 동일해진다.

6. 화폐 무기화는 초인플레이션이 나쁘다고 보는 이유들로 인해 효과적일 수 있다. 예를 들면 구두창비용과 메뉴비용을 증대시킬 수 있으며 상대가격을 더 많이 변동시킬 수 있다. 조세부담을 임의적으로 변화시키고 상대가격의 변동을 확대시킨다. 또한 계산단위로서의 유용성을 약화시킨다. 마지막으로 불확실성을 증대시키고 부를 임의적으로 재분배한다. 초인플레이션이 극단적으로 이루어지면 경제 및 경제정책에 대한 대중의 신뢰가 훼손된다.

   외국 항공기가 화폐를 투하할 경우 이에 따른 인플레이션으로 인해 정부가 화폐주조세 수입을 받지 못하게 된다. 따라서 인플레이션과 일반적으로 관련된 이득을 잃게 된다.

7. a. 해당 기업이 연도별이 아니라 분기별로 새로운 목록표를 발행하기로 결정하는 경우 메뉴비용의 예가 된다. 목록표를 보다 자주 새롭게 하기 위해서 생산적인 자원을 다른 활동으로부터 가져와 사용하게 된다. 해당 재화의 가격은 회사가 부담하게 되는 비용에 따라 상승하며 이윤의 실질가치는 유지된다.
   b. 기대하지 못한 인플레이션은 연간 지불되는 연금의 실질가치를 낮춘다. 기대하지 못한 인플레이션이 발생할 경우 채권자는 손실을 보고 채무자는 이익을 얻는다. 이 경우 노부인은 보험회사로부터 연간 10,000달러를 받기로 되어 있으므로 채권자이다. 보험회사는 채무자이다. 지불해야 하는 금액의 실질가치가 낮아져 가치가 줄어든 액수를 매년 노부인에게 지불하기 때문에 보험회사는 이익을 얻게 된다.
   c. 화폐가 가치를 상실하기 전에 신속하게 지출하는 경우 이는 구두창비용의 예가 된다. 초인플레이션

으로 인해서 화폐가치가 상실되기 전에 화폐를 재화 및 용역으로 교환하기 위해서 마리아는 다른 활동들로부터 시간과 노력을 전용하게 된다. 소득을 저축하려는 동기를 갖지 않게 된다.

d. 지타는 명목수익에 대해 조세가 부과되지 실질수익에 대해 조세가 부과되는 것이 아니다. 지타는 5퍼센트의 명목수익(50,000달러)을 얻었으므로 이 금액의 20퍼센트를 조세로 납부해야 한다. 그의 실질수익은 실제로 −5퍼센트(5퍼센트의 명목수익에서 10퍼센트의 인플레이션을 감해 보자)가 된다. 따라서 조세율이 실질수익의 백분율로 규정된다면 조세를 납부하지 않게 된다.

e. 이 기간 동안 인플레이션율이 125퍼센트를 초과하지 않았다면 여러분이 더 운이 좋다고 할 수 있다. 부친은 4달러를 받았고 여러분은 9달러를 받는다면 명목적으로 볼 때 여러분이 125퍼센트(5/4 × 100) 더 받는다. 여러분이 부친보다 더 행운인지 여부를 알아보려면 두 개의 실질임금을 비교해 보아야 한다.

8. 디플레이션은 일반적인 물가수준의 하락을 의미하며 이는 화폐가치의 상승과 같은 의미이다. 금본위제하에서는 화폐와 금이 고정된 비율로 유지되므로 화폐가치가 상승할 경우 금의 가치도 상승한다. 따라서 디플레이션 후에 금 1온스를 갖고 더 많은 재화 및 용역을 구입할 수 있다. 이로 인해 새로운 금광을 찾으려는 동기가 유발되고 따라서 디플레이션 후에 더 많은 금광이 발견된다.

6

개방경제

복습용 질문

1. 국민소득계정 항등식을 재정리함으로써 이 책은 다음과 같은 식을 도출하였다.

$$S - I = NX$$

   이런 형태의 국민소득계정 항등식은 자본축적을 위한 자본의 국제적 이동 $S - I$와 재화 및 용역의 국제적 이동 NX사이의 관계를 나타낸다.

   순자본 유출은 위 항등식의 좌변($S - I$)에 해당하며 이는 국내투자에 대해 국내저축이 초과한 부분이다. 개방경제에서 투자자는 세계금융시장으로부터 차용 및 대출을 할 수 있으므로 국내저축이 국내투자와 동일할 필요가 없다. **무역수지**는 위 항등식의 우변(NX)에 해당하며 이는 수출과 수입의 차이이다.

   따라서 국민계정 항등식에 따르면 자본축적의 재원을 조달하기 위한 자금의 국제적 이동과 재화 및 용역의 국제적 이동은 동전의 양면과 같다.

2. **명목환율**은 양국 **통화**의 상대가격이다. **실질환율**은 가끔 **교역조건**이라고도 하는데 양국 재화의 상대가격이다. 이는 일국의 재화가 타국의 재화와 교환되는 비율을 알려 준다.

3. 방위비가 삭감될 경우 정부저축이 증가하며 이에 따라 총저축이 증가한다. 투자는 세계이자율에 의존하므로 영향을 받지 않는다. 그러므로 저축이 증가함에 따라 $S - I$ 스케줄은 그림 6-1에서 보는 것처럼 오른쪽으로 이동한다. 그 결과 무역수지는 향상되고 실질환율은 하락한다.

그림 6-1

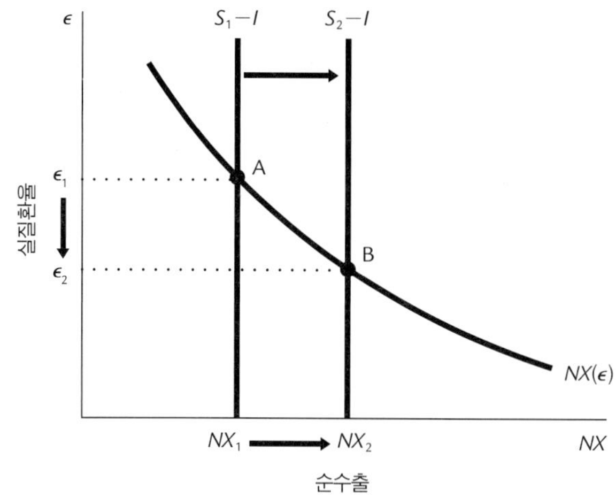

4. 소국개방경제에서 일본산 비디오게임 장치의 수입을 금지할 경우 주어진 실질환율에 대해 수입이 낮아져서 순수출이 높아진다. 이에 따라 순수출 스케줄이 그림 6-2에서 보는 것처럼 바깥쪽으로 이동한다.

그림 6-2

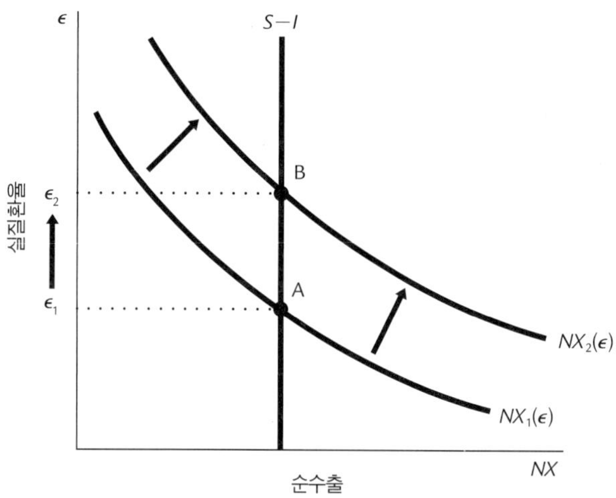

비디오게임 장치의 수입을 금지하는 보호무역주의 정책은 저축, 투자, 세계이자율에 영향을 미치지 않으므로 $S-I$스케줄은 불변한다. 보호무역주의 정책은 이 장의 모형에서 저축이나 투자를 변화시키지 않으므로 무역수지를 변화시킬 수 없다. 대신 보호무역주의 정책은 실질환율을 상승시키게 된다.

5. 실질환율과 명목환율을 다음 식으로 연계 지을 수 있다.

$$\text{명목환율} = \text{실질환율} \times \text{물가수준의 비율}$$
$$e \quad = \quad \epsilon \quad \times \quad (P^*/P)$$

P^*는 멕시코의 물가수준이고 P는 일본의 물가수준이라 하자. 명목환율 e는 일본 엔화당 멕시코 페소화의 수로 나타낸다(이 경우 일본을 '자국'으로 본다). 이를 시간이 흐름에 따른 백분율 변화로 다음과 같이 나타낼 수 있다.

$$e\text{의 \% 변화} = \epsilon\text{의 \% 변화} + (\pi^* - \pi)$$

여기서 π^*는 멕시코 인플레이션율을 말하며 π는 일본의 인플레이션율을 뜻한다. 멕시코 인플레이션이 일본 인플레이션보다 더 높은 경우 위의 식에 따르면 엔화를 갖고 시간이 흐름에 따라 더 많은 페소화를 매입할 수 있다. 즉 페소화에 대해 엔화의 가치가 상승한다. 이를 멕시코 관점에서 달리 보면 페소당 엔화의 환율이 하락한다.

문제와 응용

1. a. 저축이 증가하면 그림 6-3에서 보는 것처럼 $S-I$ 스케줄이 오른쪽으로 이동하여 해외에 투자할 수 있는 (미국의 경우 국내 통화인) 달러화의 공급이 증가한다. 달러화의 공급이 증가하면 균형 실질환율이 ϵ_1에서 ϵ_2로 하락한다. 달러화의 가치가 하락하기 때문에 국내재화(미국 재화)가 외국재화보다 값이 저렴해진다. 이는 무역수지가 개선된다는 의미이다. 이런 변화에 대해 물가가 변화하지 않기 때문에 실질환율의 변화에 이어 명목환율이 하락한다.

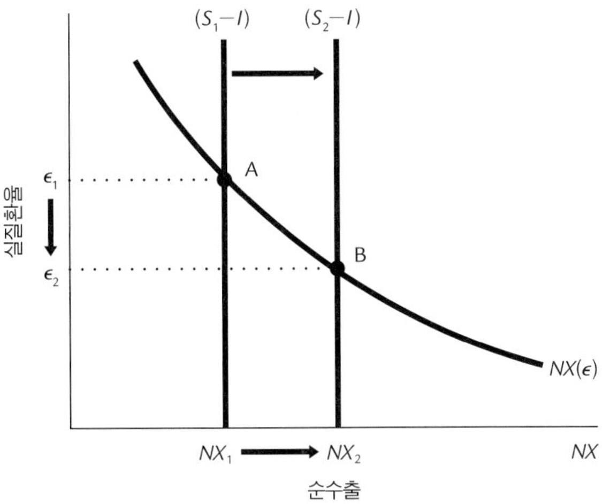

그림 6-3

b. 투자가 증가하면 $S-I$스케줄이 그림 6-4에서 보는 것처럼 $S-I_1$에서 $S-I_2$로 이동한다. 해외에 투자하는 데 사용할 수 있는 (미국의 경우 국내통화인) 달러화가 적어지므로 실질환율이 상승한다. 국내 통화인 달러화의 환율가치가 상승하면 수입이 증가하고 수출이 감소하여 순수출이 하락하게 된다. 물가수준에는 변화가 없으므로 명목환율은 실질환율과 함께 상승한다.

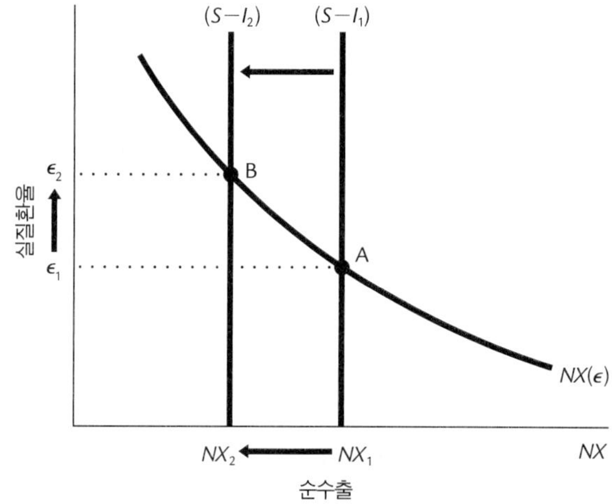

그림 6-4

c. 토요타 사가 날렵한 차체를 도입하여 일부 소비자들이 국내 자동차(미국산 자동차)보다 외국 자동차를 선호하게 되면 저축 또는 투자에는 영향을 미치지 않지만, 그림 6-5에서 보는 것처럼 $NX(\epsilon)$ 스케줄을 안쪽으로 이동시킨다. 무역수지는 변화하지 않지만 실질환율은 ϵ_1에서 ϵ_2로 하락한다. 물가는 영향을 받지 않으므로 명목환율은 실질환율을 좇아 변화된다.

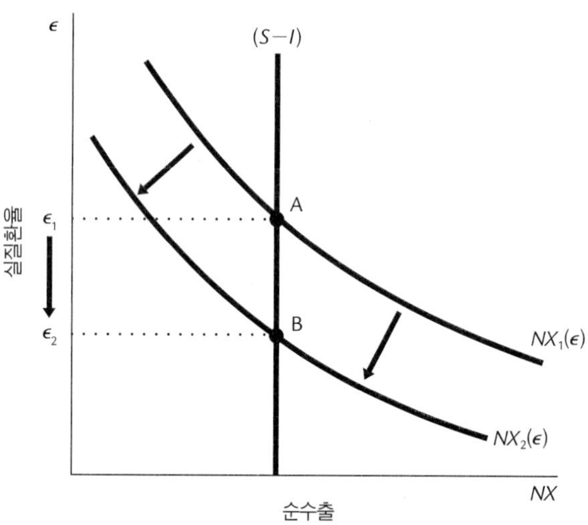

그림 6-5

d. 이 장에서 살펴본 모형에 따르면 통화공급이 두 배가 될 경우 실질변수에 영향을 미치지 않는다. 자본량 및 노동량이 생산량 Y를 결정한다. 세계이자율 r^*가 투자 $I(r^*)$를 결정한다. 국내저축과 국내투자의 차이 $(S-I)$가 순수출을 결정한다. 최종적으로 그림 6-6에서 보는 것처럼 $NX(\epsilon)$ 스케줄과 $(S-I)$ 스케줄의 교차점에서 실질환율이 결정된다.

통화공급이 두 배가 될 경우 국내 물가수준에 미치는 영향을 통해 명목환율에 영향을 미치게 된다. 실질잔고의 수요 및 공급이 균형을 이루도록, 즉 다음과 같이 되도록 물가수준이 조정된다.

$$M/P = (M/P)^d$$

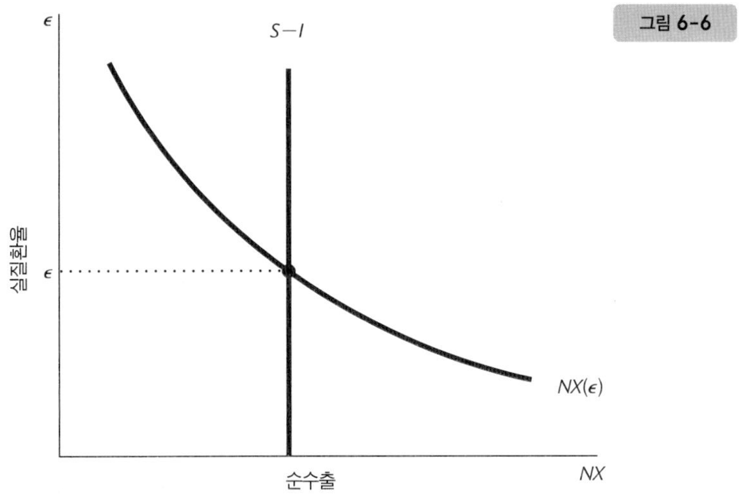

실질통화수요는 생산량(또는 소득)과 실질이자율에 의해 결정되므로 통화공급이 두 배가 될 때 변화하지 않는다. 화폐시장의 균형을 회복하기 위해서 물가수준이 두 배가 되어야 한다.
다음과 같은 명목환율의 공식을 생각해 보자.

$$e = \epsilon \times (P^*/P)$$

실질환율 ϵ는 일정하다는 사실을 알고 있으며 외국 물가수준 P^*는 고정되어 있다고 가정한다. 국내 물가수준 P가 상승할 때 명목환율 e는 평가절하된다.

e. (d)에서 살펴본 것처럼 통화수요가 증가하더라도 실질변수에 영향을 미치지 않는다. 명목통화공급 M이 고정되어 있다고 가정할 경우 통화수요가 증가하면 물가수준이 하락한다. 물가수준이 하락하게 되면 명목환율이 평가절상된다.

2. a. 생산량(Y), 조세(T), 정부지출(G)은 주어졌으며 소비함수를 이용해서 소비(C)에 대해 풀 수 있다. 개인저축은 다음과 같다.

$$S_{개인저축} = Y - C - T = 8{,}000 - \{500 + 2/3(8{,}000 - 2{,}000)\} - 2{,}000 = 1{,}500$$

공공저축은 다음과 같다.

$$S_{공공저축} = T - G = 2{,}000 - 2{,}500 = -500$$

총저축은 가계 또는 정부에 의해서 현재소비를 위해 구입되지 않은 생산량의 총액으로 다음과 같다.

$$\begin{aligned} S &= Y - C - G \\ &= 8{,}000 - \{500 + (2/3)(8{,}000 - 2{,}000)\} - 2{,}500 = 1{,}000 \end{aligned}$$

투자는 이자율과 음의 관계를 유지하며, 여기서 이자율은 세계이자율 r^*, 즉 8이다. 따라서 다음과 같다.

$$I = 900 - 50 \times 8 = 500$$

순수출은 저축과 투자의 차이이며 다음과 같다.

$$NX = S - I = 1{,}000 - 500 = 500$$

순수출에 대해 풀면 외환시장을 청산할 환율을 구할 수 있다. 이는 다음과 같다.

$$\begin{aligned} NX &= 1{,}500 - 250 \times \varepsilon \\ 500 &= 1{,}500 - 250 \times \varepsilon \\ \varepsilon &= 4 \end{aligned}$$

b. 새로운 정부지출액을 갖고 동일한 분석을 하면 다음과 같다.

$$\begin{aligned} \text{개인저축} &= Y - C - T = 1{,}500 \\ \text{공공저축} &= T - G = 2{,}000 - 2{,}000 = 0 \end{aligned}$$

$$\begin{aligned} S &= Y - C - G \\ &= 8{,}000 - \{500 + (2/3)(8{,}000 - 2{,}000)\} - 2{,}000 \\ &= 1{,}500 \\ I &= 900 - 50 \times 8 = 500 \\ NX &= S - I \\ &= 1{,}500 - 500 \\ &= 1{,}000 \\ NX &= 1{,}500 - 250 \times \varepsilon \\ 1{,}000 &= 1{,}500 - 250 \times \varepsilon \\ \varepsilon &= 2 \end{aligned}$$

정부지출이 감소하면 총저축은 증대되지만, 세계 실질이자율이 불변하므로 투자는 동일하다. 따라서 이제는 총저축이 국내투자를 이전보다 더 많이 초과한다. 따라서 초과저축은 순자본 유출의 형태로 해외로 이동한다.

c. 새로운 이자율을 갖고 동일한 분석을 하면 다음과 같다.

$$\begin{aligned} \text{개인저축} &= Y - C - T = 1{,}500 \\ \text{공공저축} &= T - G = 2{,}000 - 2{,}500 = -500 \end{aligned}$$

$$\begin{aligned} S &= Y - C - G \\ &= 8{,}000 - \{500 + (2/3)(8{,}000 - 2{,}000)\} - 2{,}500 \\ &= 1{,}000 \\ I &= 900 - 50 \times 3 \\ &= 750 \\ NX &= 1{,}500 - 250 \times \varepsilon \\ 250 &= 1{,}500 - 250 \times \varepsilon \\ \varepsilon &= 5 \end{aligned}$$

저축은 (a)와 비교하여 변화하지 않았으나 세계이자율은 낮아져서 투자가 증가한다. 투자가 증가함에 따라 자본유출이 감소하며 실질환율이 상승한다. 명목환율이 평가절상되어 순수출이 감소한다.

3. a. 레브레트 수출품의 인기가 급감할 경우 국내저축 $Y-C-G$는 불변한다. 그 이유는 Y가 자본량 및 노동량에 의해 결정되고, 소비는 가처분소득에 의존하여 정부 지출은 고정된 외생변수라고 가정하기 때문이다. 투자도 역시 불변한다. 왜냐하면 투자는 이자율에 의존하는데 레브레트는 세계이자율을 주어진 것으로 보는 소국개방경제이기 때문이다. 저축과 투자가 불변하므로 $S-I$와 같은 순수출도 역시 변하지 않는다. 따라서 그림 6-7에서 $S-I$ 곡선은 이동하지 않는다.

   레브레트 수출품에 대한 인기가 급감하게 되면 그림 6-7에서 보는 것처럼 순수출곡선이 안쪽으로 이동한다. 새로운 균형점에서 순수출은 불변하지만 해당 통화는 평가절하된다.

   레브레트 수출품에 대한 인기가 감소하더라도 무역수지는 변하지 않는다. 그 이유는 통화가 평가절하되어 순수출을 촉진하기 때문이다. 즉 수출품이 저렴하게 되어 수출품의 인기하락을 극복할 수 있다.

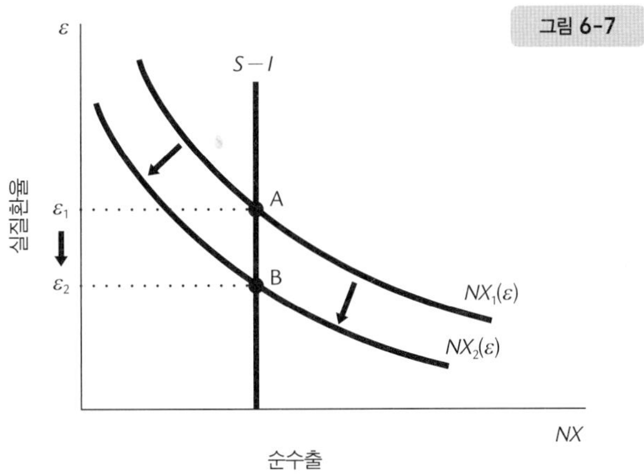

   b. 레브레트국의 통화는 현재 더 적은 외국 통화와 교환되므로 해외여행이 더 비싸지게 된다. 이는 (해외여행을 포함하여) 수입이 더 비싸진다는 사실을 보여 주는 한 예이다. 이것이 수출수요가 감소하더라도 순수출을 불변인 상태로 유지하는 데 필요하다.

   c. 정부가 조세를 낮출 경우 가처분소득과 소비가 증대된다. 이에 따라 저축이 감소하며 순수출도 역시 감소한다. 순수출이 감소하게 되면 세계수요의 감소를 상쇄할 수 있도록 환율을 상승시키게 된다. 레브레트국은 세계이자율을 주어진 것으로 보기 때문에 이 정책으로 인해 투자와 이자율은 영향을 받지 않는다.

4. 정부구매가 증가하면 공공저축이 감소하여 총저축이 감소한다. 이로 인해 그림 6-8에서 보는 것처럼 저축 스케줄이 왼쪽으로 이동한다. 세계이자율 r^*가 주어진 경우 국내저축이 감소하면 무역수지가 악화된다.

그림 6-8

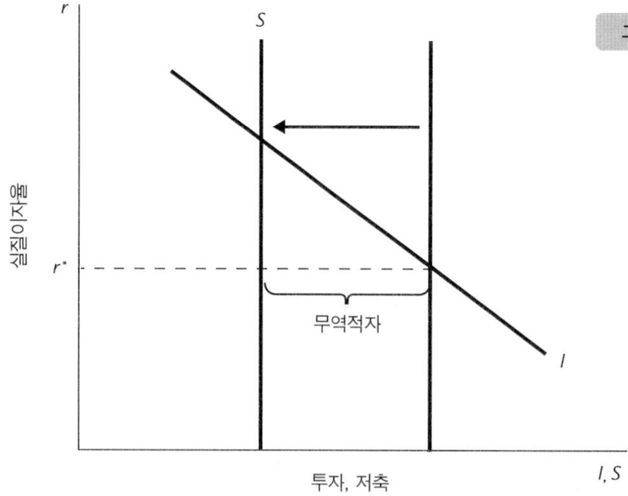

그림 6-9는 정부구매의 이런 증가가 실질환율에 미치는 영향을 보여 주고 있다. 총저축이 감소하면 $S-I$ 스케줄이 왼쪽으로 이동하여 해외투자될 국내통화(미국의 경우 달러화)의 공급이 감소한다. 미국의 경우 국내통화인 달러화 공급이 감소하면 균형 실질환율이 상승한다. 결과적으로 국내상품이 외국 상품에 비해 더 비싸지게 되어 수출이 감소하고 수입이 증가한다. 다시 말해 그림 6-8에서 본 것처럼 무역수지가 악화된다.

그림 6-9

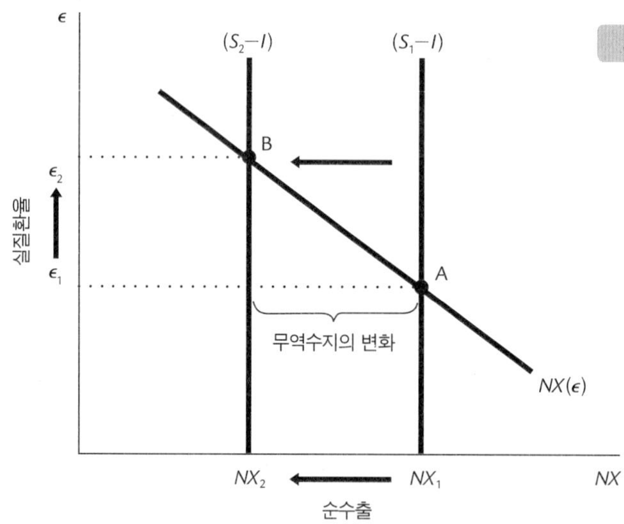

이 물음에 대한 대답은 전쟁이 국지전인가 또는 세계대전인가에 따라 달라진다. 세계대전으로 인해 많은 국가가 지출을 증가시키면 세계이자율 r^*가 상승한다. 일국의 무역수지에 미치는 영향은 저축감소규모에 대한 세계이자율의 변화규모에 달려 있다. 예를 들어 세계이자율이 상승하면 그림 6-10처럼 일국이 무역적자를 경험할 수도 있고 그림 6-11처럼 무역흑자를 경험할 수도 있다.

그림 6-10

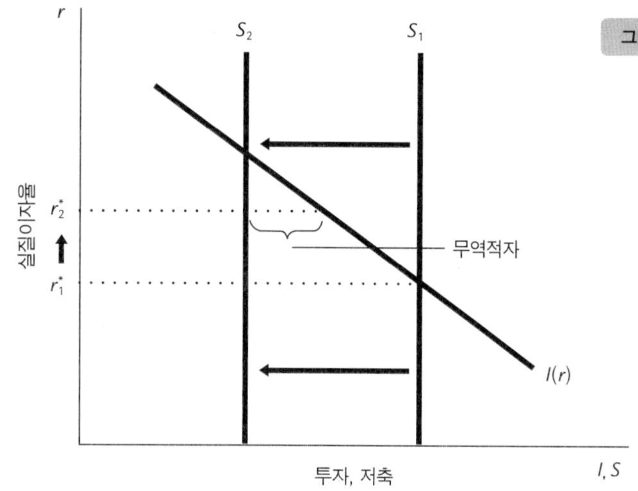

그림 6-11

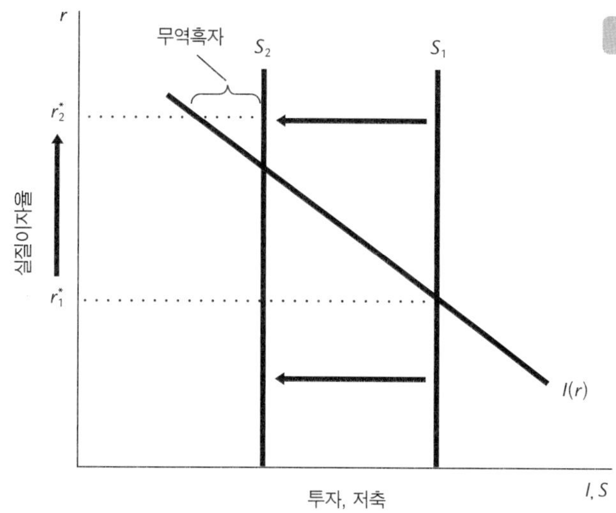

5. a. 빈국들이 보다 나은 생산효율성을 보여 주고 법적인 보호조치를 취할 경우 자본의 한계생산물은 증가한다. 보유하는 자본량을 증가시키기 위해 기업들은 투자량을 증대시키게 된다. 따라서 주어진 이자율 수준에서 투자수요곡선은 바깥쪽으로 이동하며 기업들은 이전보다 더 높은 수준의 투자지출을 하게 된다.

   b. 이와 함께 빈국들이 투자에 대한 세계 수요의 상당 부분을 차지한다고 가정할 경우 세계금융시장에서 대부자금에 대한 수요가 증가한다. 세계 전반적으로 볼 때 상황은 그림 6-12와 같아진다.

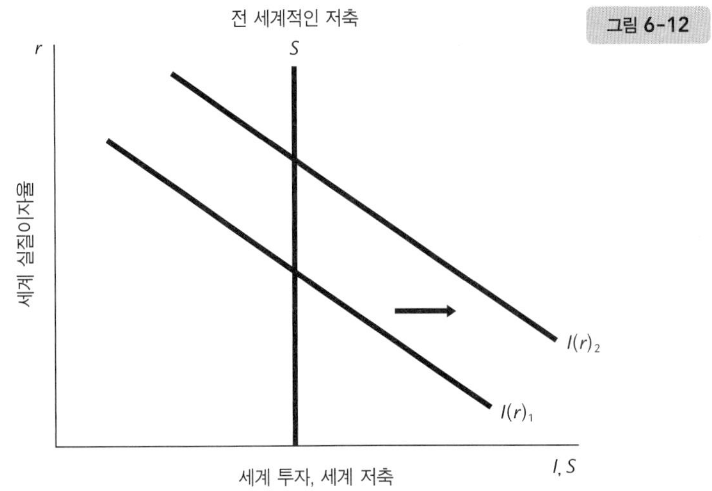

c. 세계금융시장에서 대부자금에 대한 수요가 증가할 경우 이자율이 상승한다.

d. 부국의 경우 세계이자율이 상승하면 바람직한 투자 수준이 감소한다. 따라서 $S - I(r)$이 증가하며 이는 무역수지가 개선된다는 의미이다.

6. 미국 대통령의 정책은 총저축에 영향을 미치지 않고 (이는 Y 또는 C 또는 G에 영향을 미치지 않으므로) 또한 투자에 영향을 미치지 않으므로 순수출에 영향을 주지 못한다. 하지만 일본산 수입자동차에 대한 미국의 수요가 감소하여 NX 곡선이 이동한다. 그림 6-13에서 보는 것처럼 곡선이 이동하면 환율이 상승한다. 순수출은 변화하지 않지만 수입량과 수출량 모두 같은 규모로 감소한다.

이 정책은 또한 중요한 구성상의 효과를 갖게 된다. 생산 측면에서 환율이 상승하면 수입이 증가하며 관세에 의해 보호되는 미국산 고급 자동차 생산을 제외하고 미국 기업들은 판매를 하는 데 곤란을 겪게 된다. 또한 미국 수출업자들은 자신들의 제품이 외국산 제품에 비해 비싸지는 효과를 갖는 환율 상승으로 인해 손해를 보게 된다. 일본산 고급 수입자동차를 소비하는 사람들은 관세로 인해 손해를 보게 되지만, 다른 모든 소비자들은 재화를 더 저렴하게 구입할 수 있게 하는 달러화의 절상으로 인해 혜택을 보게 된다. 요약해서 말하면 이 정책으로 인해 미국산 고급 자동차를 제외한 나머지 미국 생산의 희생하에 수

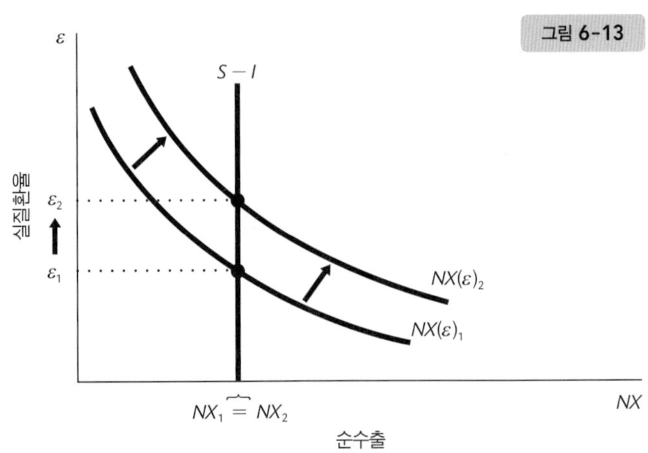

요를 미국산 고급 자동차 생산업자에게로 이동시키게 되며, 일본산 고급 수입자동차로부터 모든 다른 수입품으로 소비를 이동시키게 된다.

7. 해그리드에서 예측 및 실질환율은 1이 된다. 왜냐하면 해그리드는 모든 다른 국가들이 비교되는 국가이기 때문이다. 헤르미오니아의 버터비어 가격은 400갈레온이다. 플러피당 80갈레온이라고 예측환율이 표에 주어져 있고 이는 갈레온으로 나타낸 버터비어 가격을 해그리드에서의 버터비어당 가격으로 나타낸 5플러피로 나누어 구한 값이다. 포터스탄에서 예측환율은 플러피당 12시클이며, 이는 버터비어당 60시클을 버터비어당 5플러피로 나누어 계산한 값이다. 론랜드에서의 실제환율을 결정할 수 있는 충분한 정보를 갖고 있지 못하므로 이를 알 수 없다.

8. 실질환율은 일국의 상품이 타국의 상품과 교환되는 비율을 나타낸다. 이 경우 실질환율은 TV 한 대와 교환되는 보드카의 술병 수로 측정된다. 러시아가 보드카 생산에서 기술진보를 경험하지 못하는 경우 생산되는 보드카의 술병 수는 고정된다. 중국은 TV 생산에서 양의 기술진보를 경험하고 있으므로 TV의 생산 대수가 증가한다. TV가 상대적으로 더 풍부하고 보드카가 상대적으로 더 희귀하다면 실질환율이 감소할 것으로 기대된다. 즉 TV 한 대를 구입하기 위해서 더 적은 수의 보드카를 준비하면 된다. 위안당 루블화의 수로 측정한 명목환율(e)은 다음과 같다.

$$e = \varepsilon\left(\frac{P^*}{P}\right)$$

여기서 ε는 실질환율을 의미하고 P^*는 러시아의 물가수준, P는 중국의 물가수준을 각각 나타낸다. 중국은 안정적인 통화공급을 유지하고 러시아는 급속한 통화확장을 경험한다면 러시아의 물가수준은 중국의 물가수준보다 더 빠르게 상승한다. 이 경우 명목환율에 미치는 영향은 모호해진다. 실질환율의 하락은 명목환율의 하락으로 이어지지만 중국에 비해 러시아의 물가수준이 급속하게 상승할 경우 명목환율을 상승시키게 된다.

9. a. 투자세액공제를 제도화한 국가들이 세계 투자수요 스케줄을 이동시킬 수 있을 정도로 큰 경우 세액공제를 통해 세계 투자수요 스케줄이 그림 6-14에서 보는 것처럼 위쪽으로 이동한다.

그림 6-14

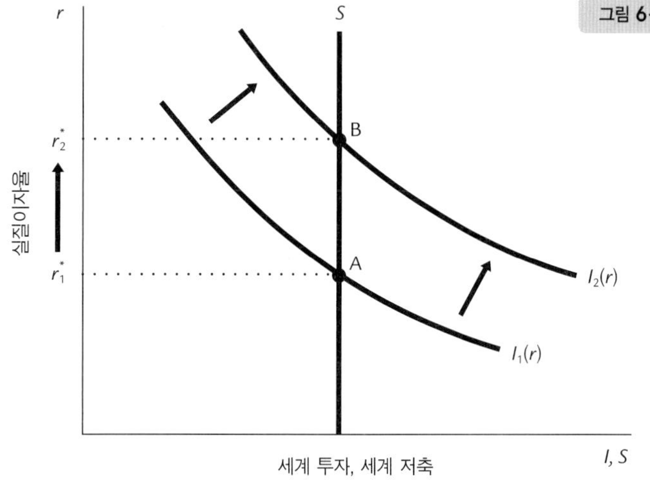

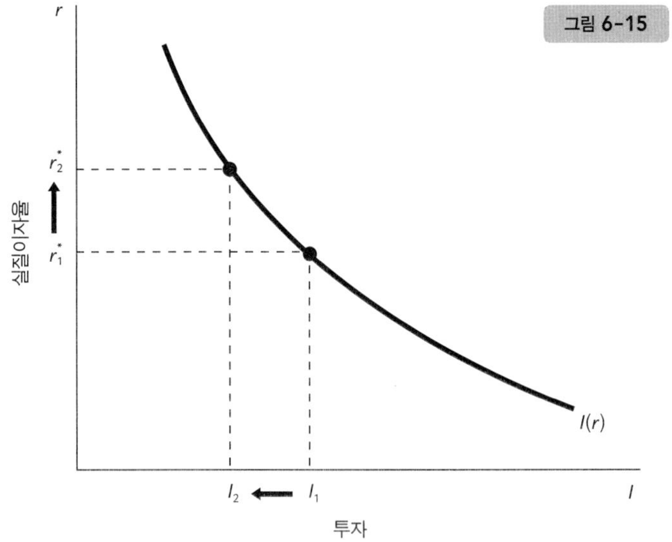

b. 세계 투자수요가 증가함에 따라 세계이자율은 r_1^*에서 r_2^*로 상승한다. 이는 그림 6-15에서 찾아볼 수 있다(세계는 폐쇄경제라는 점을 기억하자).

c. 세계이자율이 상승함에 따라 소국개방경제에서 요구되는 투자수익률도 증가한다. 그림 6-15에서 보는 것처럼 투자 스케줄의 기울기가 하향하기 때문에 세계이자율이 상승하면 투자가 감소한다.

d. 그림 6-16에서 보는 것처럼 저축이 불변인 경우 세계이자율이 상승하면 무역수지가 개선된다.

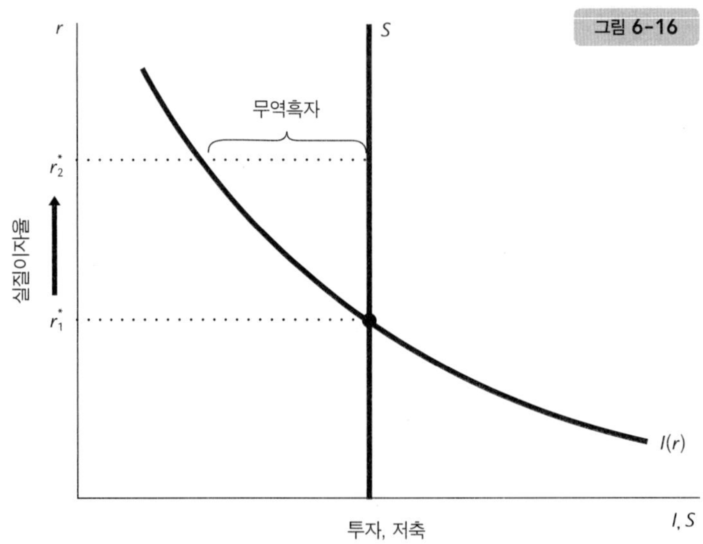

e. 무역수지를 원하는 수준까지 향상시키기 위해 실질환율이 하락해야 한다. 이리하여 국내 제품이 외국 제품에 비해 저렴해져서 그림 6-17에서 보는 것처럼 수출이 증가하고 수입이 감소한다.

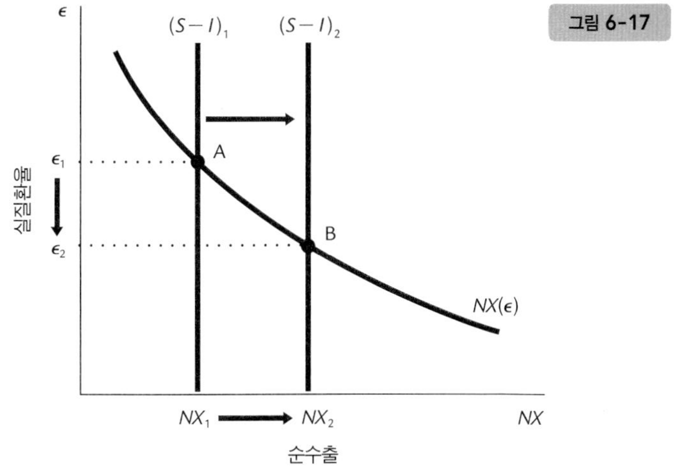

10. 여러분의 친구가 옳은지 또는 틀린지 알아보는 가장 쉬운 방법은 예를 들어 생각해 보는 것이다. 10년 전 미국의 타코 한 개 값은 1달러였던 반면에 멕시코 타코 한 개 값은 10페소였다. 10년 전 1달러는 10페소와 교환되었으므로 양국에서 타코 한 개를 구입하는 데 동일한 양의 비용이 소요되었다. 미국의 인플레이션이 25퍼센트이므로 미국의 타코 한 개 값은 이제 1.25달러가 된다. 멕시코의 인플레이션은 100퍼센트이므로 멕시코 타코 한 개 값은 이제 20페소가 되었다. 올해는 1달러가 15페소와 교환되므로 타코 한 개 값은 20페소/(15페소/달러) = 1.33달러가 된다. 따라서 이제는 미국에서 타코 한 개를 구입하는 것보다 멕시코에서 타코 한 개를 구입하는 것이 더 비싸지게 되었다.

그러므로 여러분의 친구가 멕시코를 여행하는 것이 더 저렴해졌다고 결론을 내릴 경우 이는 틀렸다. 달러화는 예전보다 더 많은 페소화와 교환되지만 멕시코의 인플레이션이 상대적으로 급속히 이루어져 페소화를 갖고 예전보다 더 적은 재화를 구입할 수 있을 뿐이다. 즉 미국인이 멕시코를 여행하는 경우 지금 더 비싸졌다.

11. a. 피셔 방정식에 따르면 다음과 같다.

$$i = r + E\pi$$
$$i = \text{명목이자율}$$
$$r = \text{실질이자율(양국에서 같다)}$$
$$E\pi = \text{기대인플레이션율}$$

양국의 명목이자율에 대해 문제에서 주어진 값을 대입하면 다음과 같다.

$$12 = r + E\pi_{\text{캐나다}}$$
$$8 = r + E\pi_{\text{미국}}$$

이는 다음과 같아진다.

$$E\pi_{\text{캐나다}} - E\pi_{\text{미국}} = 4$$

양국에서 실질이자율 r이 동일하다는 점을 알고 있으므로 캐나다의 기대인플레이션이 미국의 기대인플레이션보다 4퍼센트 더 높다.

b. 앞에서 살펴본 것처럼 명목환율은 다음과 같다.

$$e = \varepsilon \times (P_{캐나다}/P_{미국})$$
$$\varepsilon = 실질환율$$
$$P_{캐나다} = 캐나다의\ 물가수준$$
$$P_{미국} = 미국의\ 물가수준$$

명목환율의 변화를 다음과 같이 나타낼 수 있다.

$$e의\ 백분율(\%)\ 변화 = \varepsilon의\ 백분율(\%)\ 변화 + (\pi_{캐나다} - \pi_{미국})$$

구매력 평가가 준수될 경우 1달러는 모든 국가에서 동일한 구매력을 갖게 된다는 점을 알고 있다. 구매력 평가는 실질환율이 고정돼 있다는 의미이므로 실질환율 ε의 백분율 변화는 0이 된다. 따라서 명목환율이 변화할 경우 이는 미국과 캐나다의 인플레이션율 차이에서 비롯된 것이다. 이를 방정식으로 나타내면 다음과 같다.

$$e의\ 백분율(\%)\ 변화 = (\pi_{캐나다} - \pi_{미국})$$

경제 참가자들은 구매력 평가가 준수된다는 점을 알고 있으므로 위의 관계가 준수될 것으로 기대한다. 다시 말해 명목환율의 기대되는 변화는 캐나다의 기대인플레이션율에서 미국의 기대인플레이션율을 감한 것과 같다. 즉 다음과 같다.

$$e의\ 기대되는\ 백분율(\%)\ 변화 = E\pi_{캐나다} - E\pi_{미국}$$

(a)에서 기대인플레이션율의 차이가 4퍼센트였으므로 명목환율 e의 기대되는 변화는 4퍼센트가 된다.

c. 친구의 제안이 갖는 문제는 미국 달러화와 캐나다 달러화 사이에 존재하는 명목환율 e의 변화를 고려하지 않았다는 점이다. 실질이자율이 고정되어 있고 미국과 캐나다에서 동일하며 구매력 평가가 유지되는 경우 명목이자율의 차이는 미국 달러화와 캐나다 달러화 사이에 존재하는 명목환율상의 기대된 변화를 나타낸다. 이 문제에서 캐나다의 명목이자율은 12퍼센트인 반면에 미국의 명목이자율은 8퍼센트이다. 이로부터 명목환율의 기대된 변화가 4퍼센트라는 사실을 알 수 있다. 따라서 다음과 같다.

$$올해의\ e = 1\ 캐나다\ 달러/미국\ 달러$$
$$내년의\ e = 1.04\ 캐나다\ 달러/미국\ 달러$$

친구가 미국 은행에서 8퍼센트의 이자율로 1미국 달러를 차용하고 이를 1캐나다 달러와 교환하여 캐나다 은행에 예치하였다고 가정하자. 1년이 지난 후에 1.12캐나다 달러를 받게 될 것이다. 하지만 미국 은행에 상환하기 위해서 캐나다 달러화를 미국 달러화로 환전해야 한다. 1.12캐나다 달러는 1.08미국 달러로 환전되며 이는 미국 은행에 갚아야 하는 금액이다. 따라서 친구는 결국 손실과 이득이 없게 되며 거래비용을 지불하고 나면 손실이 발생한다.

추가문제와 응용

1. a. 그림 6-18에서 보는 것처럼 정부구매가 증가하면 총저축이 감소한다. 이로 인해 대부자금의 공급이 감소하고 균형이자율은 상승한다. 따라서 국내투자와 순자본 유출이 모두 감소한다. 미국의 경우 순자본 유출이 감소하면 외국통화와 교환될 (국내통화인) 달러화의 공급이 감소하여 환율이 평가절상되고 무역수지가 악화된다.

그림 6-18

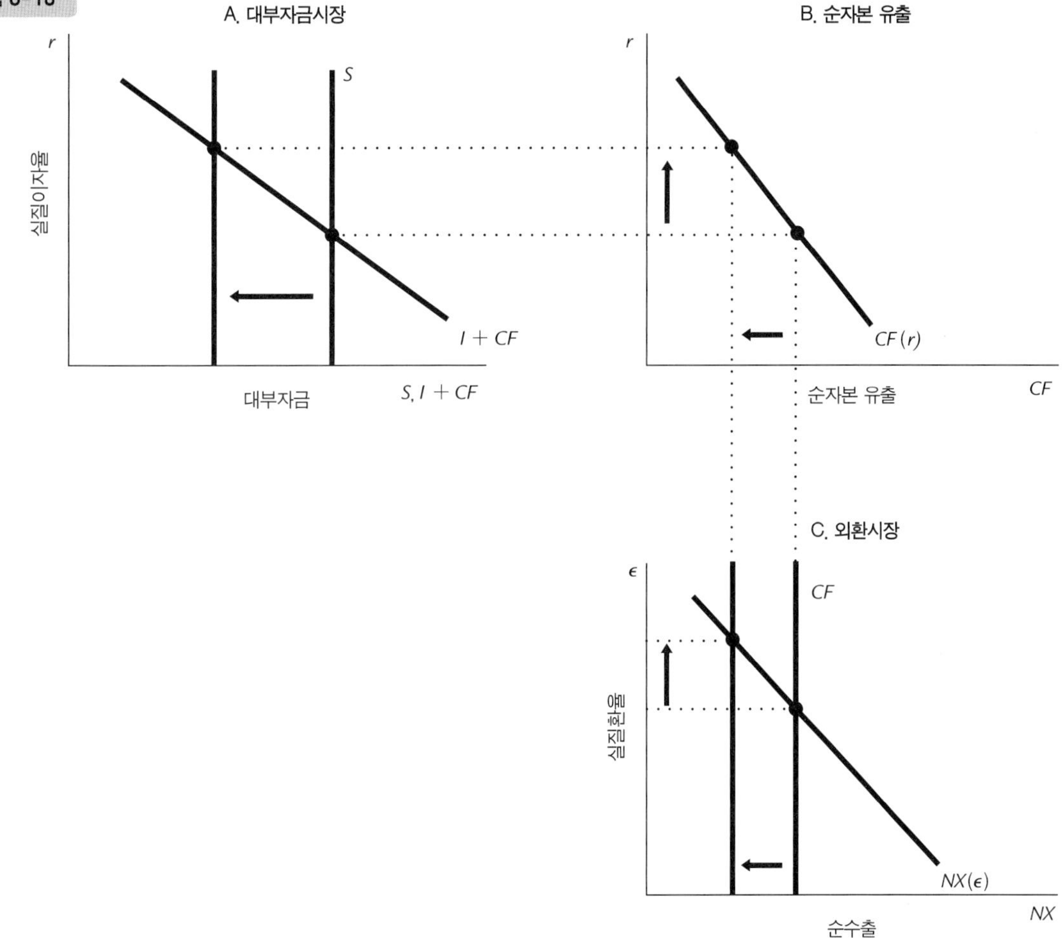

b. 그림 6-19에서 보는 것처럼 미국 수출에 대한 수요가 증가하면 순수출 스케줄을 바깥쪽으로 이동시킨다. 대부자금시장에는 어떤 변화도 없기 때문에 이자율은 변하지 않으며 이로 인해 순자본 유출도 불변한다. 순수출 스케줄이 이동하여 환율이 평가절상된다. 환율이 상승하면 미국 제품이 외국 제품에 비해 더 비싸져서 수출을 억제하고 수입을 촉진하게 된다. 최종적으로 미국 제품에 대한 수요 증가는 무역수지에 영향을 미치지 못한다.

그림 6-19

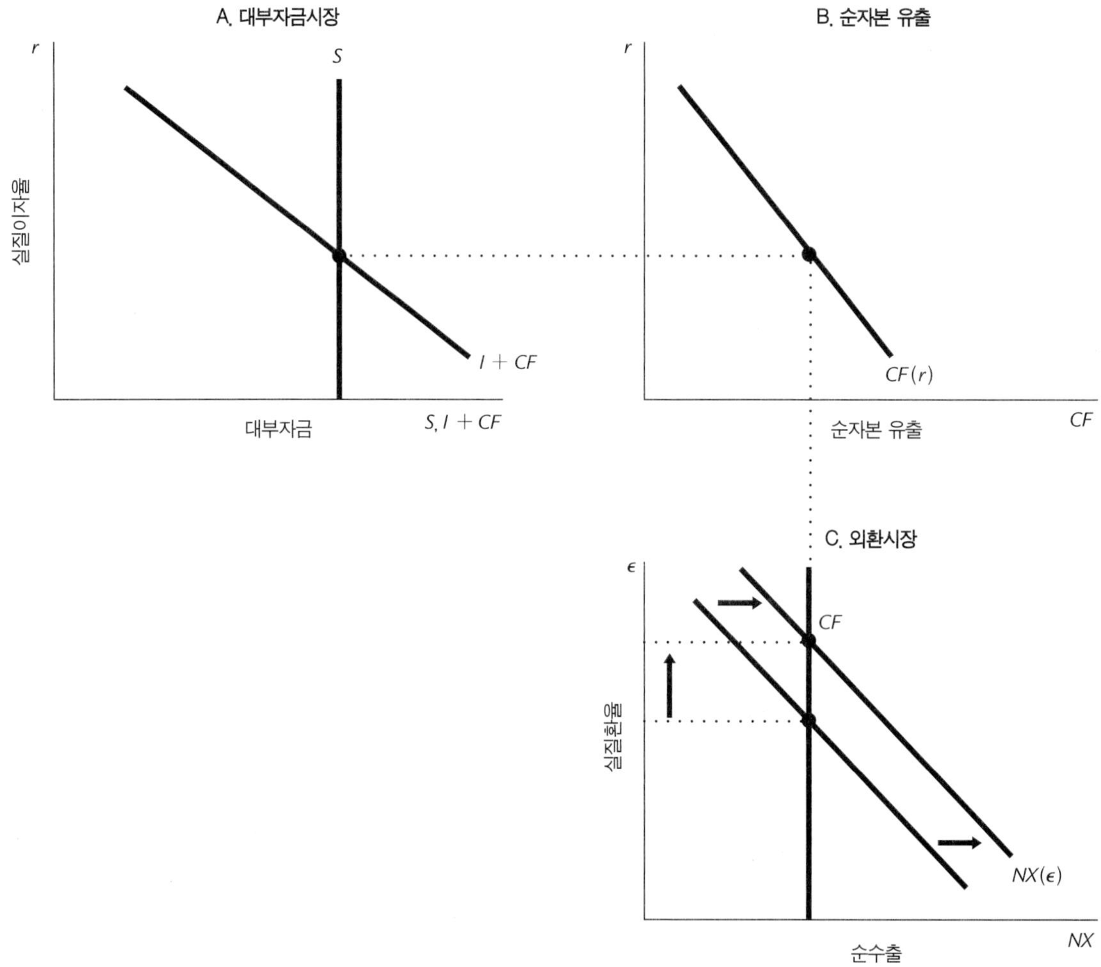

c. 그림 6-20에서 보는 것처럼 미국의 투자수요 스케줄이 안쪽으로 이동한다. 대부자금 수요가 감소하여 균형이자율이 하락한다. 이자율이 낮아져서 순자본 유출이 증가한다. 이자율이 하락하였음에도 국내투자가 감소한다. $I + CF$는 변하지 않았는데 CF가 증가하였으므로 이를 알 수 있다. 순자본 유출이 증가하면 외환시장에 미국의 국내통화인 달러화의 공급이 증가하여 환율이 평가절하되고 순수출이 증가한다.

그림 6-20

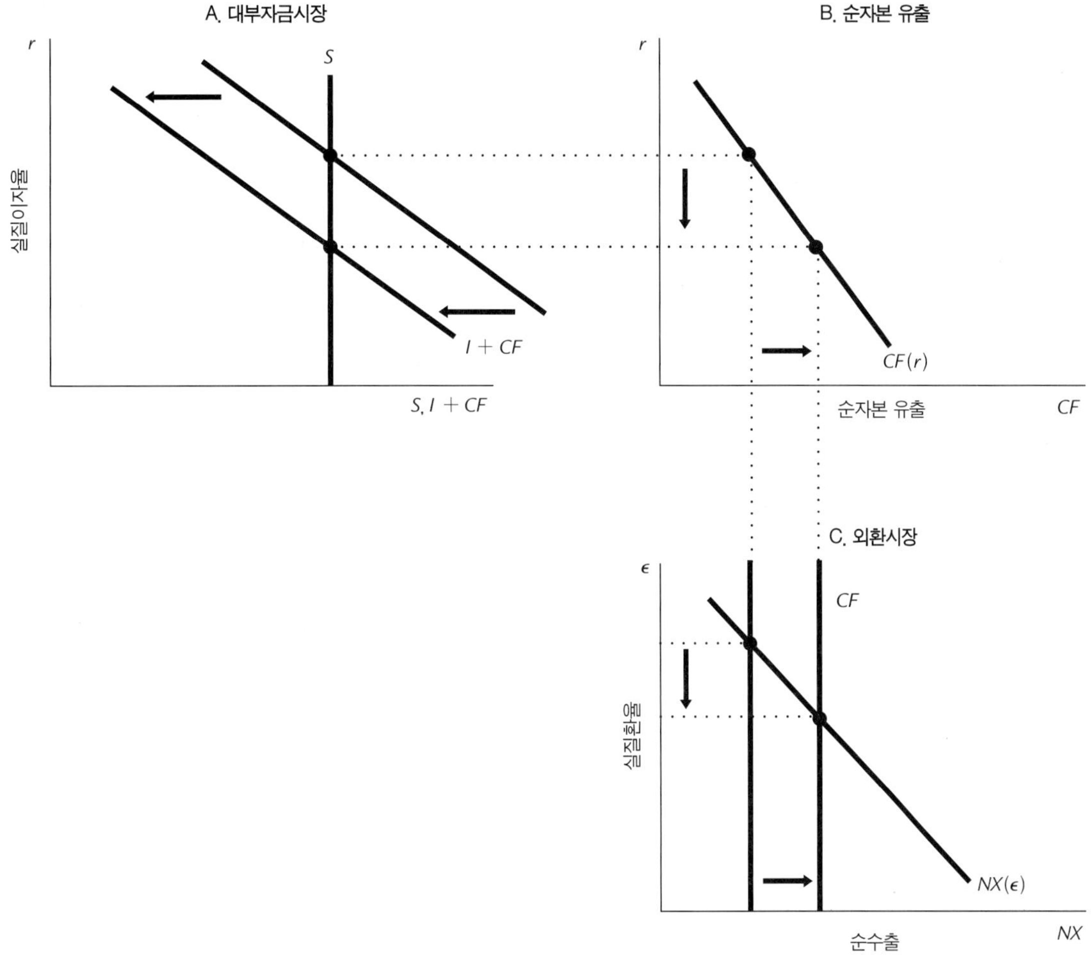

d. 그림 6-21에서 보는 것처럼 저축이 증가하면 대부자금의 공급이 증가하며 균형이자율이 하락한다. 이로 인해 국내투자와 순자본 유출이 증가한다. 순자본 유출이 증가하면 외환시장에서 교환될 국내 통화인 미국 달러화의 공급이 증가하여 환율이 평가절하되고 무역수지가 향상된다.

그림 6-21

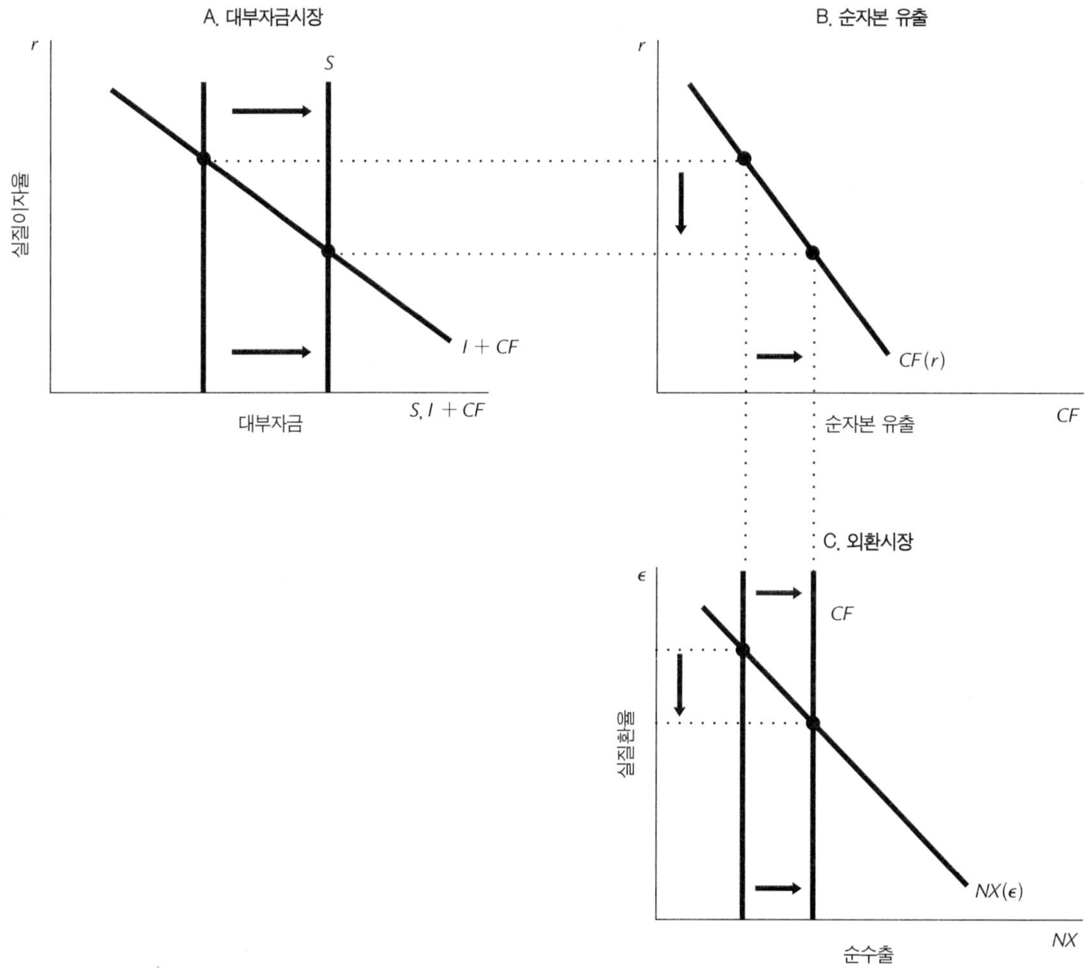

e. 해외여행을 하려는 미국인들의 의지가 감소하게 되면 해외여행을 수입으로 보아서 수입이 감소한다고 할 수 있다. 그림 6-22에서 보는 것처럼 이로 인해 순수출 스케줄이 바깥쪽으로 이동한다. 대부자금시장에는 어떤 변화도 없기 때문에 이자율이 변하지 않으며 이에 따라 순자본 유출이 일정하다. 순수출 스케줄이 이동하게 되면 환율이 평가절상된다. 환율이 상승하면 외국 제품에 비해 미국 제품이 더 비싸지게 되어서 수출이 축소되고 수입이 촉진된다. 최종적으로 보면 해외여행을 하려는 미국인들의 의지가 감소할 경우 무역수지에 영향을 미치지 못한다.

그림 6-22

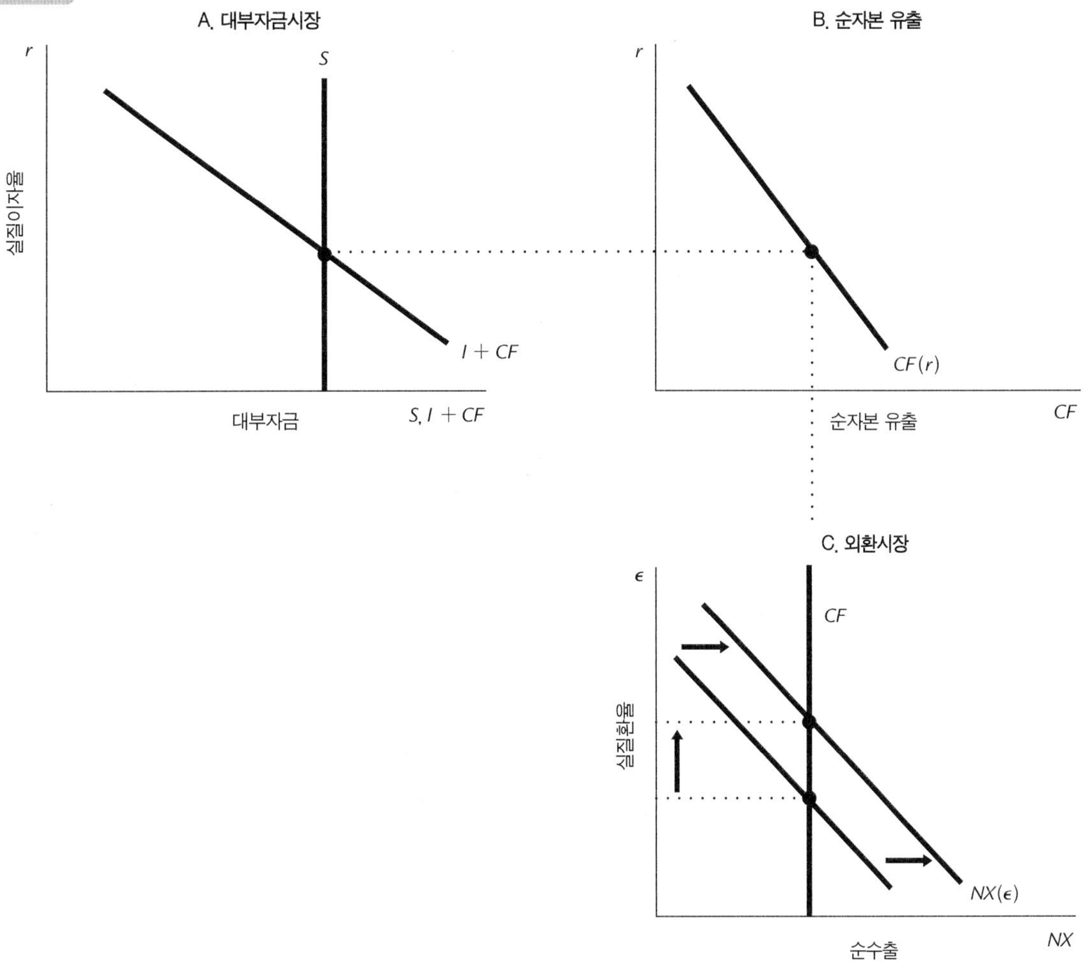

f. 그림 6-23에서 알 수 있는 것처럼 순자본 유출 스케줄이 안쪽으로 이동한다. 이로 인해 대부자금 수요가 감소하여 균형이자율이 하락하고 투자가 증가한다. 이자율이 하락하였음에도 순자본유출이 감소한다. $I + CF$는 변하지 않았는데 투자가 증가하였으므로 이를 알 수 있다. 순자본 유출이 감소하면 외환시장에서 교환될 국내통화인 달러화의 공급이 감소하여 환율이 평가절상되고 무역수지가 악화된다.

그림 6-23

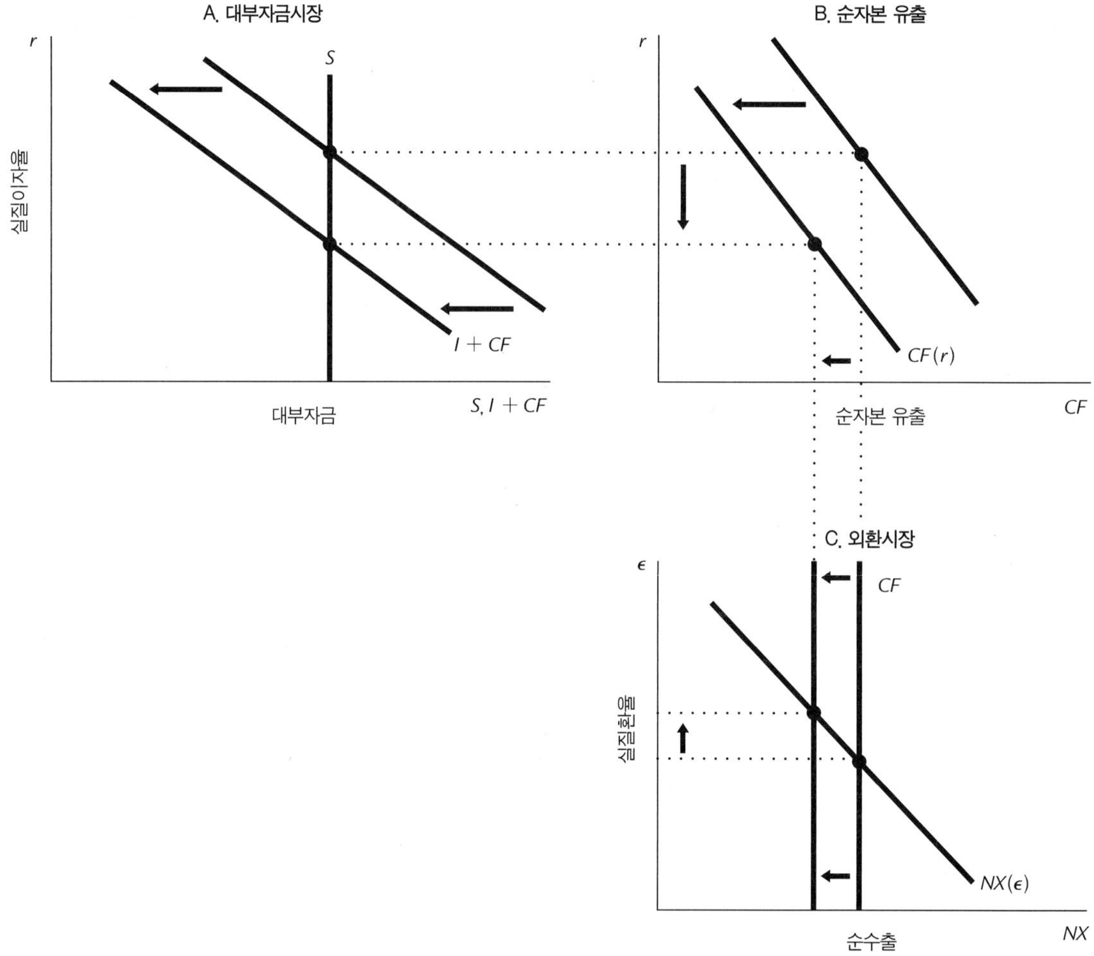

2. 깅그리치의 위협은 경제의 '근본적인 요소'에 어떤 즉각적인 영향을 미치지는 않는다. 즉 소비, 정부구매, 조세, 생산량 모두 불변한다. 하지만 국제투자자들은 채무불이행의 위험 때문에 미국 경제, 특히 미국 정부부채를 구입하는 데 좀 더 주저하게 된다. 미국인과 외국인 둘 다 자신들의 자금을 미국으로부터 이동시키려 하므로 그림 6-24(B)에서 보는 것처럼 *CF* 곡선이 바깥쪽으로 이동하게 된다(더 많은 자본유출이 발생한다). 그림 6-24(A)에서 보는 것처럼 $I + CF$를 불변하는 *S*와 같아지도록 하기 위해 이자율이 상승하게 된다. *CF*가 증가하면 외환시장에서 교환될 미국 국내통화인 달러화의 공급이 증가하며 이로 인해 그림 6-24(C)에서 보는 것처럼 균형환율이 낮아진다.

그림 6-24

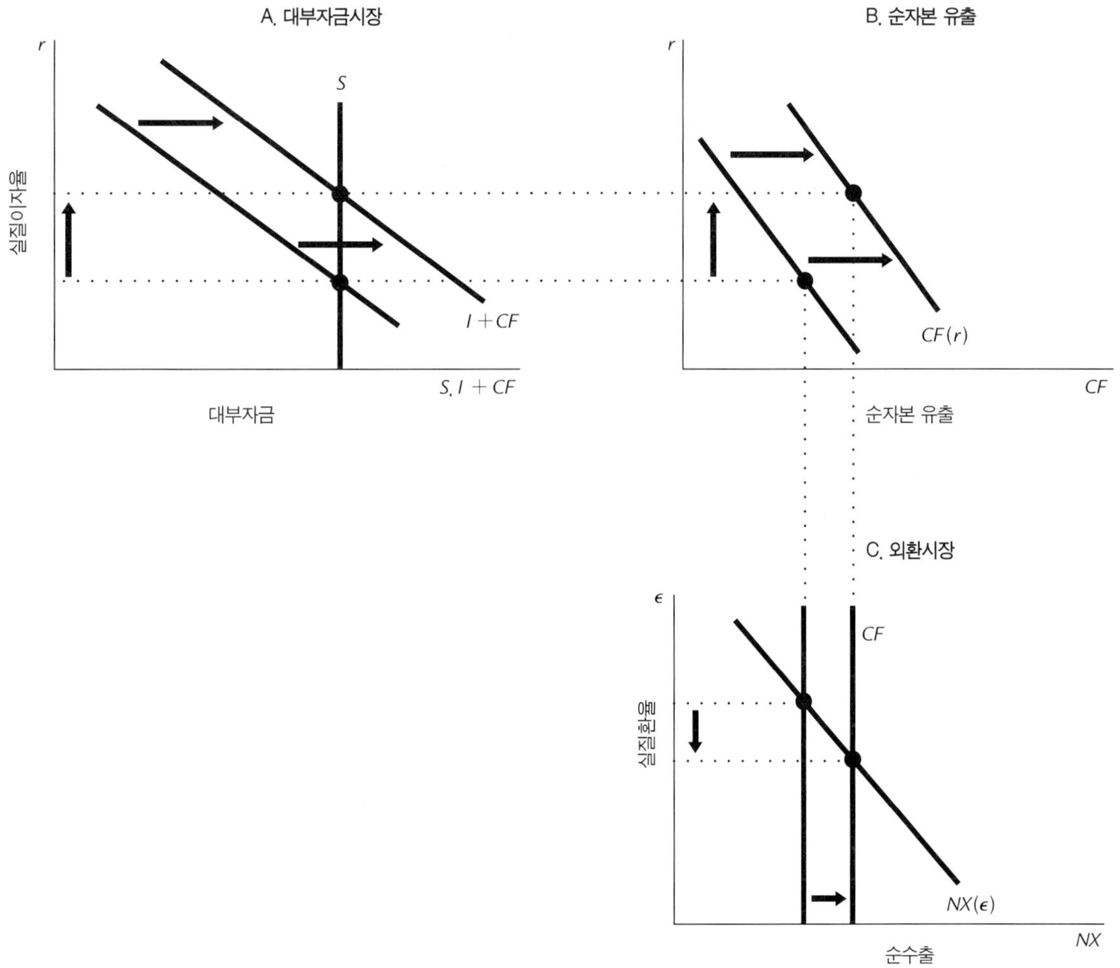

7

실업 및 노동시장

복습용 질문

1. 실직률과 구직률이 자연실업률을 결정한다. 실직률은 매월 일자리를 잃는 사람의 비율이며 실직률이 높을수록 자연실업률이 높아진다. 구직률은 매월 일자리를 구하는 실업자의 비율이며 구직률이 높을수록 자연실업률이 낮아진다.

2. 마찰적 실업은 노동자와 일자리를 조화시키는 데 걸리는 시간 때문에 발생하는 실업이다. 일자리를 찾는 사람과 일자리에 관한 정보가 즉각적으로 조화되지 않기 때문에 적절한 일자리를 찾는 데 시간이 걸린다. 상이한 일자리는 상이한 기술이 필요하며 상이한 임금을 지불하므로, 실직한 노동자들은 자신들이 처음 제의받은 일자리를 받아들이지 않을 수 있다.

   이와 대조적으로 구조적 실업은 임금 경직성과 일자리 제한에서 비롯되는 실업이다. (마찰적 실업의 경우처럼) 노동자들이 자신의 기술에 가장 적합한 일자리를 적극적으로 찾기 때문이 아니라, 현재의 실질임금 수준에서 노동의 공급이 수요를 초과하기 때문에 실업이 발생한다. 노동시장이 청산되도록 임금이 조정되지 못할 경우 노동자들은 일자리를 구할 수 있을 때까지 '대기'해야만 한다. 따라서 구조적 실업은 노동의 초과공급이 존재하는데도 불구하고 기업이 임금을 낮추는 데 실패하였기 때문에 발생한다.

3. 최저임금법, 노동조합의 독점력, 효율성 임금으로 인해 실질임금이 노동공급과 노동수요를 균형시키는 수준 이상에서 유지된다.

   최저임금법으로 인해 임금이 균형수준으로 하락하지 못할 경우 임금 경직성이 발생한다. 대부분의 노동자들은 최저 임금수준 이상으로 임금이 지불되지만 일부 노동자, 특히 미숙련되고 경험이 없는 노동자들의 경우 최저임금으로 인해 임금이 균형수준 이상으로 인상된다. 따라서 기업이 수요하는 노동의 양이 감소하여 노동자의 초과공급, 즉 실업이 발생한다.

   노동조합의 독점력으로 인해 조합 노동자의 임금은 공급과 수요의 균형에 의해서가 아니라 노동조합 지도자와 기업 경영진 사이의 단체교섭에 의해 결정되므로 임금 경직성이 발생한다. 임금협정으로 인해 임금은 자주 균형수준 이상으로 인상되며 기업이 고용할 노동자 수를 결정한다. 이런 높은 임금으로 인해 기업은 시장청산 임금에서 보다 더 적은 수의 노동자를 고용하게 되어 구조적 실업이 증가한다.

   효율성 임금이론에 따르면 높은 임금을 줄 경우 노동자들이 더 생산적이 된다고 한다. 임금이 노동자 효율성에 미치는 영향을 이용하여 노동의 초과공급이 존재하는데도 불구하고 임금을 삭감하지 않는 이유를 설명할 수 있다. 임금삭감을 통해 기업의 임금부담액을 낮출 수는 있지만 이로 인해 노동자 생산성이 낮아져서 기업이윤도 감소한다.

4. 통계자료를 어떻게 보느냐에 따라 대부분의 실업이 단기일 수도 있고 장기일 수도 있다. 대부분의 실업기간은 짧다. 즉 실업상태에 있는 대부분의 사람들은 곧 일자리를 구하게 된다. 반면에 대부분의 실업기간은 장기간 실업상태에 있는 소수에서 비롯된다. 정의에 따르면 장기 실업자는 일자리를 곧 구하지 못해서 수 주 또는 수개월 동안 실업수당을 받는 사람이다.

5. 유럽인들은 미국인들보다 더 짧은 시간을 근로한다. 이를 설명하는 첫 번째 가설은 유럽의 소득세율이 더 높아서 근로하려는 동기를 낮추게 된다는 것이다. 두 번째 가설은 유럽에서 더 많은 사람들이 높은 세율을 피하려 하기 때문에 더 큰 지하경제가 존재한다는 주장이다. 세 번째 가설은 노동조합과 근로시간을 단축하기 위한 이들의 협상능력이 유럽에서 더 큰 중요성을 갖는다는 의견이다. 마지막 가설은 선호에 기초하는데 이에 따르면 유럽인들이 미국인들보다 여가에 더 많은 가치를 두어서 더 적은 근로시간을 선택하였다고 본다.

문제와 응용

1. a. 다음의 예에서 재학 기간 중에 시간제 일자리를 찾고 있으며 일자리를 구하는 데 평균 2주일이 소요된다고 가정하자. 또한 일자리는 일반적으로 1학기 또는 12주가 지속된다고 가정한다.

   b. 일자리를 구하는 데 2주가 소요될 경우 주 단위로 나타낸 구직률은 다음과 같다.

$$f = (1\text{개 일자리}/2\text{주}) = 0.5\text{개 일자리}/\text{주}$$

   일자리가 12주 지속될 경우 실직률을 주 단위로 나타내면 다음과 같다.

$$s = (1\text{개 일자리}/12\text{주}) = 0.083\text{일자리}/\text{주}$$

   c. 교과서에 따르면 자연실업률 공식은 다음과 같다.

$$(U/L) = [s/(s+f)]$$

   여기서 U는 실업자의 수를 나타내며 L은 노동인구의 수를 의미한다.
   (b)에서 계산한 f와 s의 값을 대입하면 다음과 같다.

$$(U/L) = [0.083/(0.083 + 0.5)] = 0.14$$

   따라서 12주 지속되는 일자리를 구하는 데 평균 2주일이 소요될 경우 시간제 일자리를 찾는 대학생 인구집단의 자연실업률은 14퍼센트가 된다.

2. 모임에 가입한 기숙사 거주 학생의 수를 I라 하고 가입하지 않은 학생의 수를 U라 하며 총학생 수를 $T = I + U$라 하자. 안정상태에서 모임에 가입하고 있는 학생의 수는 일정하다. 이런 경우 지금 막 가입을 끝낸 학생의 수 $(0.05)U$와 동일한 새로이 탈퇴한 학생의 수 $(0.10)I$를 알아야 한다. 이를 대입하여 정리하면 다음과 같다.

$$(0.05)U = (0.10)I$$
$$= (0.10)(T-U)$$

따라서 다음과 같다.

$$\frac{U}{T} = \frac{0.10}{0.10+0.05}$$
$$= \frac{2}{3}$$

기숙사 거주 학생 중 3분의 2가 모임에 가입하지 않았음을 알 수 있다.

3. 실업률이 시간이 흐름에 따라 안정상태율로 근접한다는 점을 보여 주기 위해 실업자의 수가 시간이 흐름에 따라 어떻게 변화하는지를 정의하는 데서부터 시작하자. 실업자 수의 변화는 실직자의 수(sE)에서 구직자의 수(fU)를 감한 것과 같다. 이를 방정식의 형태로 나타내면 다음과 같다.

$$U_{t+1} - U_t = \Delta U_{t+1} = sE_t - fU_t$$

교과서에서 $L = E_t + U_T$ 또는 $E_t = L - U_T$라는 점을 기억하자. 여기서 L은 경제활동인구이다(L은 일정하다고 가정할 것이다). 위의 식에서 E_t를 대체시키면 다음과 같다.

$$\Delta U_{t+1} = s(L - U_t) - fU_t$$

L로 나누면 t기에서 $t+1$기로 이행됨에 따른 실업률의 변화 식을 구할 수 있다.

$$\Delta U_{t+1}/L = (U_{t+1}/L) - (U_t/L) = \Delta[U/L]_{t+1} = s(1 - U_t/L) - fU_t/L$$

오른쪽 항을 재정리하면 다음과 같다.

$$\Delta[U/L]_{t+1} = s - (s+f)U_t/L = (s+f)[s/(s+f) - U_t/L]$$

위의 식에서 주목해야 하는 첫 번째 사실은 실업률이 자연율과 같은 안정상태에서 이 식의 왼쪽은 0과 같다는 점이다. 이는 교과서에서 살펴본 것처럼 자연실업률 $(U/L)^n$이 $s/(s+f)$와 같다는 의미이다. 위의 식에서 $s/(s+f)$ 대신에 $(U/L)^n$으로 대체시켜 식을 다시 정리하면 다음과 같이 해석이 더 용이한 식을 도출할 수 있다.

$$\Delta[U/L]_{t+1} = (s+f)[(U/L)^n - U_t/L]$$

위의 식은 다음과 같은 사실을 시사한다.

- $U_t/L > (U/L)^n$인 경우(즉 실업률이 자연율을 초과하는 경우), $\Delta[U/L]_{t+1}$은 음이 된다. 즉 실업률이 하락한다.
- $U_t/L < (U/L)^n$인 경우(즉 실업률이 자연율에 미치지 못하는 경우), $\Delta[U/L]_{t+1}$은 양이 된다. 즉 실업률이 증가한다.

이런 과정이 계속되어 실업률 U/L가 안정상태율 $(U/L)^n$에 도달한다.

4. 다음과 같은 자연실업률 공식을 생각해 보자.

$$\frac{U}{L}=\frac{s}{s+f}$$

새로운 법률 제정으로 인해 실직률 s는 낮아지고 구직률 f가 영향을 받지 않는 경우 자연실업률이 하락한다.

그러나 몇 가지 이유로 인해 이 새로운 법률은 f를 낮추는 경향이 있다. 첫째, 해고비용이 높아져서 기업들은 해당 일자리에 적합하지 않은 사람을 해고하는 데 어려운 상황에 놓이게 되므로 노동자를 고용하는 데 더 주의를 기울이게 된다. 둘째, 구직자들이 새로운 입법으로 인해 특정 일자리에 보다 장기간 종사하게 되었다고 생각할 경우 해당 일자리를 받아들일 것인지 여부를 보다 주의 깊게 생각하게 된다. f가 충분히 큰 폭으로 감소할 경우 새로운 정책으로 인해 자연실업률이 증가할 수도 있다.

5. a. 노동수요는 이윤을 극대화하는 기업이 주어진 실질임금수준에서 고용하고자 하는 노동의 양에 의해 결정된다. 이윤극대화 조건은 기업이 노동의 한계생산물과 실질임금이 같아질 때까지 노동을 고용하는 것으로 다음과 같다.

$$MPL=\frac{W}{P}$$

노동의 한계생산물은 생산함수를 노동에 대해 미분함으로써 구할 수 있다(보다 자세한 논의는 제3장을 참조).

$$\begin{aligned}MPL&=\frac{dY}{dL}\\&=\frac{d(5K^{1/3}L^{2/3})}{dL}\\&=\frac{10}{3}K^{1/3}L^{-1/3}\end{aligned}$$

노동수요를 구하기 위해서는 MPL이 실질임금과 같다고 놓고 L에 대해 풀어야 한다.

$$\frac{10}{3}K^{1/3}L^{-1/3}=\frac{W}{P}$$

$$L=\frac{1,000}{27}K\left(\frac{W}{P}\right)^{-3}$$

직관적으로 볼 때 위의 식은 실질임금이 증가함에 따라 노동수요가 감소하는 바람직한 특성을 갖고 있다는 데 주목하자.

b. 자본 27,000단위와 노동 1,000단위 모두 비탄력적으로 공급된다고(즉 이 두 요소 모두 가격수준에 관계없이 투입된다고) 가정한다. 이 경우 노동 1,000단위와 자본 27,000단위 모두 균형에서 사용되며, 이를 위의 노동수요함수에 대체하여 W/P에 대해 풀면 다음과 같다.

$$1{,}000 = \frac{1{,}000}{27}(27{,}000)\left(\frac{W}{P}\right)^{-3}$$

$$\frac{W}{P} = 10$$

균형에서 고용은 1,000이 되며 여기에 10을 곱하면 노동자가 생산물 10,000단위를 벌게 된다. 총생산량은 생산함수를 통해 다음과 같이 구할 수 있다.

$$Y = 5K^{\frac{1}{3}}L^{\frac{2}{3}}$$

$$Y = 5(27{,}000^{\frac{1}{3}})(1{,}000^{\frac{2}{3}})$$

$$Y = 15{,}000$$

노동자들이 생산량의 3분의 2를 갖게 되며 이는 제3장에서 살펴본 콥-더글라스 생산함수에 관해 아는 사실과 일치한다.

c. 이제 실질임금이 (균형수준인 10보다 10% 높은) 11이 되었다. 기업들은 노동수요함수를 이용하여 실질임금이 11, 자본량이 27,000인 상황에서 얼마나 많은 노동자를 고용할지 결정해야 한다. 이는 다음과 같다.

$$L = \frac{1{,}000}{27}27{,}000(11)^{-3}$$

$$L = 751$$

이처럼 751명의 노동자가 고용되며 총보수로 생산물 8,261단위를 받는다. 새로운 생산량 수준을 구하기 위해 생산함수에 노동 및 자본의 새로운 값을 대입하면 $Y = 12{,}393$이 된다.

d. 이 정책으로 인해 비자발적으로 실업상태에 있게 된 249명의 노동자로부터 이전보다 더 많은 보수를 받게 된 751명의 노동자에게로 생산물이 재분배된다. 노동자 계층에 대한 총보상이 생산물 10,000단위에서 8,261단위로 감소함에 따라, 다행스럽게도 일자리를 유지한 노동자가 얻은 혜택이 일자리를 상실한 노동자가 잃은 것보다 더 적다는 사실을 알 수 있다.

e. 이 문제를 통해 최저임금법의 분석을 이 법이 갖는 두 가지 효과에 집중할 수 있다. 즉 최저임금법으로 인해 일부 노동자들의 임금은 인상되지만 노동수요곡선의 기울기가 하향하므로 일자리의 총수는 감소하게 된다. 하지만 노동수요가 이 예보다 덜 탄력적인 경우 고용감소는 이보다 작아지며 노동자 소득의 변화는 양이 된다.

6. a. 노동수요곡선은 기업이 직면하는 노동의 한계생산물 스케줄에 의해 결정된다. 일국이 생산성 감소를 경험할 경우 그림 7-1에서 보는 것처럼 노동수요곡선이 아래쪽으로 이동한다. 노동이 덜 생산적이 될 경우 어떤 주어진 실질임금에서 기업은 더 적은 노동을 수요하게 된다.

그림 7-1

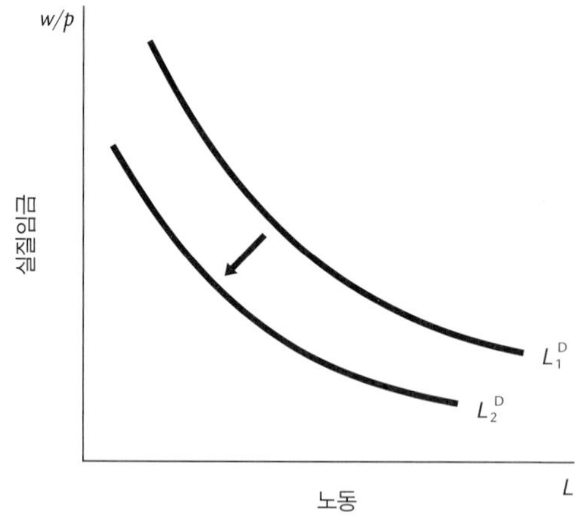

b. 노동시장이 언제나 균형인 경우 노동공급이 고정되어 있다고 가정하면 그림 7-2에서 보는 것처럼 불리한 생산성 충격으로 인해 실질임금이 감소하지만 고용이나 실업에는 영향을 미치지 않는다.

그림 7-2

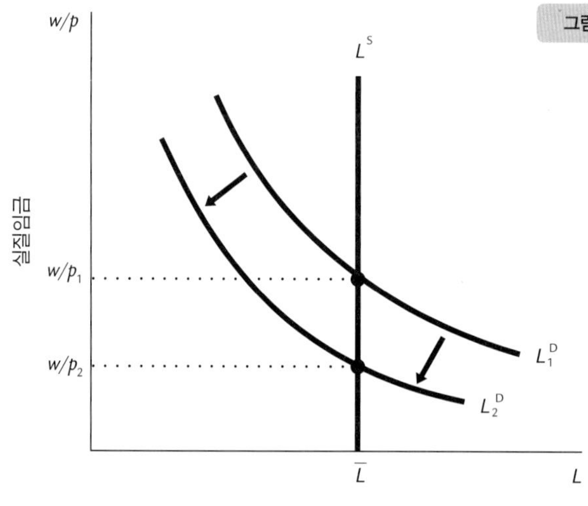

c. 노동조합이 실질임금이 변하지 못하도록 할 경우 그림 7-3에서 보는 것처럼 고용이 L_1으로 감소하여 실업은 $\overline{L}-L_1$이 된다.

이 예를 통해 생산성 충격이 경제에 미치는 영향은 노동조합의 역할과 이런 변화에 대한 단체교섭의 반응에 달려 있음을 알 수 있다.

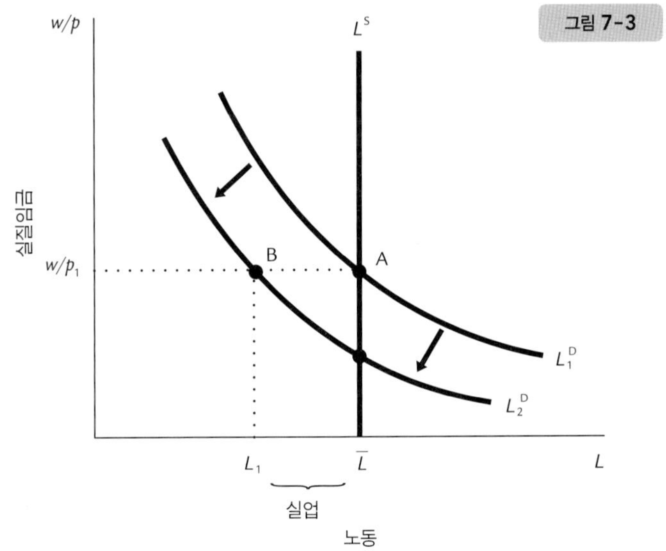

7. a. 근로자들이 두 부문 사이를 자유롭게 이동할 수 있다면 각 부문의 임금은 동일하게 된다. 임금이 동일하지 않은 경우 근로자들은 더 높은 임금을 주는 부문으로 이동하려는 동기를 갖게 된다. 이로 인해 임금이 동일해질 때까지 더 높은 임금은 하락하고 더 낮은 임금은 상승하게 된다.

   b. 총 100명의 근로자가 있으므로 $L_S = 100 - L_M$이 된다. 이 식을 서비스부문 노동수요식에 대입하자. 임금이 두 부문에서 동일하기 때문에 임금을 w라고 하자.

$$L_S = 100 - L_M = 100 - 4w$$
$$L_M = 4w$$

   위의 식을 제조업부문 노동수요와 같다고 놓고 w에 대해 풀면 다음과 같다.

$$4w = 200 - 6w$$
$$w = 20\text{달러}$$

   위의 임금을 두 개 노동수요식에 대입하면 다음과 같다.

$$L_M = 80,\ L_S = 20$$

   c. 제조업부문의 임금이 25달러인 경우 L_M은 50이 된다.

   d. 이제 서비스부문에 고용된 50명의 근로자가 있으며 임금 w_S는 12.50달러가 된다.

   e. 제조업부문의 임금은 계속 25달러이고 취업한 근로자는 50명이다. 서비스부문의 의중임금은 15달러이고, 이런 경우 서비스부문에 취업한 근로자는 40명이다. 따라서 10명은 실업상태이며 실업률은 10퍼센트가 된다.

8. 미국과 유럽 모두에서 시간이 흐름에 따라 실질임금이 상승한다. 이로 인해 노동에 대한 보수가 증가하지만(대체효과), 한편으로 사람들이 이전보다 더 부유해져서 보다 많은 여가를 '선택'하고자(소득효과) 한다. 소득효과가 우세할 경우 실질임금이 상승함에 따라 사람들은 근로시간을 축소시키고자 한다. 이는 시간이

흐름에 따라 근로시간이 감소하는 유럽의 상황을 설명할 수 있다. 소득효과와 대체효과가 거의 상쇄되는 경우 근로시간이 거의 일정한 미국의 상황을 이해하는 데 도움이 된다. 기호의 상이성에 대해서 경제학자들은 아직 그럴듯한 이론을 제시하지 못하고 있다. 따라서 유럽인들이 미국인들보다 더 큰 소득효과를 갖는다고 생각하는 것이 합리적인지에 대해서는 의견의 일치를 보지 못하고 있다.

9. 빈 사무실 공간 문제는 실업 문제와 유사하다. 실직상태의 노동을 분석하는 데 사용한 개념을 빈 사무실 공간이 존재하는 이유를 분석하는 데 그대로 적용할 수 있다. 먼저 사무실 이탈률을 생각하여 보자. 사무실을 사용하던 기업들은 다른 사무실로 이사하거나 해당 업종에서 퇴출하려는 경우 사무실을 떠나게 된다. 또한 사무실 습득률을 생각하여 보자. (사업을 시작하거나 확장하기 위해) 사무실 공간이 필요한 기업들은 빈 사무실을 구하게 된다. 기업들과 이용 가능한 사무실 공간이 일치하도록 하는 데는 시간이 걸린다. 상이한 종류의 기업은 공간이 특별히 필요한 이유가 무엇이냐에 따라 상이한 특성을 갖는 사무실 공간을 찾게 된다. 또한 상이한 재화에 대한 수요가 변동하기 때문에 상이한 기업의 이윤과 사무실 공간 필요성에 영향을 미치는 '부문 간 이동', 즉 산업 및 지역 사이에서 수요구성의 변화가 발생한다.

8

경제성장 I : 자본축적과 인구증가

복습용 질문

1. 솔로우 성장 모형에서 저축률이 높으면 안정상태 자본량이 커지고 안정상태 생산량 수준이 높아진다. 저축률이 낮아지면 안정상태 자본량이 작아지고 안정상태 생산량 수준이 낮아진다. 저축률이 높아지면 단기적으로만 경제성장이 빨라진다. 저축률이 증가할 경우 경제가 새로운 안정상태에 도달할 때까지 성장을 증대시킨다. 즉 경제가 높은 저축률을 유지할 경우 대규모 자본량과 높은 생산량 수준 또한 유지할 수 있다. 하지만 높은 성장률을 영원히 유지하지는 못한다.

2. 경제정책입안자의 목적이 사회 개별 구성원의 경제적 복지를 극대화하는 것이라고 가정할 경우 이는 합리적인 것처럼 보인다. 경제적 복지는 소비의 양에 의존하기 때문에 정책입안자는 소비수준이 가장 높은 안정상태를 선택하게 된다. 자본의 황금률 수준은 안정상태의 소비를 극대화하는 수준을 의미한다.

   예를 들어 인구증가나 기술 변화가 없다고 가상하자. 안정상태 자본량이 1단위 증가할 경우 생산량은 자본의 한계생산물 MPK만큼 증가한다. 하지만 감가상각이 δ만큼 증가하므로 소비에 이용할 수 있는 추가적인 순생산량은 $MPK - \delta$가 된다. 황금률 자본량은 $MPK = \delta$인 수준에서 결정되며 자본의 한계생산물이 감가상각률과 같다.

3. 경제가 자본의 황금률 수준 이상에서 시작한다면 황금률 수준에 도달할 경우 해당 전 기간에 걸쳐 더 높은 소비를 할 수 있다. 해당 전 기간에 소비가 증가하기 때문에 정책입안자는 언제나 황금률 수준을 선택하고자 한다. 반면에 경제가 자본의 황금률 수준 아래에서 출발한 경우 황금률 수준에 도달하려 한다면 장래의 소비를 증대시키기 위해 현재의 소비를 감소시켜야 한다. 이 경우 정책입안자의 결정이 그렇게 분명하지는 않다. 정책입안자가 장래 세대보다 현재 세대에 더 많은 관심을 기울이는 경우, 황금률 안정상태에 도달하는 정책을 추구하지 않기로 결정할 수도 있다. 정책입안자가 모든 세대에 대해 동일하게 관심을 갖는 경우 황금률에 도달하는 선택을 하게 된다. 현재 세대는 소비를 더 적게 해야 하지만, 황금률로 이동하게 되면 향후 장래 세대는 증대된 소비로 인해 이득을 보게 된다.

4. 인구증가율이 높을수록 1인당 안정상태의 자본은 더 낮아져서 안정상태의 소득수준이 더 낮아진다. 예를 들면 그림 8-1은 두 가지 다른 인구증가 수준, 즉 낮은 수준의 n_1과 높은 수준의 n_2에 대한 안정상태를 보여 주고 있다. 인구증가가 더 높은 n_2의 경우 인구증가 및 감가상각을 의미하는 선이 더 높아서 안정상태의 1인당 자본수준은 더 낮아진다.

그림 8-1

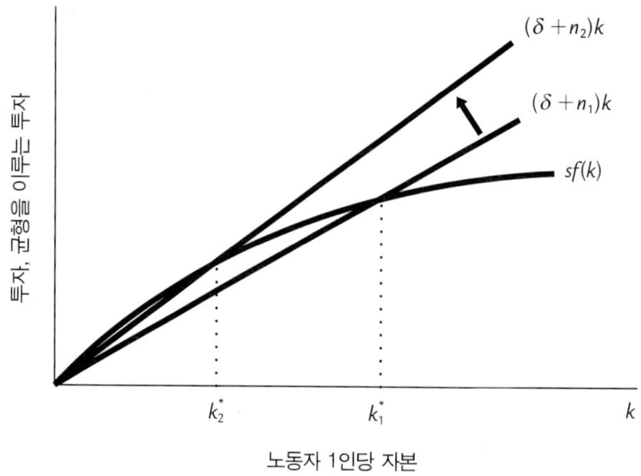

기술변화가 없는 모형에서 총소득의 안정상태 성장률은 n이다. 인구증가율 n이 높을수록 총소득 성장률이 높아진다. 하지만 1인당 소득은 안정상태에서 0의 율로 증가해서 인구증가에 의해 영향을 받지 않는다.

문제와 응용

1. a. 모든 생산요소를 동일한 백분율만큼 증가시킬 경우 생산량이 동일한 백분율만큼 증가한다면 생산함수는 규모에 대해 수확불변한다. 수학적으로 살펴보면 어떤 양수 z에 대해 $zY = F(zK, zL)$이 성립할 경우 생산함수는 규모에 대해 수확불변한다. 즉 자본량과 노동량을 모두 어떤 양 z로 곱할 경우 생산량도 z로 곱해야 한다. 예를 들어 사용한 자본량 및 노동량을 두 배 할 경우($z = 2$라고 할 경우) 생산량도 역시 두 배가 된다.

   생산함수 $Y = F(K, L) = K^{1/3}L^{2/3}$이 규모에 대해 수확불변하는지 알아보기 위해 이를 나타내면 다음과 같다.

$$F(zK, zL) = (zK)^{1/3}(zL)^{2/3} = zK^{1/3}L^{2/3} = zY$$

   따라서 생산함수 $Y = K^{1/3}L^{2/3}$는 규모에 대해 수확불변한다.

   b. 1인당 생산함수를 구하기 위해 생산함수 $Y = K^{1/3}L^{2/3}$를 L로 나누면 다음과 같다.

$$\frac{Y}{L} = \frac{K^{1/3}L^{2/3}}{L}$$

   $y = Y/L$라고 하면 위의 식을 다음과 같이 나타낼 수 있다.

$$y = K^{1/3}/L^{1/3}$$

   $k = K/L$라고 하면 위의 식을 다음과 같이 나타낼 수 있다.

$$y = k^{1/3}$$

c. A국과 B국에 대해 다음과 같은 사실을 알고 있다.

δ = 감가상각률 = 0.20
s_a = A국의 저축률 = 0.1
s_b = B국의 저축률 = 0.3
$y = k^{1/3}$은 A국과 B국에 대해 (b)에서 도출한 1인당 생산함수이다.

자본량의 성장 Δk는 투자량 $sf(k)$에서 감가상각량 δk를 감한 것과 같다. 이를 식으로 나타내면 $\Delta k = sf(k) - \delta k$가 된다. 안정상태에서 자본량은 성장하지 않으므로 이를 $sf(k) = \delta k$로 나타낼 수 있다.

1인당 자본의 안정상태 수준을 구하기 위해 1인당 생산함수를 안정상태 투자조건에 대입하여 k^*에 대해 풀면 다음과 같다.

$$sk^{1/3} = \delta k$$

이를 다시 정리하면 다음과 같다.

$$k^{2/3} = s/\delta$$
$$k = (s/\delta)^{3/2}$$

1인당 안정상태의 자본수준 k^*를 구하기 위해 각국의 저축률을 위의 공식에 대입하면 다음과 같다.

$$\text{A국} : k_a^* = (s_a/\delta)^{3/2} = (0.1/0.2)^{3/2} = 0.35$$
$$\text{B국} : k_b^* = (s_b/\delta)^{3/2} = (0.3/0.2)^{3/2} = 1.84$$

k^*를 구했고 $y = k^{1/3}$이라는 사실을 알고 있으므로 A국과 B국에 대한 1인당 안정상태 소득수준을 계산하면 다음과 같다.

$$y_a^* = (0.35)^{1/3} = 0.71$$
$$y_b^* = (1.84)^{1/3} = 1.22$$

소득 각 단위에 대해 노동자들은 비율 s를 저축하고 비율 $(1 - s)$를 소비한다는 사실을 알고 있다. 즉 소비함수는 $c = (1 - s)y$가 된다. 두 국가에서의 안정상태 소득수준을 알고 있으므로 다음을 구할 수 있다.

$$\text{A국} : c_a^* = (1 - s_a)y_a^* = (1 - 0.1)(0.71) = 0.64$$
$$\text{B국} : c_b^* = (1 - s_b)y_b^* = (1 - 0.3)(1.22) = 0.86$$

d. 노동자 1인당 자본량이 양국에서 모두 1인 경우 1인당 소득수준 및 1인당 소비수준은 다음과 같다.

$$\text{A국} : y = 1 \text{ 및 } c = 0.9$$
$$\text{B국} : y = 1 \text{ 및 } c = 0.7$$

e. 다음 사실과 식을 이용하여 1인당 소득 y, 1인당 소비 c, 1인당 자본 k를 계산하면 다음과 같다.

$$s_a = 0.1 \qquad k_0 = \text{양국 모두 } 1$$
$$s_b = 0.3 \qquad y = k^{1/3}$$
$$\delta = 0.2 \qquad c = (1 - s)y$$

A국

연도	k	$y=k^{1/3}$	$c=(1-s_a)y$	$i=s_a y$	δk	$\Delta k=i-\delta k$
1	1.00	1.00	0.90	0.10	0.20	−0.10
2	0.90	0.97	0.87	0.10	0.18	−0.08
3	0.82	0.93	0.84	0.09	0.16	−0.07
4	0.75	0.91	0.82	0.09	0.15	−0.06
5	0.69	0.88	0.79	0.09	0.14	−0.05
6	0.64	0.86	0.78	0.09	0.13	−0.04
7	0.60	0.84	0.76	0.08	0.12	−0.04

B국

연도	k	$y=k^{1/3}$	$c=(1-s_a)y$	$i=s_a y$	δk	$\Delta k=i-\delta k$
1	1.00	1.00	0.70	0.30	0.20	0.10
2	1.10	1.03	0.72	0.31	0.22	0.09
3	1.19	1.06	0.74	0.32	0.24	0.08
4	1.27	1.08	0.76	0.32	0.25	0.07
5	1.34	1.10	0.77	0.33	0.27	0.06
6	1.40	1.12	0.78	0.34	0.28	0.06
7	1.46	1.13	0.79	0.34	0.29	0.05

B국의 소비가 A국의 소비보다 높아지는 데 7년이 소요된다는 점을 주목하자.

2. a. 솔로우 성장 모형에서 생산함수는 $Y=F(K, L)$이거나 1인당 생산량으로 나타낸 $y=f(k)$가 된다. 전쟁으로 인해 노동인구가 감소할 경우 L은 감소하지만 $k=K/L$는 증가한다. 생산함수에 따르면 노동자 수가 감소해 총생산량이 감소하지만 각 노동자는 더 많은 자본을 갖게 되어 1인당 생산량은 증가한다.

b. 노동인구가 감소할 경우 1인당 자본량은 전후에 더 높아진다. 따라서 경제가 전전에 안정상태에 있었다면 전후에 경제는 안정상태보다 더 높은 자본량을 갖게 된다. 그림 8-2에서 보는 것처럼 1인당 자본이 k^*에서 k_1으로 증가한다. 경제가 안정상태로 돌아가게 되면 1인당 자본량이 k_1에서 k^*로 감소하여 1인당 생산량도 역시 감소한다.

이처럼 새로운 안정상태로 전환되면 1인당 생산량의 성장이 정상보다 느려지게 된다. 안정 상태에서는 이 모형에서 기술 변화가 없다고 주어진 경우 1인당 생산량의 성장률이 0이 된다는 사실을 알고 있다. 따라서 이 경우에 새로운 안정상태에 도달할 때까지 1인당 생산량의 성장률은 0보다 작아야 한다.

그림 8-2

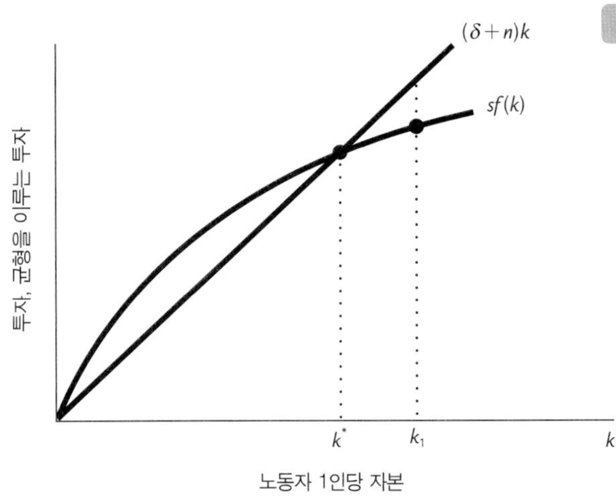

3. a. 8-1절에 있는 '안정상태의 도달 : 숫자를 이용한 예'와 같은 과정을 밟아 가도록 하자. 생산함수는 $Y = K^{0.4}L^{0.6}$이며, 1인당 생산함수 $f(k)$를 도출하기 위해 생산함수의 양변을 노동인구 L로 나누면 다음과 같다.

$$\frac{Y}{L} = \frac{K^{0.4}L^{0.6}}{L}$$

이를 재정리하면 다음과 같다.

$$\frac{Y}{L} = \left(\frac{K}{L}\right)^{0.4}$$

$y = Y/L$ 및 $k = K/L$이므로 이를 다음과 같이 나타낼 수 있다.

$$y = k^{0.4}$$

b. 다음과 같은 사실을 기억해 보자.

$$\Delta k = sf(k) - \delta k$$

자본의 안정상태 값 k^*는 자본량이 일정한 k의 값으로 정의되므로 $\Delta k = 0$이 된다. 따라서 안정상태에서는 다음과 같아진다.

$$0 = sf(k) - \delta k$$

이를 달리 표현하면 다음과 같다.

$$\frac{k^*}{f(k^*)} = \frac{s}{\delta}$$

이 문제의 생산함수로 나타내면 다음과 같다.

$$\frac{k^*}{(k^*)^{0.4}} = \frac{s}{\delta}$$

재정리하면 다음과 같다.

$$(k^*)^{0.6} = \frac{s}{\delta}$$

이를 달리 표현하면 다음과 같다.

$$k^* = \left(\frac{s}{\delta}\right)^{5/3}$$

1인당 안정상태 자본에 관한 위의 식을 (a)에서 구한 1인당 생산함수에 대입하면 다음과 같다.

$$y^* = \left(\frac{s}{\delta}\right)^{2/3}$$

1인당 소비는 저축되지 않은 1인당 생산량과 같다는 점에 주목하면 다음과 같다.

$$c^* = (1-s)f(k^*) = (1-s)\left(\frac{s}{\delta}\right)^{2/3}$$

c. 다음 표는 왼쪽 열에 있는 저축률에 대해 (b)에서 구한 식을 이용하여 구한 k^*, y^*, c^*를 보여 주고 있다. 감가상각률은 15퍼센트(즉 0.15)라고 가정한다.

s	k^*	y^*	c^*	$MPK-\delta$
0	0	0	0	∞
0.10	0.51	0.76	0.69	0.45
0.20	1.62	1.21	0.97	0.15
0.30	3.17	1.59	1.11	0.05
0.40	5.13	1.92	1.15	0
0.50	7.44	2.23	1.12	−0.03
0.60	10.08	2.52	1.01	−0.05
0.70	13.03	2.79	0.84	−0.06
0.80	16.28	3.05	0.61	−0.08
0.90	19.81	3.30	0.33	−0.08
1.00	23.61	3.54	0.00	−0.09

저축률이 100퍼센트(즉 $s = 1.0$)인 경우 1인당 생산량이 극대화된다는 점에 주목하라. 물론 이 경우 어느 것도 소비되지 않아서 $c^* = 0$이 된다. 저축률이 40퍼센트인 경우 1인당 안정상태 소비가 극대화된다.

d. 자본의 한계생산물(MPK)은 노동자 1인당 자본(k)의 변화에 대한 1인당 생산량(y)의 변화를 의미한다. 자본의 한계생산물을 구하기 위해서 1인당 생산함수를 1인당 자본에 대해 미분하면 다음과 같다.

$$MPK = 0.4k^{-0.6} = \frac{0.4}{k^{0.6}}$$

자본의 한계생산물에서 감가상각을 감한 값, 즉 자본의 순한계 생산물을 구하여 보자. 계산한 값은 앞의 표에서 찾아볼 수 있다. 1인당 안정상태 소비가 극대화될 때 자본의 한계생산물에서 감가상각을 감한 값, 즉 자본의 순한계 생산물은 0이 된다.

4. 해당 경제의 최초 안정상태 자본량이 황금률 수준 아래에서 시작되었다고 가상하자. 총생산량 중 더 많은 부분을 투자에 배분할 경우 나타나는 즉각적인 효과는 소비에 더 작은 몫이 할당된다는 것이다. 즉 소비로 측정한 '생활수준'이 하락한다. 투자율이 높아진다는 의미는 자본량이 더 신속하게 증가하여 생산량 증가율과 노동자 1인당 생산량 증가율이 상승한다는 것이다. 노동자의 생산성은 각 노동자가 생산한 평균 생산량, 즉 노동자 1인당 생산량을 말한다. 따라서 생산성 성장이 증가한다. 즉각적인 효과는 생활수준은 하락하지만 생산성 성장은 증대된다.

   새로운 안정상태에서 생산량은 n율로 증가하는 반면에 노동자 1인당 생산량은 0율로 증가한다. 이것이 의미하는 바는 안정상태에서 생산성 성장은 투자율과 독립적이라는 것이다. 최초의 안정상태 자본량이 황금률 수준 아래에서 시작하였으므로 투자율이 높아진다는 것은 새로운 안정상태에서 소비수준이 더 높아져서 생활수준이 더 높아진다는 것이다.

   이처럼 투자율이 증가하면 단기적으로 생산성 성장을 증대시키지만 장기적으로는 영향을 미치지 않는다. 반면에 생활수준은 즉각적으로는 감소하지만 시간이 흐름에 따라 향상된다. 즉 이 문제의 인용문은 성장은 강조하였지만 이를 달성하기 위해 필요한 희생에 대해 언급하지 않고 있다.

5. a. 그림 8-3에서 보는 것처럼 저축률이 증가함에 따라 저축곡선이 위쪽으로 이동한다. 이제 실제 투자가 균형을 이루는 투자보다 더 크기 때문에 노동자 1인당 자본이 증가하여 노동자 1인당 자본의 안정상태 수준이 더 높아진다. 노동자 1인당 자본이 증가하면 노동자 1인당 생산량이 증가하게 된다.

그림 8-3

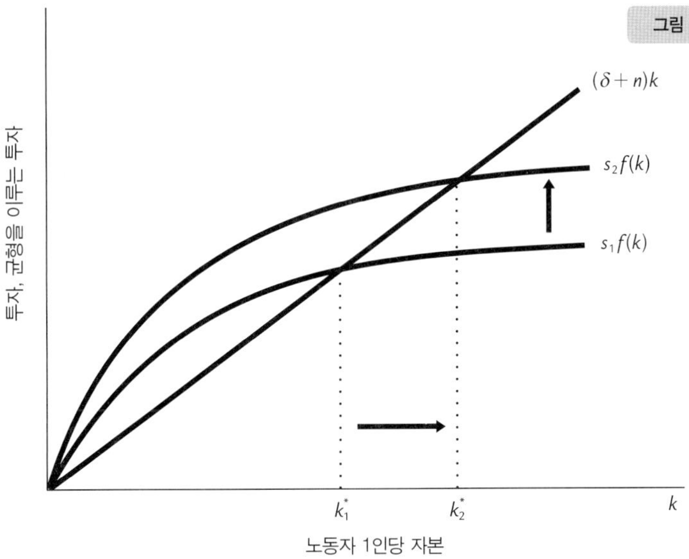

b. 감가상각률이 증가하면 그림 8-4에서 보는 것처럼 균형을 이루는 투자선이 위쪽, $(\delta_2 + n)$으로 이동하게 된다. 이제 실제 투자가 균형을 이루는 투자보다 더 작기 때문에 노동자 1인당 자본이 감소하고 노동자 1인당 자본의 안정상태 수준이 더 낮아진다. 노동자 1인당 자본이 감소하면 노동자 1인당 생산량이 감소하게 된다.

c. 인구증가율이 감소하면 그림 8-5에서 보는 것처럼 균형을 이루는 투자선이 아래의 오른쪽, $(\delta + n_2)$로 이동하게 된다. 이제 실제 투자가 균형을 이루는 투자보다 더 크기 때문에 노동자 1인당 자본이 증가하고 노동자 1인당 자본의 안정상태 수준이 더 높아진다. 노동자 1인당 자본이 증가하면 노동자 1인당 생산량이 증가하게 된다.

d. 기술향상이 이루어지면 생산량 $f(k)$가 증가하며 이에 따라 그림 8-6에서 보는 것처럼 저축곡선이 위로 이동한다. 이제 실제 투자가 균형을 이루는 투자보다 더 크기 때문에 노동자 1인당 자본이 증가하여 노동자 1인당 자본의 안정상태 수준이 더 높아진다. 노동자 1인당 자본이 증가하며 노동자 1인당 생산량이 증가한다.

그림 8-4

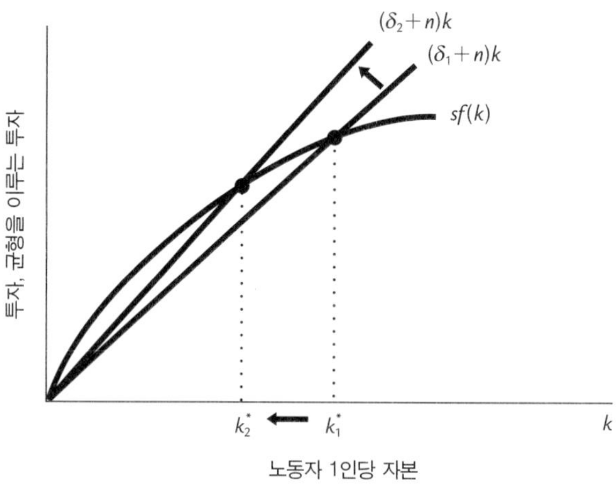

그림 8-5

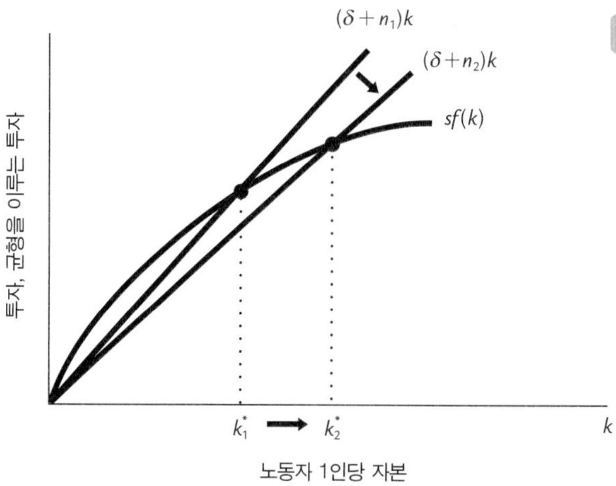

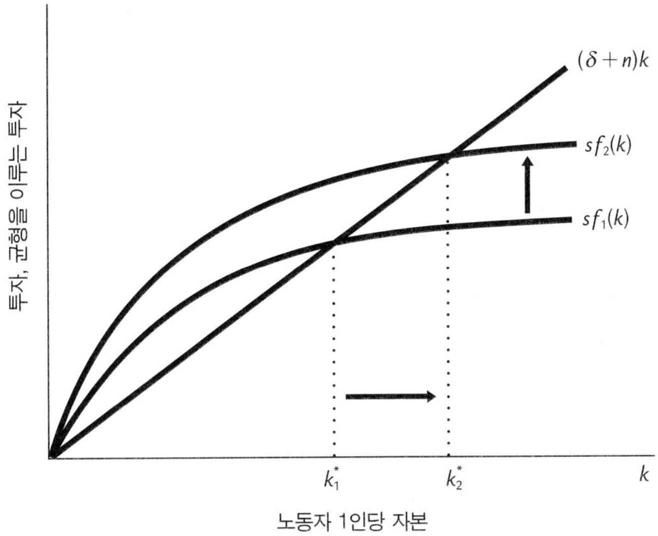

그림 8-6

6. 우선 안정상태를 생각해 보자. 그림 8-7에서 인구증가율이 감소함에 따라 인구증가와 감가상각을 나타내는 직선이 아래쪽으로 이동한다. 새로운 안정상태에서 노동자 1인당 자본수준은 k_2^*로 더 높아졌으며 이로 인해 노동자 1인당 생산량 수준도 더 높아졌다.

안정상태 성장률은 어떠한가? 안정상태에서 총생산량은 n율로 성장하지만 1인당 생산량은 0율로 성장한다. 따라서 인구증가가 낮아지면 총생산량의 성장은 낮아지지만 1인당 생산량 성장은 같게 된다.

이제 전환기를 생각해 보자. 1인당 생산량의 안정상태 수준은 인구증가가 낮은 경우 더 높아진다. 따라서 전환기에서 새로운 안정상태로 옮겨 가는 동안 1인당 생산량은 한동안 0보다 더 빠른 율로 성장해야 한다. 인구증가가 감소한 후 몇십 년 동안 총생산량의 성장은 감소하는 반면에 1인당 생산량의 성장은 증가하게 된다.

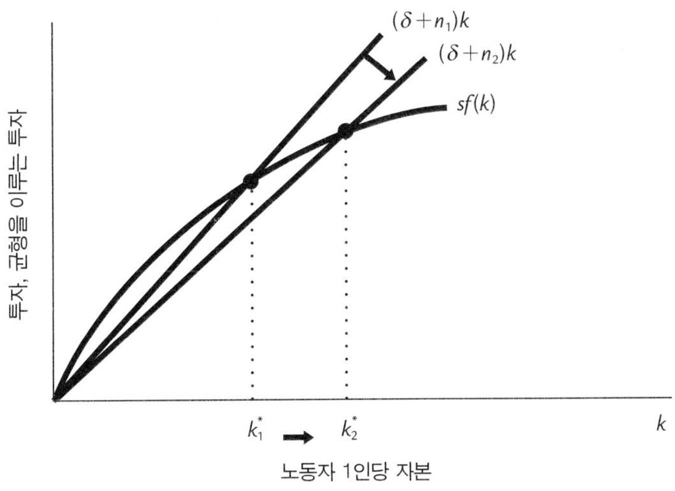

그림 8-7

7. 노동 및 자본에 대해 수확체감이 존재하는 경우 자본 및 노동을 동일한 비율로 증대시키면 생산량은 이 비율보다 더 작게 증가한다. 예를 들어 자본 및 노동량을 두 배로 증가시킬 경우 생산량은 두 배에 못 미치게 증대한다. 이런 현상은 생산함수에 토지와 같은 고정요소가 포함될 경우 나타날 수 있으며 경제규모가 확대됨에 따라 이 요소는 희귀하게 된다. 인구가 증가하면 총생산량은 증가하지만 각 노동자는 작업을 할 때 더 적은 고정요소를 갖게 되므로 노동자 1인당 생산량은 감소한다.

   규모에 대한 수확체증이 존재하는 경우 생산요소인 자본 및 노동을 두 배 증가시키면 생산량은 두 배 이상 증대된다. 이런 현상은 인구가 증가함에 따라 노동의 전문화가 더욱 확대될 경우 나타날 수 있다. 인구가 증가함에 따라 총생산량도 증가하지만 해당 경제는 규모의 경제를 보다 신속하게 이용할 수 있으므로 노동자 1인당 생산량 또한 증대된다.

8. a. 1인당 생산량 y를 구하기 위해 총생산량을 노동자의 수로 나누면 다음과 같다.

$$\frac{Y}{L} = \frac{K^{\alpha}\left[(1-u)L\right]^{1-\alpha}}{L}$$

$$y = \left(\frac{K}{L}\right)^{\alpha}(1-u)^{1-\alpha}$$

$$y = k^{\alpha}(1-u)^{1-\alpha}$$

위의 식 마지막 단계에서는 $k = K/L$ 라는 정의를 사용하였다. 실업의 경우 일부 사람은 어느 것도 생산하지 않기 때문에 자본/인구 비율이 주어졌다면 1인당 생산량이 감소한다.

안정상태는 투자로 인한 1인당 자본의 증가가 감가상각 및 인구증가로 인한 자본의 감소와 일치할 때의 1인당 자본수준을 말하며 다음과 같다.

$$sy = (\delta + n)k$$

$$sk^{\alpha}(1-u)^{1-\alpha} = (\delta + n)k$$

$$k^{*} = (1-u)\left(\frac{s}{\delta + n}\right)^{\frac{1}{1-\alpha}}$$

마지막으로 안정상태 생산량을 구하기 위해 안정상태 수준의 자본을 생산함수에 대입하면 다음과 같다.

$$y^{*} = \left[(1-u^{*})\left(\frac{s}{\delta + n}\right)^{\frac{1}{1-\alpha}}\right]^{\alpha}(1-u^{*})^{1-\alpha}$$

$$= (1-u^{*})\left(\frac{s}{\delta + n}\right)^{\frac{\alpha}{1-\alpha}}$$

실업은 다음과 같은 두 가지 이유로 인해 생산량을 낮추게 된다. 먼저 주어진 k에 대해 실업은 y를 낮추며 또한 안정상태의 값인 k^{*}를 낮추게 된다.

그림 8-8

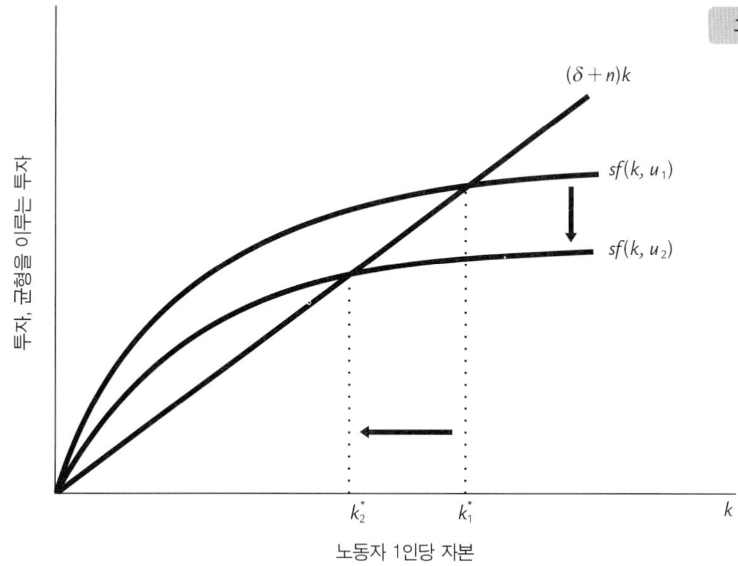

b. 안정상태는 (a)의 안정상태를 나타내는 방정식을 이용하여 그래프로 설명할 수 있다. 실업은 노동자 1인당 자본의 한계생산물을 낮추며 이로 인해 경제가 안정상태에서 유지할 수 있는 자본량을 감소시키는 음의 기술 충격과 같이 작용한다. 그림 8-8은 이를 그래프를 이용하여 나타낸 것이다. 실업의 증가는 $sf(k)$선을 아래로 이동시키며 노동자 1인당 자본의 안정상태 수준을 낮추게 된다.

c. 그림 8-9는 시간이 흐름에 따라 변화하는 생산량의 형태를 보여 주고 있다. 실업이 u_1에서 u_2로 감소하자마자 생산량은 최초의 안정상태 값인 $y^*(u_1)$으로부터 급등한다. (자본량을 조절하는 데 시간이 소요되므로) 경제는 동일한 자본량을 갖고 있으며 이 자본량으로 더 많은 노동자와 부합

그림 8-9

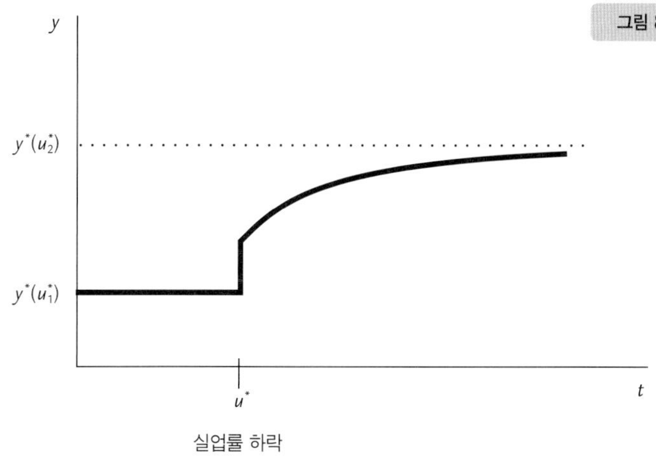

되어야 한다. 이 순간 경제는 안정상태를 벗어나게 된다. 즉 해당 경제는 증가된 노동자 수와 합치되는 데 필요한 것보다 더 적은 자본을 갖고 있다. 경제는 더 많은 자본을 축적하여 처음에 증가하였던 것 이상으로 생산량을 증대시킴으로써 전환을 하게 된다. 최종적으로 자본량과 생산량은 새롭고 더 높은 안정상태 수준으로 수렴한다.

9

경제성장 II : 기술, 경험 그리고 정책

복습용 질문

1. 솔로우 모형에서 기술진보만이 1인당 소득의 안정상태 성장률에 영향을 미친다는 사실을 살펴보았다. (높은 저축을 통해) 자본량이 성장하더라도 1인당 소득의 안정상태 성장률에 영향을 미치지 못한다. 인구증가도 영향을 미치지 못한다. 하지만 기술진보를 통해 지속적인 성장을 이룰 수 있다.

2. 솔로우 모형의 안정상태에서 1인당 생산량은 기술진보율 g로 성장한다. 또한 1인당 자본도 g의 비율로 성장한다. 이는 **효율적인** 노동자 1인당 생산량 및 자본이 안정상태에서 일정하다는 의미이다. 미국의 경우 노동자 1인당 생산량 및 자본이 지난 반세기 동안 대략 연간 2퍼센트로 성장하였다.

3. 한 경제가 황금률보다 더 많은 자본을 갖고 있는지 아니면 더 적은 자본을 갖고 있는지를 결정하려면 감가상각을 뺀 자본의 한계생산물($MPK - \delta$)과 총생산량의 성장률($n + g$)을 비교해야 한다. GDP 성장률은 쉽게 구할 수 있다. 자본의 순한계생산물을 추정하려면 약간의 과정을 거쳐야 하지만 교과서에서 살펴본 것처럼 GDP에 대한 자본량, GDP에 대한 총감가상각량, GDP에서 자본이 차지하는 몫에 관한 자료를 기초로 하여 이를 구할 수 있다.

4. 경제정책을 통해 공공저축을 증대시키거나 민간저축을 촉진하는 동기를 제공함으로써 저축률에 영향을 미칠 수 있다. 공공저축은 정부수입과 정부지출의 차이이다. 지출이 수입을 초과할 경우 정부는 음의 저축인 재정적자를 경험하게 된다. (예를 들면 정부구매 감소나 조세증가처럼) 적자를 감소시키는 정책은 공공저축을 증대시키는 반면에 적자를 증가시키는 정책은 저축을 감소시킨다. 다양한 정부정책이 민간저축에 영향을 미친다. 저축을 하려는 결정은 수익률에 의존할 수 있다. 즉 저축에 대한 수익이 클수록 저축을 더욱 하려 한다. 개인에 대한 면세 은퇴계정과 기업에 대한 투자세액 공제와 같은 조세 유인책을 통해 수익률을 증가시킬 수 있으며 민간저축을 촉진할 수 있다.

5. 법적 제도는 1인당 소득 차이를 설명할 수 있는 국가들 사이에 존재하는 제도적 차이의 예가 될 수 있다. 영국식의 관습법체계를 채택한 국가들은 보다 발달된 자본시장을 갖추는 경향이 있다. 이를 통해 기업은 재원을 보다 용이하게 조달할 수 있으므로 보다 빠른 성장을 달성할 수 있다. 정부의 질도 또한 중요하다. 부패가 만연된 국가들은 1인당 소득수준이 낮은 경향이 있다.

6. 내생적 성장이론은 연구 및 개발을 통한 지식창출의 결정과정을 설명함으로써 기술진보율을 설명하려 한다. 이와는 대조적으로 솔로우 모형은 이 진보율을 외생적인 것으로 간주한다. 솔로우 모형에서 저축률은 성장에 일시적으로 영향을 미치지만 자본에 대한 수확체감으로 인해 경제는 궁극적으로 성장이 외생적 기술진보에 의존하는 안정상태로 근접한다. 이와는 대조적으로 많은 내생적 성장이론은 본질에 있어 지식을 포함하는 것으로 해석되는 자본에 대해 (수확체감이 아니라) 수확불변을 가정한다. 따라서 저축률의 변화는 지속적인 성장으로 이어질 수 있다.

문제와 응용

1. a. 기술진보가 있는 솔로우 모형에서 y는 효율적인 노동자 1인당 생산량이라고 정의되며 k는 효율적인 노동자 1인당 자본량으로 정의된다. 효율적인 노동자의 수는 $L \times E$(또는 LE)이며 여기서 L은 노동자의 수이고 E는 각 노동자의 효율성을 측정한다. 효율적인 노동자 1인당 생산량 y를 구하기 위해서 총생산량을 효율적인 노동자의 수로 나누면 다음과 같다.

$$\frac{Y}{LE} = \frac{K^{\frac{1}{2}}(LE)^{\frac{1}{2}}}{LE}$$

$$\frac{Y}{LE} = \frac{K^{\frac{1}{2}}L^{\frac{1}{2}}E^{\frac{1}{2}}}{LE}$$

$$\frac{Y}{LE} = \frac{K^{\frac{1}{2}}}{L^{\frac{1}{2}}E^{\frac{1}{2}}}$$

$$\frac{Y}{LE} = \left(\frac{K}{LE}\right)^{\frac{1}{2}}$$

$$y = k^{\frac{1}{2}}$$

b. y의 안정상태 값을 s, n, g, δ의 함수로 나타내기 위해 안정상태에서 자본량의 변화에 대한 식으로부터 시작해 보자.

$$\Delta k = sf(k) - (\delta + n + g)k = 0$$

생산함수 $y = \sqrt{k}$는 또한 $y^2 = k$로 나타낼 수 있다. 이 생산함수로 자본량의 변화에 대한 식에 대입하면 안정상태에서 다음과 같아진다.

$$sy - (\delta + n + g)y^2 = 0$$

위의 식을 풀면 다음과 같은 y의 안정상태 값을 구할 수 있다.

$$y^* = s/(\delta + n + g)$$

c. 문제에서 주어진 각 경제에 관한 정보를 정리하면 다음과 같다.

아틀란티스 :	$s = 0.28$	자나두 :	$s = 0.10$
	$n = 0.01$		$n = 0.04$
	$g = 0.02$		$g = 0.02$
	$\delta = 0.04$		$\delta = 0.04$

(b)에서 도출한 y^*에 관한 식을 이용하여 각국에 대한 y의 안정상태 값을 계산할 수 있다.

아틀란티스 : $y^* = 0.28/(0.04 + 0.01 + 0.02) = 4$

자나두 : $y^* = 0.10/(0.04 + 0.04 + 0.02) = 1$

2. a. 안정상태에서 효율적인 노동자 1인당 자본은 일정하며, 이로 인해 효율적인 노동자 1인당 생산량이 일정한 수준으로 이어진다. 효율적인 노동자 생산량의 성장률이 0이라는 사실을 고려하면 이는 생산량의 성장률이 효율적 노동자(LE)의 성장률과 같아진다는 의미이다. 노동이 인구성장률 n으로 성장하고, 노동 효율성(E)이 g율로 성장한다는 사실을 알고 있다. 따라서 생산량은 $n + g$율로 성장한다. 생산량이 $n + g$율로 성장하고 노동이 n율로 성장한다는 사실을 고려하면 노동자 1인당 생산량은 g율로 성장해야 한다. 이는 Y/L의 성장률이 Y의 성장률에서 L의 성장률을 뺀 것과 같다는 규칙에서 비롯된다.

   b. 먼저 생산함수의 양변을 효율적인 노동자의 수 LE로 나누어 효율적인 노동자 1인당 생산량의 생산함수를 구해 보자.

$$\frac{Y}{LE} = \frac{K^{\frac{1}{3}}(LE)^{\frac{2}{3}}}{LE}$$

$$\frac{Y}{LE} = \frac{K^{\frac{1}{3}}L^{\frac{2}{3}}E^{\frac{2}{3}}}{LE}$$

$$\frac{Y}{LE} = \frac{K^{\frac{1}{3}}}{L^{\frac{1}{3}}E^{\frac{1}{3}}}$$

$$\frac{Y}{LE} = \left(\frac{K}{LE}\right)^{\frac{1}{3}}$$

$$y = k^{\frac{1}{3}}$$

효율적인 노동자 1인당 자본에 대해 풀기 위해 안정상태 조건에서 시작해 보자.

$$\Delta k = sf(k) - (\delta + n + g)k = 0$$

주어진 모수값을 대입하고 효율적인 노동자 1인당 자본에 대해 풀면 다음과 같다.

$$0.24k^{\frac{1}{3}} = (0.03 + 0.02 + 0.01)k$$

$$k^{\frac{2}{3}} = 4$$

$$k = 8$$

위에서 구한 k의 값을 효율적인 노동자 1인당 생산함수에 다시 대입하여 효율적인 노동자 1인당 생산량을 구하면 2가 된다. 자본의 한계생산물은 다음과 같다.

$$MPK = \frac{1}{3k^{\frac{2}{3}}}$$

효율적인 근로자 1인당 자본에 대한 값을 대입하여 자본의 한계생산물을 구하면 1/12이 된다.

c. 황금률에 따르면 자본의 한계생산물은 $(\delta + n + g)$ 또는 0.06이 된다. 현재의 안정상태에서 자본의 한계생산물은 1/12 또는 0.083이 된다. 따라서 황금률과 비교할 때 효율적인 노동자 1인당 더 적은 자본을 갖고 있다. 효율적인 노동자 1인당 자본수준이 증가함에 따라 자본의 한계생산물은 0.06이 될 때까지 감소한다. 효율적인 노동자 1인당 자본을 증대시키기 위해서 저축률이 증가해야 한다.

d. 황금률 안정상태로 전환되는 기간 동안 노동자 1인당 생산량의 성장률은 증대된다. 안정상태에서 노동자 1인당 생산량은 g율로 성장한다. 저축률이 증가하면 효율적인 노동자 1인당 생산량을 증대시킨다. 새로운 안정상태에서 효율적인 노동자 1인당 생산량은 새로운 더 높은 수준에서 일정하며 노동자 1인당 생산량은 g율로 성장한다. 전환기 동안 노동자 1인당 생산량의 성장률은 급증하다가, 과도기를 지나 다시 g율로 돌아온다.

3. 이 문제를 풀기 위해서 미국 경제에 관해 알고 있는 사실을 정리해 보는 것이 유용하다.

- 콥-더글라스 생산함수는 $y = k^{\alpha}$의 형태를 띠고 있으며 여기서 α는 소득 중 자본이 차지하는 몫이다. 이 문제에서 $\alpha = 0.3$이므로 생산함수는 $y = k^{0.3}$이 된다.
- 안정상태에서 생산량의 성장률은 3퍼센트이므로 $(n + g) = 0.03$이다.
- 감가상각률 $\delta = 0.04$이다.
- 자본-생산량 비율 $K/Y = 2.5$이다. $k/y = [K/(L \times E)]/[Y/(L \times E)] = K/Y$이므로 $k/y = 2.5$라는 사실을 알 수 있다(즉 자본-생산량 비율은 어떤 수준에서나 효율적인 노동자 측면에서나 동일하다).

a. 안정상태 조건 $sy = (\delta + n + g)k$에서 시작해 보자. 이 방정식을 재정리하면 안정상태의 저축에 대한 공식을 다음과 같이 도출할 수 있다.

$$s = (\delta + n + g)(k/y)$$

위의 값을 대입하면 다음과 같다.

$$s = (0.04 + 0.03)(2.5) = 0.175$$

최초의 저축률은 17.5퍼센트이다.

b. 제3장에서 콥-더글라스 생산함수의 경우 소득 중 자본이 차지하는 몫은 $\alpha = MPK(K/Y)$였다. 이를 재정리하면 다음과 같다.

$$MPK = \alpha/(K/Y)$$

위의 값을 대입하면 다음과 같다.

$$MPK = 0.3/2.5 = 0.12$$

c. 황금률 안정상태에서 다음과 같은 사실을 알고 있다.

$$MPK = (n + g + \delta)$$

위의 값을 대입하면 다음과 같다.

$$MPK = (0.03 + 0.04) = 0.07$$

황금률 안정상태에서 자본의 한계생산물은 7퍼센트인 반면에 최초의 안정상태에서는 12퍼센트이다. 따라서 최초의 안정상태에서 황금률 안정상태를 달성하기 위해서는 k를 증대시켜야 한다.

d. 제3장에서 콥-더글라스 생산함수의 경우 $MPK = \alpha(Y/K)$라는 사실을 알고 있다. 자본-생산량 비율에 관해 이를 풀어 보면 다음과 같다.

$$K/Y = \alpha/MPK$$

위의 식을 이용하여 황금률 자본-생산량 비율에 대해 풀 수 있다. 자본의 황금률 안정상태 한계생산물에 대해 0.07을 대입하고 α에 대해 0.3을 대입하면 다음과 같다.

$$K/Y = 0.3/0.07 = 4.29$$

황금률 안정상태에서 자본-생산량 비율은 4.29가 되며 이는 현재 자본-생산량 비율인 2.5와 비교된다.

e. (a)로부터 안정상태에서는 다음의 관계가 성립된다는 사실을 알고 있다.

$$s = (\delta + n + g)(k/y)$$

여기서 k/y는 안정상태 자본-생산량 비율이다. 앞에서 $k/y = K/Y$라는 점을 보여 주었으며 (d)에서 황금률 $K/Y = 4.29$라는 사실도 살펴보았다. 위에서 도출한 식에 이 값들을 대입하면 다음과 같다.

$$s = (0.04 + 0.03)(4.29) = 0.30$$

따라서 황금률 안정상태에 도달하기 위해서는 저축률이 17.5퍼센트에서 30퍼센트로 증대되어야 한다.

4. a. 안정상태에서 $sy = (\delta + n + g)k$라는 사실을 알고 있으며 이는 다음을 의미한다.

$$k/y = s/(\delta + n + g)$$

s, δ, n, g는 상수이므로 비율 k/y 또한 상수가 된다. $k/y = [K/(L \times E)]/[Y/(L \times E)] = K/Y$이므로 안정상태에서 자본-생산량 비율은 일정하다고 결론을 내릴 수 있다.

b. 소득 중 자본의 몫 $= MPK \times (K/Y)$라는 사실을 알고 있다. (a)로부터 안정상태에서는 자본-생산량 비율 K/Y가 일정하다는 사실을 알 수 있다. 또한 요령으로부터 MPK는 안정상태에서 일정한 k의 함수라는 사실을 알 수 있으므로 MPK도 역시 일정해야 한다. 따라서 소득 중 자본이 차지하는 몫이 일정하게 된다. 소득 중 노동이 차지하는 몫은 1 − [소득 중 자본의 몫]이다. 그러므로 자본의 비중이 일정하면 소득 중 노동이 차지하는 비중도 일정하다는 사실을 알 수 있다.

c. 안정상태에서 총소득은 인구증가율에 기술변화율을 더한 비율로 성장한다는 점을 알고 있다. (b)에서 소득 중 노동과 자본이 차지하는 몫이 일정하다는 사실을 살펴보았다. 몫이 일정할 경우 총소득이 $n + g$율로 성장한다면 노동소득과 자본소득 역시 $n + g$율로 성장해야 한다.

d. 자본의 실질임대가격 R을 다음과 같이 정의하자.

$$\begin{aligned} R &= \text{총자본소득}/\text{자본량} \\ &= (MPK \times K)/K \\ &= MPK \end{aligned}$$

안정상태에서 효율적인 노동자당 자본 k가 일정하므로 MPK도 일정하다. 따라서 안정상태에서 자본의 실질임대가격이 일정하다고 결론을 내릴 수 있다.

실질임금 w가 기술진보율 g로 성장한다는 사실을 보여 주기 위해 다음과 같이 정의해 보자.

$$TLI = \text{총노동소득}$$
$$L = \text{노동인구}$$

실질임금은 총노동소득을 노동인구로 나눈 것과 같다는 요령을 이용하면 다음과 같다.

$$w = TLI/L$$

이를 달리 표현하면 다음과 같다.

$$wL = TLI$$

이를 백분율 변화로 나타내면 다음과 같다.

$$\Delta w/w + \Delta L/L = \Delta TLI/TLI$$

위의 식에 따르면 실질임금 성장률에 노동인구 증가율을 더한 것은 총노동소득 성장률과 같다. 노동인구는 n율로 증가하며 (c)에서 총노동소득이 $n+g$율로 성장한다는 사실을 알고 있다. 따라서 실질임금이 g율로 성장한다고 결론을 내릴 수 있다.

5. a. 노동자 1인당 생산함수는 다음과 같다.

$$F(K, L)/L = AK^{\alpha}L^{1-\alpha}/L = A(K/L)^{\alpha} = Ak^{\alpha}$$

b. 안정상태에서 $\Delta k = sf(k) - (\delta + n + g)k = 0$이 된다. 따라서 $sAk^{\alpha} = (\delta + n + g)k$ 또는 재정리하면 다음과 같다.

$$k^{*} = \left[\frac{sA}{\delta + n + g}\right]^{\left(\frac{1}{1-\alpha}\right)}$$

(a)의 1인당 생산함수에 대입하면 다음과 같아진다.

$$y^{*} = A^{\left(\frac{1}{1-\alpha}\right)}\left[\frac{s}{\delta + n + g}\right]^{\left(\frac{\alpha}{1-\alpha}\right)}$$

따라서 푸어랜드의 노동자 1인당 안정상태 소득에 대한 리치랜드의 비율은 다음과 같다.

$$
\begin{aligned}
(y^*_{\text{리치랜드}} / y^*_{\text{푸어랜드}}) &= \left[\frac{s_{\text{리치랜드}}}{\delta + n_{\text{리치랜드}} + g} \Big/ \frac{s_{\text{푸어랜드}}}{\delta + n_{\text{푸어랜드}} + g}\right]^{\frac{\alpha}{1-\alpha}} \\
&= \left[\frac{0.32}{0.05 + 0.01 + 0.02} \Big/ \frac{0.10}{0.05 + 0.03 + 0.02}\right]^{\frac{\alpha}{1-\alpha}} \\
&= [4]^{\left(\frac{\alpha}{1-\alpha}\right)}
\end{aligned}
$$

c. $\alpha = 1/3$인 경우 리치랜드의 노동자 1인당 소득은 푸어랜드보다 $4^{1/2}$배 또는 두 배 더 높다.

d. $4^{\left(\frac{\alpha}{1-\alpha}\right)} = 16$인 경우가 되어야 하며 여기서 $\left(\frac{\alpha}{1-\alpha}\right) = 2$가 된다. 콥-더글라스 생산함수에서 자본에 대한 가중치를 $\alpha = 2/3$, 노동에 대한 가중치를 1/3이라고 할 경우 노동자 1인당 소득 수준의 16배 차이를 설명할 수 있다. 이를 정당화시킬 수 있는 한 가지 방법은 인적자본을 포함하도록 자본을 보다 넓게 간주하는 것이다. 인적자본은 물적자본이 축적되는 것과 유사하게 투자를 통해 축적될 수 있다.

6. 국가별 교육수준의 차이는 솔로우 모형에 어떤 영향을 미치는가? 교육은 **노동의 효율성**에 영향을 미치는 한 요소로 E라고 나타낸다(노동의 효율성에 영향을 미치는 다른 요소들에는 건강, 기술 및 지식수준이 있다). 1국이 2국보다 더 높은 교육을 받은 노동인구를 갖고 있으므로 1국의 개별 노동자가 더 효율적이다. 즉 $E_1 > E_2$가 성립한다. 양국이 안정상태에 있다고 가정할 것이다.

a. 솔로우 성장 모형에서 총소득의 증가율은 $n + g$로 노동인구의 교육수준에 의존하지 않는다. 따라서 양국은 동일한 인구증가율과 동일한 기술진보율을 갖고 있으므로 동일한 총소득의 증가율을 갖게 된다.

b. 양국은 동일한 저축률, 동일한 인구증가율, 동일한 기술진보율을 갖게 되므로 효율적인 노동자 1인당 자본의 동일한 안정상태 수준인 k^*로 수렴하게 된다. 그림 9-1은 이를 보여 주고 있다.

안정상태에서 효율적인 노동자 1인당 생산량 $y^* = f(k^*)$는 양국에서 동일하다. 하지만 $y^* = Y/(L \times E)$ 또는 $Y/L = y^*E$이다. y^*는 양국에서 동일하지만 $E_1 > E_2$라는 점을 알고 있다. 따라서 $y^*E_1 > y^*E_2$가 된다. 이는 $(Y/L)_1 > (Y/L)_2$를 의미한다. 그러므로 노동자 1인당 소득수준은 노동인구가 더 높은 교육을 받은 국가에서 더 높아지게 된다.

그림 9-1

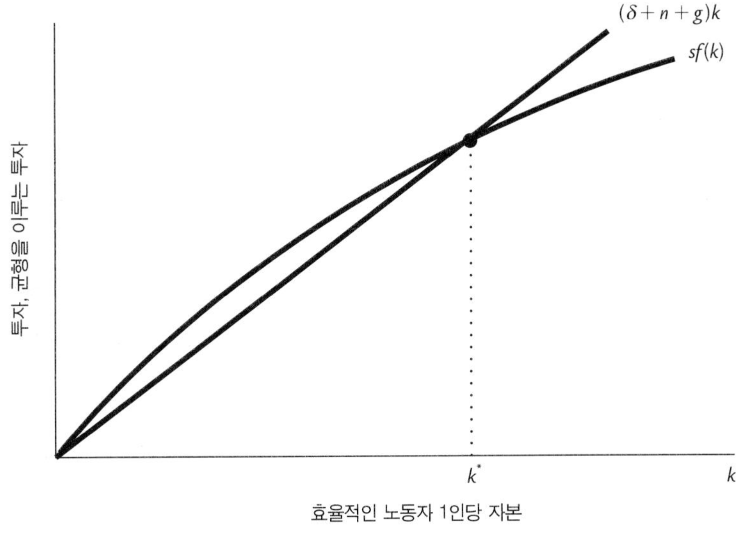

c. 자본의 실질임대가격 R은 자본의 한계생산물(MPK)과 동일하다는 사실을 알고 있다. 하지만 MPK는 노동 효율성 단위당 자본량에 의존한다. 안정상태에서 양국은 동일한 저축률, 동일한 인구증가율, 동일한 기술진보율을 갖고 있으므로 $k_1^* = k_2^* = k^*$가 성립한다. 따라서 $R_1 = R_2 = MPK$가 성립된다. 그러므로 자본의 실질임대가격은 양국에서 동일해진다.

d. 생산량은 자본소득과 노동소득으로 분배된다. 따라서 노동의 효율성 단위당 임금은 다음과 같이 나타낼 수 있다.

$$w = f(k) - MPK \cdot k$$

(b)와 (c)에서 논의한 것처럼 양국은 동일한 안정상태량 k와 동일한 MPK를 갖는다. 따라서 양국의 효율성 단위당 임금이 동일하다.

하지만 노동자들은 노동 단위당 임금에 관심을 갖지 효율성 단위당 임금에 관심을 갖지는 않는다. 또한 노동 단위당 임금을 관찰할 수 있지 효율성 단위당 임금은 관찰할 수 없다. 노동 단위당 임금은 다음 식에서 보는 것처럼 노동 효율성 단위당 임금과 관련된다.

$$L\text{의 단위당 임금} = wE$$

따라서 노동 단위당 임금은 더 높은 교육을 받은 노동인구를 갖고 있는 국가에서 더 높다.

7. a. 이 장에서 살펴본 2부문 내생적 성장 모형에서 제조업 제품에 대한 생산함수를 다음과 같이 나타냈다.

$$Y = F[K,\ (1-u)EL]$$

위의 모형에서 이 함수는 규모에 대해 수확불변이라고 가정하였다. 3-1절에서 살펴본 것처럼 수확불변이란 어떤 양수 z에 대해 $zY = F[zK,\ z(1-u)EL]$이라는 의미이다. $z = 1/EL$이라 하면 다음과 같다.

$$\frac{Y}{EL} = F\left(\frac{K}{EL},\ (1-u)\right)$$

효율적인 노동자당 생산량으로 보는 y에 대한 일반적인 정의와 효율적인 노동자 1인당 자본으로 보는 k에 대한 일반적인 정의를 이용하면 위의 식을 다음과 같이 나타낼 수 있다.

$$y = F[k,\ (1-u)]$$

b. 우선 연구중심대학의 생산함수로부터 노동효율성의 성장률 $\Delta E/E$는 $g(u)$라는 점에 주목하자. 일정한 성장률 g 대신에 함수 $g(u)$로 대체하여 9-1절의 논리를 따라가도록 하자. 효율적인 노동자당 자본(K/EL)을 일정하게 유지하기 위하여 균형을 이루는 투자는 다음과 같은 세 가지 항을 포함한다. δk는 감가상각되는 자본을 대체하기 위하여 필요하고, nk는 새로운 노동자에게 자본을 공급하기 위해 필요하며, $g(u)$는 연구중심대학이 만들어 낸 지식 E의 양을 더 크게 하기 위해 자본을 공급하는 데 필요하다. 즉 균형을 이루는 투자는 $[\delta + n + g(u)]k$가 된다.

c. 다시 9-1절의 논리를 따라가면 효율적인 노동자 1인당 자본의 성장은 효율적인 노동자 1인당 저축과 효율적인 노동자 1인당 균형을 이루는 투자 사이의 차이이다. 일정한 성장률 g 대신에 (a)에서 구한 효율적인 노동자 1인당 생산함수와 함수 $g(u)$를 대체시키면 다음과 같다.

$$\Delta k = sF[k,\ (1-u)] - [\delta + n + g(u)]k$$

안정상태에서 $\Delta k = 0$이므로 위의 식을 다음과 같이 다시 쓸 수 있다.

$$sF[k,\ (1-u)] = [\delta + n + g(u)]k$$

솔로우 모형의 분석에서 했던 것처럼 u의 주어진 값에 대해 위 식의 왼쪽과 오른쪽을 그림으로 나타낼 수 있다. 안정상태는 두 곡선의 교차점에서 결정된다.

d. 그림 9-2에서 보는 것처럼 '안정'상태에서 효율적인 노동자당 자본 k는 일정하게 된다. 또한 안정상태에서 연구중심대학이 사용하는 시간의 몫이 일정하다고 가정하였으므로 u도 일정하다(u가 일정하지 않을 경우 이는 결국 '안정'상태가 아니다!). 따라서 효율적인 노동자 1인당 생산량 y도 역시 일정하다. 노동자 1인당 생산량은 yE가 되며 E는 $g(u)$율로 성장한다. 저축률은 이 성장률에 영향을 미치지 못한다. 하지만 연구중심대학에서 사용된 시간의 양은 성장률에 영향을 미친다. 즉 연구중심대학에서 더 많은 시간이 사용될수록 안정상태 성장률은 증가한다.

그림 9-2

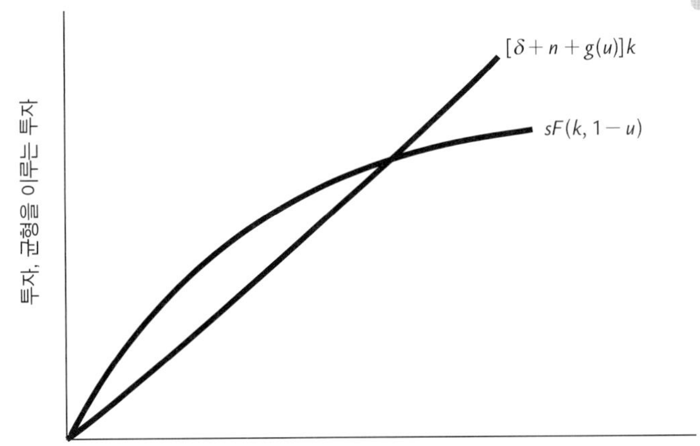

e. u가 증가할 경우 그림에 있는 두 선 모두 이동한다. 효율적인 노동자 1인당 생산량은 효율적인 노동자 1인당 자본 수준이 일정한 경우 하락하게 된다. 그 이유는 각 노동자의 시간 중 더 적은 부분을 제조업 제품을 생산하는 데 사용하기 때문이다. u가 증가할 때 자본량 K와 각 노동자의 효율성 E가 일정하기 때문에 이는 변화에 따른 즉각적인 효과이다. 효율적인 노동자 1인당 생산량이 감소하기 때문에 효율적인 노동자 1인당 저축을 의미하는 곡선이 아래쪽으로 이동한다.

동시에 연구중심대학에서 사용한 시간이 증가함으로 인해 노동효율성의 증가율 $g(u)$가 증가한다. 이에 따라 [(b)에서 알아본] 균형을 이루는 투자는 k의 주어진 수준에서 증가하게 되며 균형을 이루는 투자를 나타내는 선분도 역시 위쪽으로 이동한다. 그림 9-3은 이런 이동을 보여 주고 있다. 새로운 안정상태에서 효율적인 노동자 1인당 자본은 k_1에서 k_2로 감소하였으며 효율적인 노동자 1인당 생산량도 역시 감소하였다.

그림 9-3

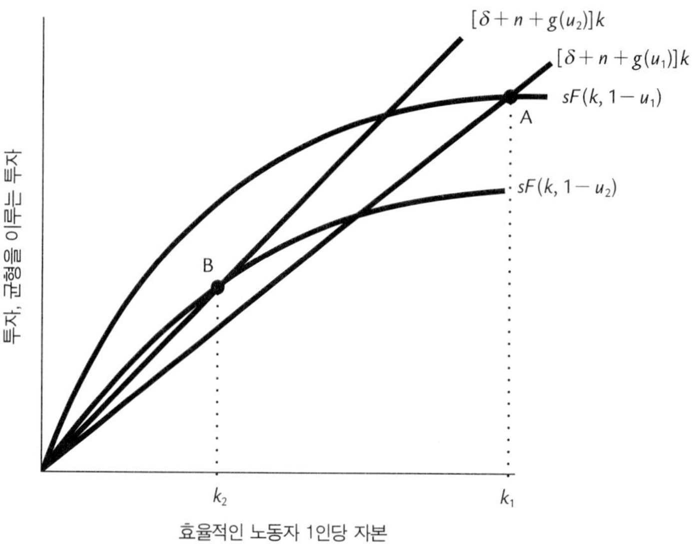

f. 단기적으로 u가 증가하면 분명히 소비가 감소한다. 요컨대 (e)에서 즉각적인 효과는 생산량을 감소시킨다고 하였다. 그 이유는 노동자들이 제조업 제품을 생산하는 데 더 적은 시간을 소비하고 지식의 양을 확장하는 연구중심대학에서 더 많은 시간을 소비하기 때문이다. 저축률이 주어진 경우 생산량이 감소한다는 의미는 소비가 감소한다는 것이다.

장기 안정상태효과는 더 미묘하다. (e)에서 효율적인 노동자 1인당 생산량이 안정상태에서 감소한다는 사실을 알게 되었다. 복지는 노동자 1인당 생산량(그리고 소비)에 의존하지만 효율적인 노동자 1인당 생산량에 의존하지는 않는다. 연구중심대학에서 사용되는 시간이 증가한다는 사실은 E가 더 빠르게 성장한다는 의미이다. 즉 노동자 1인당 생산량은 yE와 같다. 안정상태 y는 감소하지만 장기적으로 보면 E의 성장률이 더 빠르게 이루어지는 현상이 지배하게 된다. 즉 장기적으로 보면 소비가 분명히 증대된다.

그럼에도 불구하고 소비가 처음에 감소하기 때문에 u의 증가가 명백히 좋은 것만은 아니다. 즉 장래 세대보다는 현재 세대에 더 많은 관심을 갖고 있는 정책입안자라면 u를 증가시키는 정책을 시행하지 않을 수도 있다(이는 k가 황금률 수준에 못 미칠 경우 정책입안자가 효율적인 노동자 1인당 자본의 황금률 수준에 도달하려는 정책을 시행할지 여부에 관해 제8장에서 고려된 사항과 유사하다).

8. 1인당 소득 면에서 17배의 차이가 나는 미국(1999년 현재 31,900달러)과 파키스탄(1,860달러)을 비교해 보자. 어느 요인들이 가장 중요하다고 어떻게 결정을 내릴 수 있는가? 이 책에서 살펴본 것처럼 소득의 차이는 자본, 노동 및/또는 기술의 차이에서 비롯된다. 솔로우 성장 모형은 이런 요인들의 중요성에 관해 알아볼 수 있는 틀을 제공해 준다.

국가들 간의 한 가지 명백한 차이점은 교육 성과에서 찾아볼 수 있다. 교육 성과의 차이를 넓은 의미에서 '인적자본'의 차이를 반영하는 것으로 보거나 또는 기술 수준의 차이로 볼 수 있다. 여기서는 교육이 '기술'을 반영하는 것으로 간주할 것이며 이런 점에서 노동자 1인당 일정한 물적자본이 주어진 경우에도 노동자 1인당 생산량이 더 많을 수 있다.

세계은행의 웹사이트에서 다음과 같은 자료를 구하였다.

	노동력 성장 (1994~2000)	투자/GDP (1990, 퍼센트)	문맹률 (15세 이상 인구의 백분율)
미국	1.5	18	0
파키스탄	3.0	19	54

어느 요인이 가장 잘 설명할 수 있을까? 투자/GDP의 작은 차이가 1인당 소득의 큰 차이를 설명할 것처럼 보이지는 않으며 노동력 및 문맹률(보다 일반적으로 말해 기술)은 고려해 볼 만한 것처럼 보인다. 솔로우 성장 모형을 이용하면 이에 관해서 보다 구체적으로 분석할 수 있을 것이다.

이 책에 있는 '안정상태의 도달 : 숫자를 이용한 예'를 따라가 보자. 지금은 두 개의 국가가 다음과 같이 동일한 생산기술을 갖는다고 가정할 것이다. $Y = K^{0.5}L^{0.5}$(이를 이용해서 저축 및 인구성장의 차이가 1인당 소득의 차이를 설명할 수 있는지 알 수 있다. 그렇지 못하다면 기술의 차이를 고려해 볼 수 있다.) 노동자 1인당 생산함수 $f(k)$ 측면에서 이 식을 나타내면 다음과 같다.

$$y = k^{0.5}$$

노동자 1인당 자본의 안정상태 값 k^*는 노동자 1인당 자본이 일정한 k의 값, 즉 $\Delta k = 0$으로 정의된다. 따라서 안정상태에서 다음과 같다.

$$0 = sf(k) - (n + \delta)k$$

이를 달리 표현하면 다음과 같다.

$$\frac{k^*}{f(k^*)} = \frac{s}{n + \delta}$$

이 문제의 생산함수에 대해서는 다음과 같다.

$$\frac{k^*}{(k^*)^{0.5}} = \frac{s}{n + \delta}$$

이를 다시 정리하면 다음과 같다.

$$(k^*)^{0.5} = \frac{s}{n + \delta}$$

또는 다음과 같다.

$$k^* = \left(\frac{s}{n + \delta}\right)^2$$

노동자 1인당 안정상태 자본에 대한 위의 식을 노동자 1인당 생산함수에 대입하면 다음과 같다.

$$y^* = \left(\frac{s}{n + \delta}\right)$$

미국 및 파키스탄이 안정상태에 있고 동일한 감가상각률, 예를 들면 5퍼센트를 갖는다고 가정할 경우 양국에서의 1인당 소득비율은 다음과 같다.

$$\frac{y_{미국}}{y_{파키스탄}} = \left[\frac{s_{미국}}{s_{파키스탄}}\right]\left[\frac{n_{파키스탄} + 0.05}{n_{미국} + 0.05}\right]$$

위의 식에 따르면 예를 들어 미국 저축률이 파키스탄 저축률의 두 배인 경우 노동자 1인당 미국의 소득은 (다른 것들이 동일하다면) 파키스탄 수준의 두 배가 된다. 미국이 노동자 1인당 17배 더 높은 소득을 갖고 있지만 GDP에 대한 투자수준이 매우 유사하다면 분명히 투자 변수는 비교하는 데 주요한 요인이 아니다. 인구성장, 즉 노동력 성장조차도 노동자 1인당 생산량 수준의 차이(0.08/0.065), 즉 1.2에 해당하는 요인을 설명할 수 있을 뿐이다.

나머지 요인으로는 기술이 있다. 파키스탄의 높은 문맹률 수준이 이런 결론과 일치한다.

추가문제와 응용

1. a. 총생산량(Y)의 성장은 노동(L), 자본(K), 총요소 생산성(A)의 성장률에 의존하며 이를 식으로 나타내면 다음과 같다.

$$\Delta Y/Y = \alpha \Delta K/K + (1-\alpha)\Delta L/L + \Delta A/A$$

여기서 α는 생산량 중 자본의 몫이다. $\Delta K/K = \Delta A/A = 0$이라 놓고 노동이 5퍼센트 증가할 경우 생산량에 미치는 영향을 살펴볼 수 있다. $\alpha = 2/3$이므로 다음과 같다.

$$\begin{aligned}\Delta Y/Y &= (1/3)(5\%)\\ &= 1.67\%\end{aligned}$$

생산요소인 노동이 5퍼센트 증가할 경우 생산량은 1.67퍼센트 증가한다.

노동생산성은 Y/L이며 노동생산성의 성장률을 다음과 같이 나타낼 수 있다.

$$\frac{\Delta Y}{Y} = \frac{\Delta(Y/L)}{Y/L} + \frac{\Delta L}{L}$$

생산량의 성장과 노동의 성장을 대체시키면 다음과 같다.

$$\begin{aligned}\Delta(Y/L)/(Y/L) &= 1.67\% - 5.0\%\\ &= -3.33\%\end{aligned}$$

노동생산성은 3.33퍼센트 감소한다.

총요소 생산성의 변화를 알아보기 위해 다음 식을 사용해 보자.

$$\Delta A/A = \Delta Y/Y - \alpha \Delta K/K - (1-\alpha)\Delta L/L$$

이 문제에서는 다음과 같다.

$$\begin{aligned}\Delta A/A &= 1.67\% - 0 - (1/3)(5\%)\\ &= 0\end{aligned}$$

총요소 생산성은 측정할 수 있는 성장의 결정요인을 모두 설명하고 남은 생산량 성장의 크기이다. 이 문제에서는 기술변화가 없기 때문에 모든 생산량의 성장은 측정된 생산요소의 성장에서 비롯된다. 즉 총요소 생산성 성장은 기대한 것처럼 0이 된다.

b. 첫 번째 해와 두 번째 해 사이에 자본량은 1/6, 노동은 1/3, 생산량은 1/6만큼 증가하였다. 총요소 생산성의 성장은 다음과 같이 나타낼 수 있다.

$$\Delta A/A = \Delta Y/Y - \alpha \Delta K/K - (1-\alpha)\Delta L/L$$

위의 숫자를 대입시키고 $\alpha = 2/3$라고 놓으면 다음과 같다.

$$\begin{aligned}\Delta A/A &= (1/6) - (2/3)(1/6) - (1/3)(1/3) \\ &= 3/18 - 2/18 - 2/18 \\ &= -1/18 \\ &= -0.056\end{aligned}$$

총요소 생산성은 1/18만큼 또는 약 5.6퍼센트 감소하였다.

2. 정의에 따라 생산량 Y는 노동생산성 Y/L에 노동인구 L을 곱한 것과 같으며 이를 식으로 나타내면 다음과 같다.

$$Y = (Y/L)L$$

요령에 있는 수학적 기법을 이용하면 이를 다음과 같이 나타낼 수 있다.

$$\frac{\Delta Y}{Y} = \frac{\Delta(Y/L)}{Y/L} + \frac{\Delta L}{L}$$

이를 재정리하면 다음과 같다.

$$\frac{\Delta(Y/L)}{Y/L} = \frac{\Delta Y}{Y} - \frac{\Delta L}{L}$$

$\Delta Y/Y$ 대신에 교과서의 관계로 대체시키면 다음과 같다.

$$\begin{aligned}\frac{\Delta(Y/L)}{Y/L} &= \frac{\Delta A}{A} + \frac{\alpha \Delta K}{K} + (1-\alpha)\frac{\Delta L}{L} - \frac{\Delta L}{L} \\ &= \frac{\Delta A}{A} + \frac{\alpha \Delta K}{K} - \frac{\alpha \Delta L}{L} \\ &= \frac{\Delta A}{A} + \alpha\left[\frac{\Delta K}{K} - \frac{\Delta L}{L}\right]\end{aligned}$$

위에서와 같은 기법을 사용하면 괄호 안에 있는 항을 다음과 같이 나타낼 수 있다.

$$\Delta K/K - \Delta L/L = \Delta(K/L)/(K/L)$$

노동생산성 성장에 관한 식에 이를 대입하면 다음과 같다.

$$\frac{\Delta(Y/L)}{Y/L} = \frac{\Delta A}{A} - \frac{\alpha \Delta(K/L)}{K/L}$$

3. 문제를 통해 다음과 같은 사실을 알고 있다.

$$\begin{aligned} \Delta Y/Y &= n+g=3.6\% \\ \Delta K/K &= n+g=3.6\% \\ \Delta L/L &= n=1.8\% \\ \text{자본의 몫} &= \alpha=1/3 \\ \text{노동의 몫} &= 1-\alpha=2/3 \end{aligned}$$

다음 식에 기초하여 위의 사실을 이용하면 각 요소의 공헌과 총요소 생산성의 증가를 쉽게 구할 수 있다.

$$\begin{array}{ccccccc} \text{생산량의 증대} & = & \text{자본의 공헌} & + & \text{노동의 공헌} & + & \text{총요소 생산성의 증가} \\ \Delta Y/Y & = & \alpha\Delta K/K & + & (1-\alpha)\Delta L/L & + & \Delta A/A \\ 3.6\% & = & (1/3)(3.6\%) & + & (2/3)(1.8\%) & + & \Delta A/A \end{array}$$

$\Delta A/A$에 대해 풀면 다음과 같다.

$$3.6\% = 1.2\% + 1.2\% + 1.2\%$$

자본의 공헌은 연간 1.2%이고 노동의 공헌은 연간 1.2%이며 총요소 생산성의 증가는 연간 1.2%이다. 교과서 표 9-2에 있는 미국의 경우와 동일하다.

10

경제변동 입문

복습용 질문

1. 후퇴기 동안 GDP가 감소할 경우 실질소비 및 투자지출 둘 다 감소하고 실업은 급격히 증가한다.

2. 잡지 가격은 단기적으로 비신축적이며 장기적으로 신축적인 가격의 한 예가 된다. 경제학자들은 잡지 가격이 단기적으로 비신축적인 이유에 대해 명백한 대답을 제시하지 못하고 있으며, 다만 소비자들은 자신들이 구입하는 잡지 가격이 매월 변할 경우 불편함을 느낄 것이라고 생각할 뿐이다.

3. 총수요는 수요되는 생산량과 총물가수준 사이의 관계를 나타낸다. 총수요곡선의 기울기가 하향하는 이유를 이해하기 위해서 총수요이론을 알아볼 필요가 있다. 총수요에 관한 간단한 이론은 화폐수량이론에 기초한다. 실질화폐잔고의 공급 및 수요 측면에서 수량방정식을 나타내면 다음과 같다.

$$M/P = (M/P)^d = kY$$

여기서 $k = 1/V$이 된다. 위의 식에 따르면 일정한 화폐공급 M에 대해 유통속도 V가 일정하다고 가정하면 물가수준 P와 생산량 Y 사이에 음의 관계가 있음을 알 수 있다. 즉 물가수준이 높을수록 실질잔고 수준이 낮아지므로 수요되는 재화 및 용역의 양 Y도 감소한다. 다시 말해 그림 10-1에서 보는 것처럼 총수

그림 10-1

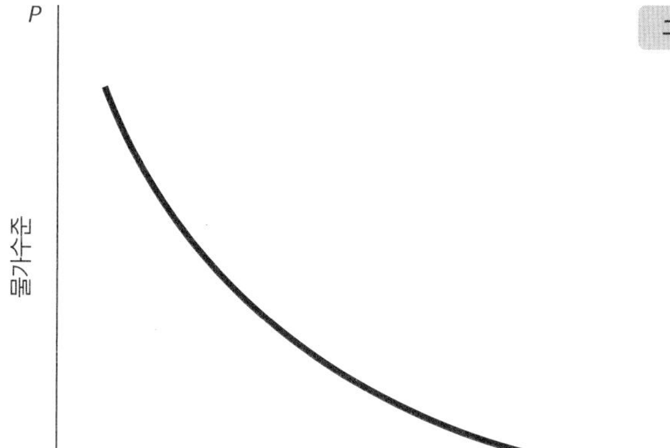

요곡선의 기울기가 하향한다.

물가수준과 생산량 사이에 존재하는 음의 관계를 이해하는 한 방법은 화폐와 거래의 관계를 연계시키는 것이다. V가 일정하다고 가정할 경우 화폐공급이 모든 거래의 화폐가치를 결정하며 이는 다음과 같다.

$$MV = PY$$

물가수준이 증가한다는 것은 각 거래를 할 때마다 더 많은 화폐가 필요하다는 의미이다. 위의 항등식에서 유통속도가 일정한 경우 거래량이 감소하며 이로 인해 구매되는 재화 및 용역의 양 Y가 감소한다.

4. 중앙은행이 통화공급을 증가시킬 경우 그림 10-2에서 보는 것처럼 총수요곡선이 바깥쪽으로 이동한다. 단기적으로 물가가 비신축적이므로 해당 경제는 단기 총공급곡선을 따라 점 A에서 점 B로 이동한다. 따라서 생산량이 자연율 수준 $\bar{Y}$ 이상으로 증가한다. 즉 경제가 확장된다. 하지만 수요가 증가하면 궁극적으로 임금과 물가가 인상된다. 물가가 점진적으로 인상됨에 따라 경제는 새로운 총수요곡선 AD_2를 따라 이동하여 점 C에 도달한다. 새로운 장기 균형상태에서 생산량은 자연율 수준에 있게 되었지만 물가는 최초의 균형상태인 점 A보다 높다.

그림 10-2

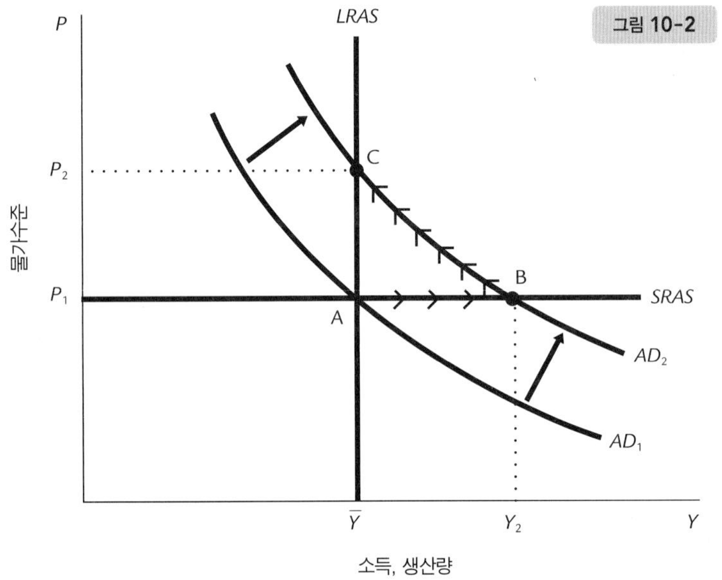

5. 중앙은행은 통화공급을 통제하여 생산량에 대한 수요충격의 영향을 낮추거나 제거할 수 있으므로 공급충격보다 수요충격을 처리하기가 더 용이하다. 하지만 공급충격이 발생하는 경우 중앙은행이 총수요를 조절하여 완전고용과 안정적인 물가수준을 모두 유지할 수 있는 방법은 없다.

이것이 사실인지 알아보기 위하여 각 경우에 중앙은행이 이용할 수 있는 정책적인 선택을 생각해 보자. (예를 들면 통화수요를 낮추는 현금자동지급기가 도입된 경우처럼) 수요충격이 발생하면 그림 10-3에서 보는 것처럼 총수요곡선이 바깥쪽으로 이동한다. 단기적으로 생산량은 Y_2로 증가한다. 장기적으로 생산량은 자연율 수준으로 돌아오지만 물가수준은 더 높아진 P_2가 된다. 하지만 중앙은행은 통화공급을 감소시킴으로써 유통속도의 이런 증가를 상쇄할 수 있다. 이로 인해 총수요곡선은 최초의 위치인 AD_1으로 돌아간다.

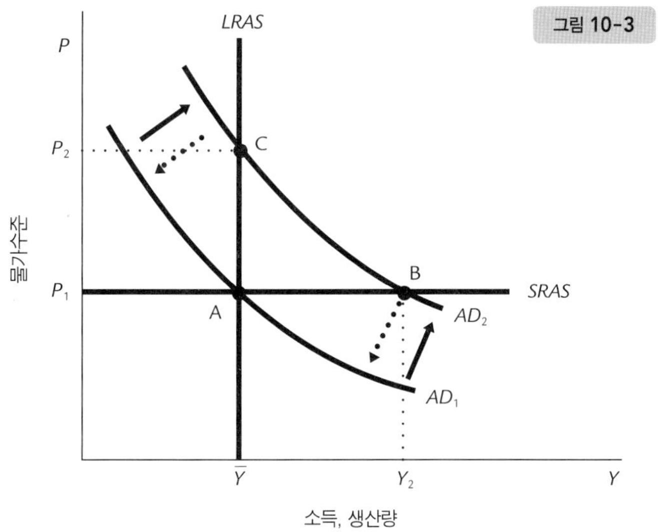

중앙은행이 통화공급을 통제할 수 있는 한도까지 수요충격이 생산량에 미치는 영향을 낮추거나 제거할 수도 있다.

(예를 들면 흉작이나 노동조합의 공격성 증대처럼) 불리한 공급충격이 경제에 어떤 영향을 미치는지 생각해 보자. 그림 10-4에서 보는 것처럼 단기 총공급곡선은 위쪽으로 이동하며 경제는 점 A에서 점 B로 이동한다.

생산량이 자연율 아래로 감소하여 물가는 상승한다. 중앙은행은 두 가지 선택을 할 수 있다. 첫 번째 선택은 총수요를 일정하게 유지하는 것이며 이 경우 생산량이 자연율 아래로 감소한다. 궁극적으로 물가가 하락하고 완전고용이 회복되지만 이에 따른 비용은 고통스러운 불경기를 겪어야 한다는 점이다. 두 번

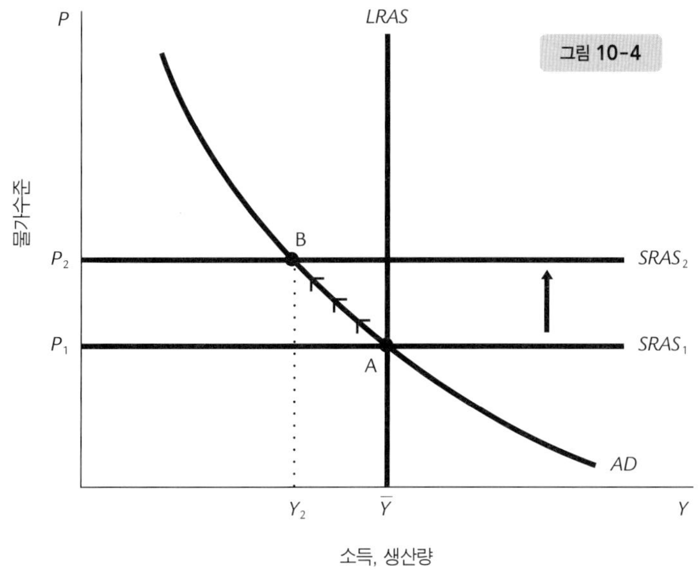

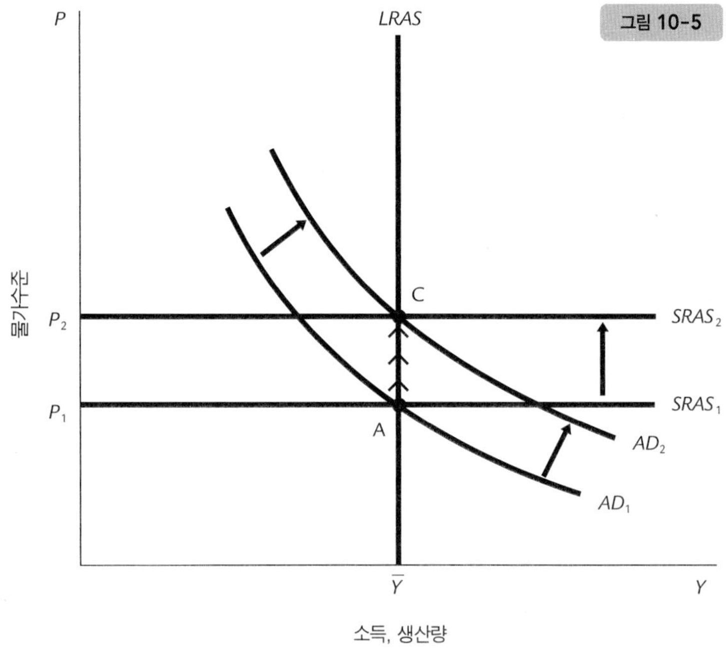

째 선택은 통화공급을 증가시켜 총수요를 증대시키는 것이며 이 경우 그림 10-5에서 보는 것처럼 경제는 생산량의 자연율 수준으로 돌아가게 된다.

이런 정책의 경우 새로운 균형점인 C에서 상승된 물가수준이 영원히 유지된다. 따라서 공급충격의 경우 총수요를 조절하여 완전고용과 안정적인 물가수준을 모두 유지할 수 있는 방법이 없다.

문제와 응용

1. a. 이자를 지불하는 당좌예금으로 인해 화폐를 보유하는 것이 더 관심을 끌게 되었다. 이로 인해 통화수요가 증가한다.

   b. 통화수요가 증가할 경우 이는 화폐의 유통속도 감소와 같은 효과를 갖는다. 다음과 같은 수량방정식을 생각해 보자.

$$M/P = kY$$

   여기서 $k = 1/V$이다. 위의 식이 준수되기 위해서는 일정하게 주어진 생산량에 대해 실질화폐 잔고가 증가할 경우 k도 증가해야 한다. 즉 유통속도가 감소해야 한다. 당좌예금에 이자가 지불되어 사람들은 화폐를 보유하려 하기 때문에 통화가 덜 빈번하게 유통된다.

   c. 중앙은행이 통화공급을 일정하게 유지하는 경우 유통속도가 감소하면 그림 10-6에서 보는 것처럼 총수요곡선을 아래쪽으로 이동시킨다. 물가가 비신축적인 단기에서 해당 경제는 최초균형인 점 A에서 단기균형인 점 B로 이동한다. 총수요가 감소하면 해당 경제의 생산량이 자연율 수준 아래로 감소한다.

   시간이 흐름에 따라 총수요가 낮아지면 물가와 임금이 하락한다. 물가가 하락함에 따라 생산량이 점차적으로 증가하여 생산량의 자연율 수준인 점 C에 도달한다.

그림 10-6

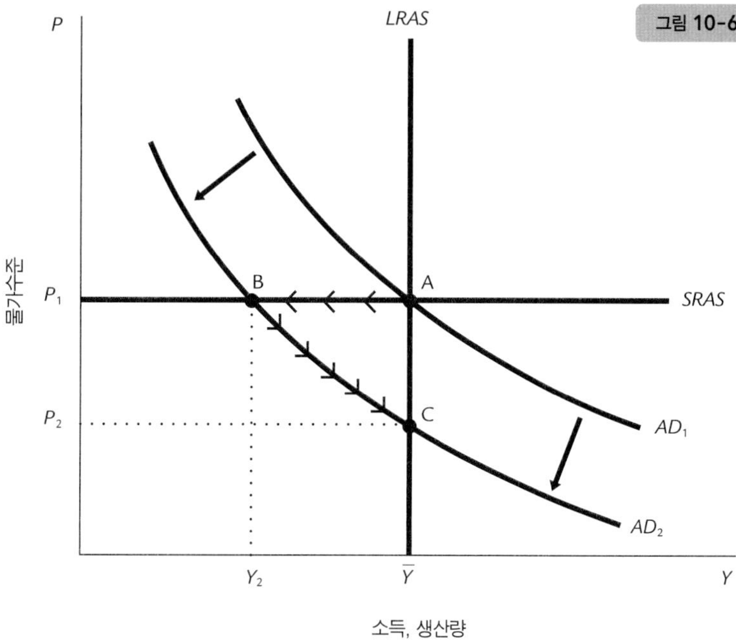

d. 화폐유통속도가 감소하면 총수요곡선이 아래쪽으로 이동한다. 중앙은행은 이런 감소를 상쇄하기 위해서 통화공급을 증가시키며 이로 인해 그림 10-7에서 보는 것처럼 경제는 원래의 균형점인 A로 되돌아간다.

중앙은행이 화폐유통속도의 변화를 정확하게 측정할 수 있는 한도까지 수요충격이 생산량에 미치는 영향을 낮추거나 제거할 수 있다. 특히 규정변화로 인해 통화수요가 예측할 수 있는 방법으로 변하는 경우 경제적 혼란을 방지하기 위해서 중앙은행은 통화공급을 통해 이런 변화에 대응해야 한다.

그림 10-7

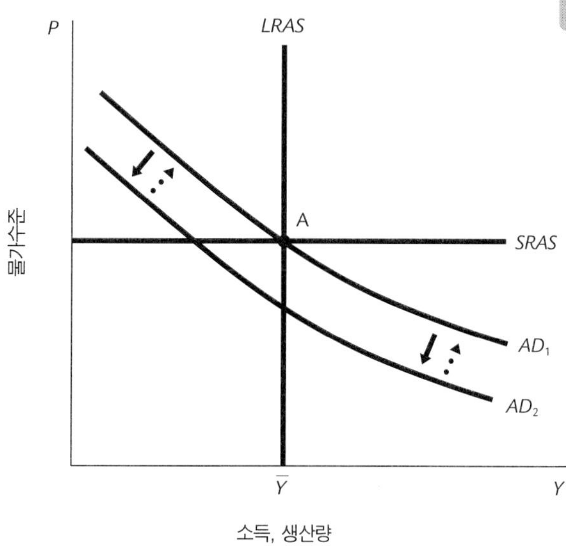

e. 화폐유통속도가 감소하면 총수요곡선이 왼쪽으로 하향 이동한다. 단기적으로 물가수준은 동일하지만 생산량은 자연율 수준 아래로 하락한다. 중앙은행이 생산량을 안정화시키고 이를 자연율 수준으로 회복하고자 한다면 통화공급을 증대시켜야 한다. 이 경우 통화공급이 증가하면 생산량과 물가수준 둘 다 안정되며 이 대답은 (d)의 대답과 동일하다.

2. a. 중앙은행이 통화공급을 감소시킬 경우 총수요곡선이 그림 10-8에서 보는 것처럼 아래쪽으로 이동한다. 이런 논리는 (유통속도 V가 일정하다고 가정할 경우) 통화 M이 감소하면 명목생산량 PY가 이에 비례하여 감소한다는 수량방정식 $MV = PY$에 기초하고 있다. 일정하게 주어진 물가수준 P에 대해 생산량 Y가 낮아지며 일정하게 주어진 Y에 대해 P가 낮아진다.

그림 10-8

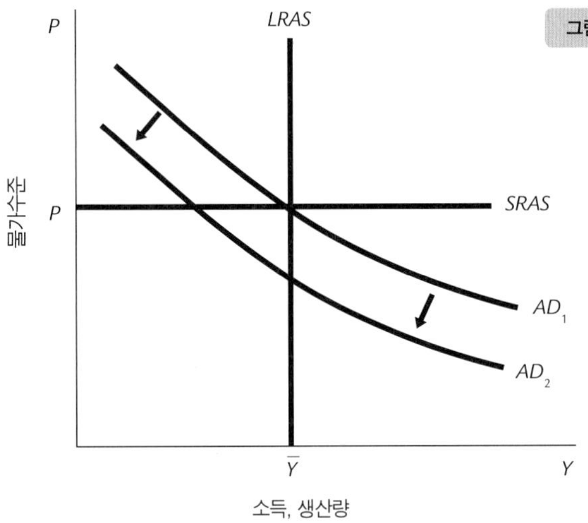

b. 단기적으로 물가수준은 고정되며 총공급곡선은 평평하다고 가정한다. 그림 10-9에서 보는 것처럼 단기적으로 총수요곡선이 왼쪽으로 이동할 경우 점 A에서 점 B로 이동하여 생산량은 감소하지만 물가수준은 불변한다. 장기적으로는 물가수준이 신축적이다. 물가가 하락함에 따라 경제는 점 C에서 완전고용이 회복된다.

M의 백분율(%) 변화 + V의 백분율(%) 변화 = P의 백분율(%) 변화 + Y의 백분율(%) 변화

유통속도가 일정하다고 가정할 경우 V의 백분율(%) 변화 = 0이 되므로 다음과 같아진다.

M의 백분율(%) 변화 = P의 백분율(%) 변화 + Y의 백분율(%) 변화

단기적으로 물가수준이 비신축적이므로 P의 백분율(%) 변화 = 0이 되며 다음과 같다.

M의 백분율(%) 변화 = Y의 백분율(%) 변화

위의 식에 기초할 경우 단기적으로 통화공급이 5퍼센트 감소하면 생산량이 5퍼센트 감소하게 된다. 이를 도표로 나타내면 그림 10-9와 같다.

그림 10-9

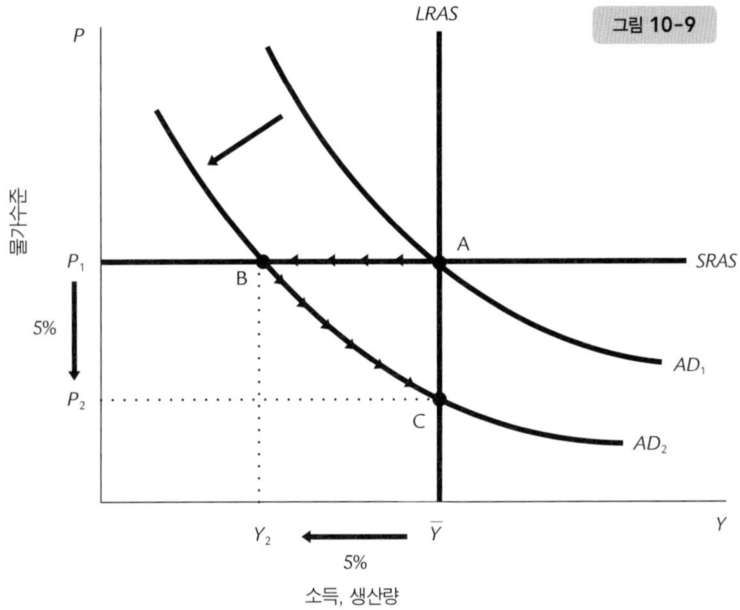

장기적으로 물가수준이 신축적이므로 경제는 생산량의 자연율로 돌아온다. 이는 장기적으로 Y의 백분율(%) 변화 = 0이라는 의미이며 다음과 같아진다.

$$M\text{의 백분율(\%) 변화} = P\text{의 백분율(\%) 변화}$$

위의 식에 기초하면 장기적으로 통화공급이 5퍼센트 감소할 경우 그림 10-9에서 보는 것처럼 물가수준이 5퍼센트 감소한다.

c. 오쿤의 법칙은 실업과 실질 GDP 사이에 음의 관계가 있다고 한다. 오쿤의 법칙을 식으로 나타내면 다음과 같다.

$$\text{실질 GDP의 백분율(\%) 변화} = 3\% - 2 \times [\text{실업률의 변화}]$$

단기적으로, 생산량이 감소하면 실업이 증가한다. (b)에서 단기적으로 생산량이 5퍼센트 감소한다는 사실을 알았다. 오쿤의 법칙을 활용하여 실업률의 변화를 계산하면 다음과 같다.

$$-5\% = 3\% - 2[\text{실업률의 변화}]$$

$$[\text{실업률의 변화}] = 4\%$$

따라서, 단기적으로 생산량이 5% 감소하면 실업률은 4% 증가한다. 하지만, 장기적으로는 생산량과 실업이 자연율 수준으로 돌아오기 때문에 실업률은 장기적으로 변화하지 않는다.

d. 국민소득계정 항등식에 따르면 저축 $S = Y - C - G$가 된다. 따라서 Y가 감소할 경우 S가 감소한다. 이로 인해 그림 10-10에서 보는 것처럼 실질이자율이 상승한다. Y가 최초의 균형수준으로 돌아오면 실질이자율도 돌아가게 된다.

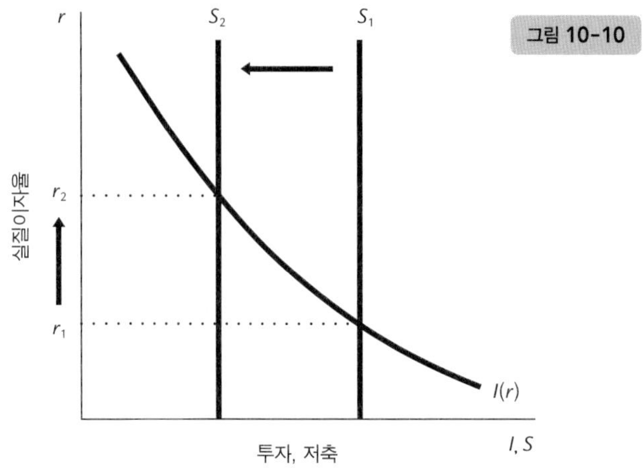

3. a. 화폐유통속도가 외생적으로 감소할 경우 그림 10-11에서 보는 것처럼 총수요곡선이 아래쪽으로 이동한다. 단기적으로 물가가 고정되므로 생산량이 감소한다.

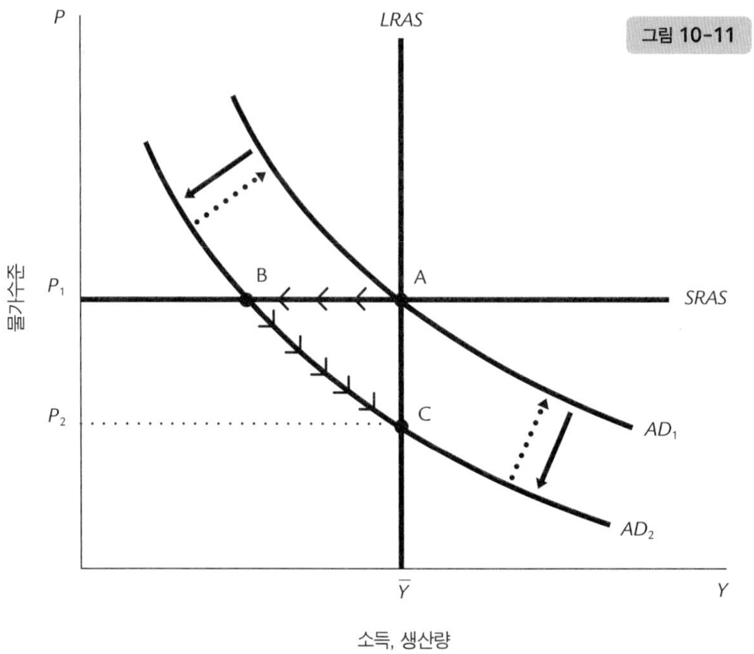

시나리오 B에서 중앙은행이 생산량 및 고용을 자연율 수준으로 유지하려 할 경우 총수요를 증가시켜 유통속도의 감소를 상쇄해야 한다. 중앙은행은 통화공급을 증가시켜 총수요곡선을 위로 이동시킬 수 있으므로 원래의 균형점인 점 A로 경제를 회복시킬 수 있다. 물가수준과 생산량 모두 일정하게 유지된다.

시나리오 A에서 중앙은행이 물가수준을 일정하게 유지하는 데 관심을 갖고 있는 경우 그림 10-11에서 물가수준이 낮아진 점 C로 경제가 장기적인 조정을 거치지 않도록 하고자 할 것이다. 따라서 중앙은행은 통화공급을 증대시켜 총수요곡선을 위쪽으로 이동시킴으로써 원래의 균형인 점 A로 다시 돌아갈 수 있다.

이처럼 중앙은행은 시나리오 A 및 B 둘 다에서 수요충격에 대응하여 동일한 정책을 선택하게 된다.

b. 유가가 외생적으로 상승하는 경우 그림 10-12에서 보는 것처럼 단기 총공급곡선이 위쪽으로 이동하는 불리한 공급충격이 발생한 것이다.

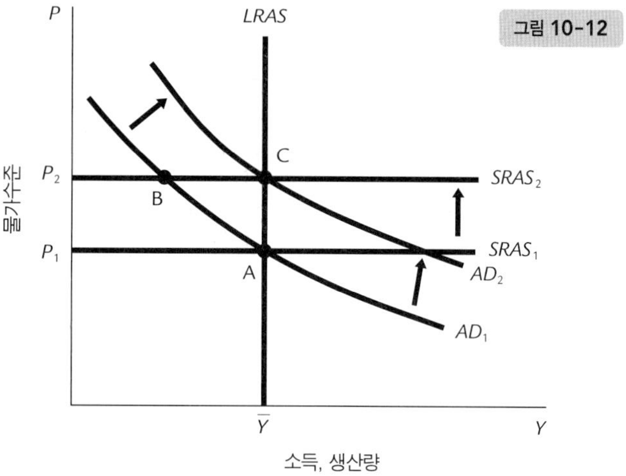

시나리오 B에서 중앙은행이 생산량 및 고용을 자연율 수준에 유지하는 데 관심을 갖는 경우 통화공급을 증대하여 총수요를 증가시켜야 한다. 이런 정책 대응을 하게 되면 그림 10-12에서 AD_1이 AD_2로 이동하는 것처럼 총수요곡선이 위쪽으로 이동한다. 이 경우 경제는 즉각적으로 새로운 균형인 점 C에 도달한다. 점 C에서 물가수준은 영원히 상승하게 되지만 불리한 공급충격으로 인해 생산량의 손실이 발생하지 않는다.

시나리오 A에서 중앙은행이 물가수준을 일정하게 유지하는 데 관심을 갖는 경우 시행할 수 있는 정책적인 대응이 존재하지 않는다. 단기적으로 물가수준은 상승한 수준인 P_2를 유지하게 된다. 중앙은행이 총수요를 증대시킬 경우 경제는 영원히 상승된 물가수준을 경험하게 된다. 그러므로 중앙은행은 총수요를 일정하게 유지한 채 기다리는 수밖에 없다. 최종적으로 물가가 하락하여 이전 물가수준인 P_1에서 완전고용을 회복하게 된다. 하지만 이런 과정에서 장기간의 경기후퇴라는 비용을 지불해야 한다.

두 가지 시나리오하에서 중앙은행은 공급충격에 대응하여 상이한 정책을 선택하게 된다.

4. 미국 국립경제연구소의 웹페이지(www.nber.org)를 방문하고 경기순환일자(http://www.nber.org/cycles.html)로 연결해 보자. 최근의 미국 경제 경기전환점은 2009년 6월로 침체기에서 회복기로 전환되었다.

지난 30년 동안의 경기침체(수축)는 2007년 12월부터 2009년 6월, 2001년 3월부터 2001년 11월, 1990년 7월부터 1991년 3월, 1981년 7월부터 1982년 11월, 1980년 1월부터 1980년 7월, 1973년 11월부터 1975년 3월까지의 기간을 포함한다.

11

총수요 Ⅰ : *IS* - *LM* 모형의 도출

복습용 질문

1. 균형 국민소득결정 모형에 따르면 재정정책은 소득에 승수효과를 갖게 된다. 그 이유는 소비함수에 따르면 소득이 증가함에 따라 소비도 증가하기 때문이다. 예를 들어 정부구매가 ΔG만큼 증가하면 지출이 증가하여 소득이 ΔG만큼 증가한다. 소득의 이런 증가로 인해 소비가 $MPC \times \Delta G$만큼 증가하며 여기서 MPC는 한계소비성향이다. 소비가 이만큼 증가하면 지출과 소득은 더욱 증가하게 된다. 소비로부터 소득으로 이루어지는 이런 환류효과는 영원히 지속된다. 그러므로 균형 국민소득결정 모형에서 정부지출이 1달러 증가할 경우 소득은 1달러보다 더 많이 증가한다. 즉 $1/(1-MPC)$만큼 증가한다.

2. 유동성 선호이론은 실질화폐잔고의 공급 및 수요가 이자율을 어떻게 결정하는지 보여 준다. 이 이론의 단순한 형태는 통화공급이 고정되어 있으며 이는 중앙은행에 의해 결정된다고 가정한다. 이 경우 물가수준 P도 역시 고정되어 있으므로 실질잔고 공급이 고정된다. 실질화폐잔고에 대한 수요는 이자율에 의존하며 이는 화폐를 보유하는 기회비용이다. 이자율이 높아지면 기회비용도 높아져서 사람들은 더 적은 화폐를 보유하게 된다. 화폐를 보유함으로써 이자를 지급하는 예금에 대한 이자를 받지 못하게 된다. 이와는 대조적으로 이자율이 낮은 경우 기회비용이 낮아져서 사람들은 더 많은 화폐를 보유하게 된다. 그림 11-1은

그림 11-1

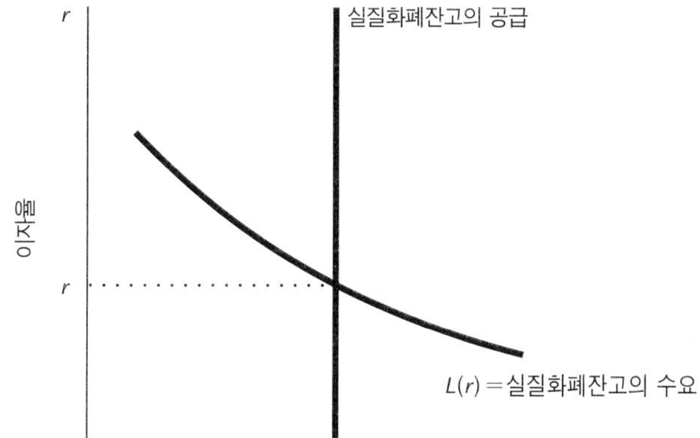

실질화폐잔고에 대해 공급 및 수요를 그림으로 나타낸 것이다. 유동성 선호이론에 기초할 경우 이자율이 조절되어 실질화폐잔고에 대한 공급과 수요를 균형시킨다.

통화공급이 증가할 경우 이자율이 낮아지는 이유는 무엇인가? 중앙은행이 통화공급을 M_1에서 M_2로 증가시킬 경우 어떤 일이 발생하는지 생각해 보자. 물가수준 P는 고정돼 있으므로 통화공급이 증가할 경우 실질화폐잔고 공급 M/P은 그림 11-2에서 보는 것처럼 오른쪽으로 이동한다.

그림 11-2

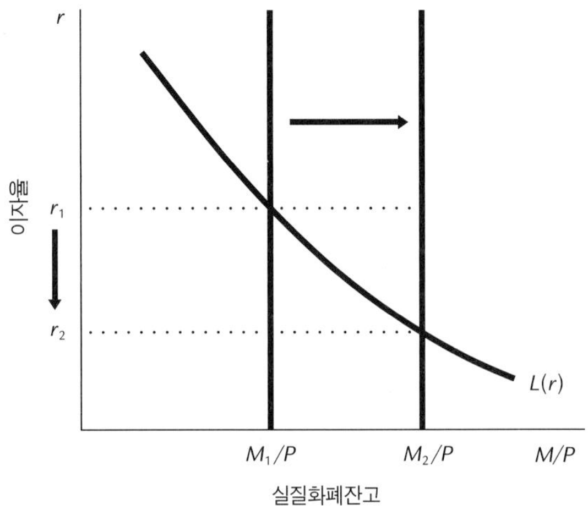

이자율이 조절되어 공급과 수요를 균형시켜야 한다. 이전의 이자율 r_1에서 공급이 수요를 초과한다. 초과공급된 통화를 보유하고 있는 사람들은 이 중 일부를 이자를 지불하는 은행예금이나 채권으로 전환하고자 한다. 더 낮은 이자율을 지급하고자 하는 은행과 채권발행자들은 이자율을 낮춤으로써 통화의 초과공급에 대응하고자 한다. 이자율이 하락하여 r_2에서 새로운 균형이 달성된다.

3. *IS* 곡선은 재화 및 용역시장이 균형인 경우에 이자율과 소득수준 사이의 관계를 요약한 것이다. 투자는 이자율과 음의 관계에 있다. 그림 11-3에서 살펴보는 것처럼 이자율이 r_1에서 r_2로 상승할 경우 계획된

그림 11-3

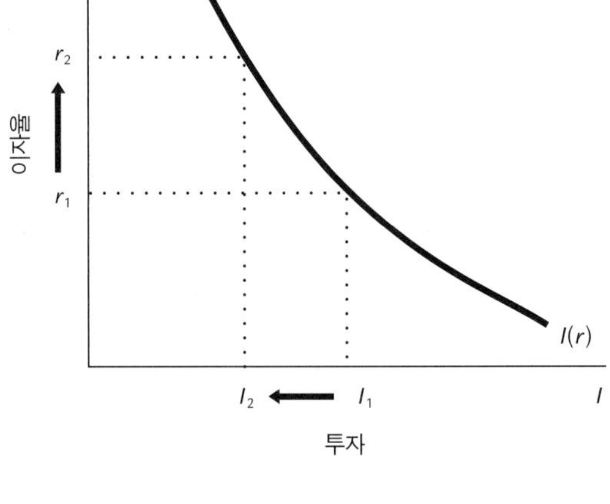

투자수준은 I_1에서 I_2로 감소한다.

균형 국민소득결정 모형에 따르면 계획된 투자가 감소할 경우 그림 11-4(A)에서 보는 것처럼 지출함수가 아래로 이동하여 국민소득이 감소한다.

그림 11-4

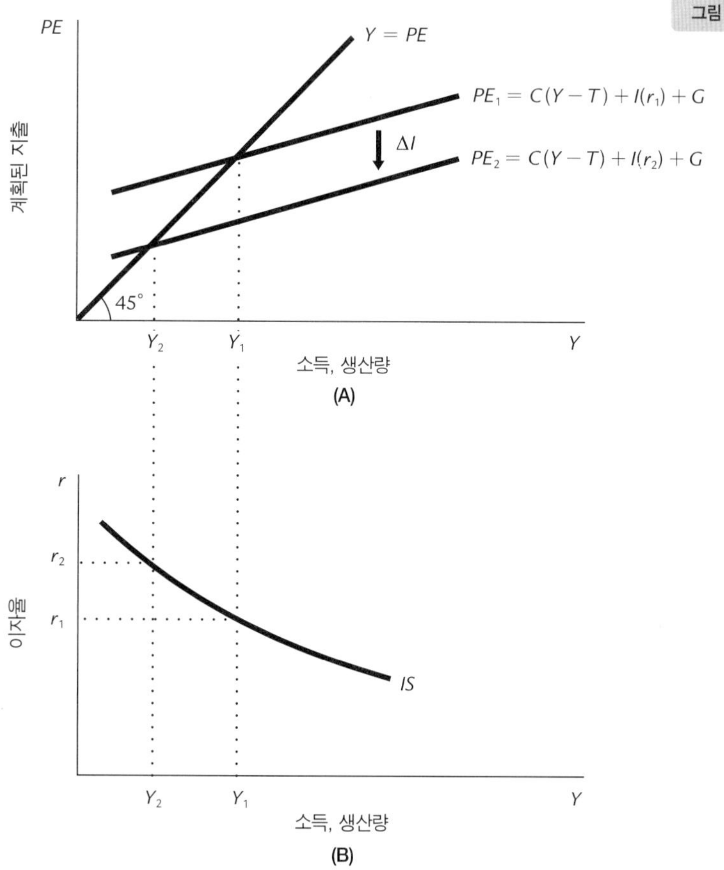

따라서 그림 11-4(B)에서 보는 것처럼 이자율이 높아지면 국민소득 수준이 낮아져서 *IS*곡선의 기울기는 하향한다.

4. *LM*곡선은 실질화폐잔고 시장이 균형인 경우에 소득수준과 이자율의 관계를 요약한 것이다. 이 곡선은 일정하게 주어진 소득수준에 대해 화폐시장을 균형시키는 이자율을 알려 준다. 유동성 선호이론에 기초하여 *LM*곡선의 기울기가 상향하는 이유를 설명할 수 있다. 이 이론은 실질화폐잔고에 대한 수요 $L(r, Y)$가 (이자율은 화폐 보유에 따른 기회비용이므로) 이자율과 음의 관계에 있고 소득수준과는 양의 관계에 있다고 가정한다. 물가수준은 단기적으로 고정되어 있으므로 중앙은행은 실질화폐잔고 M/P의 공급을 일정하게 유지할 수 있다. 그림 11-5(A)에서 살펴보는 것처럼 이자율은 일정하게 주어진 소득수준에 대해 실질화폐잔고의 공급과 수요를 균형되게 한다.

   이제는 소득수준이 Y_1에서 Y_2로 증가하는 경우 이자율에 어떤 영향을 미치는지 생각해 보자. 소득이 증가함에 따라 화폐수요곡선은 위쪽으로 이동한다. 이전의 이자율 r_1에서 실질화폐잔고에 대한 수요가 공급

그림 11-5

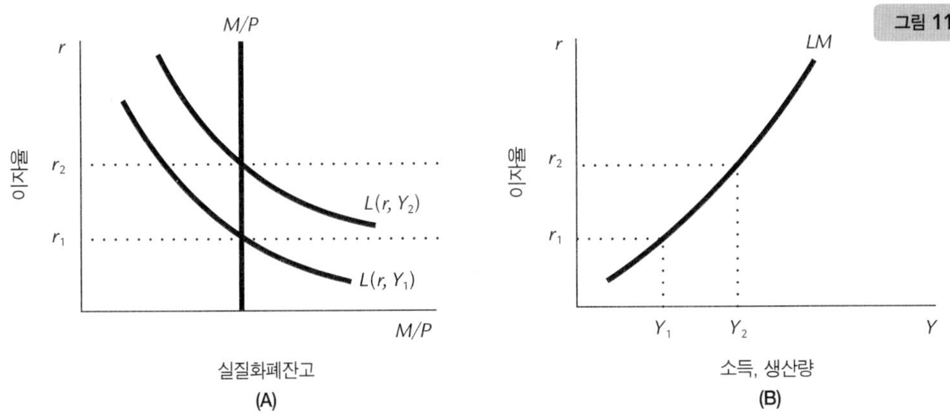

을 초과한다. 공급과 수요를 균형시키기 위해서 이자율이 상승해야만 한다. 따라서 그림 11-5(B)에서 살펴본 것처럼 소득수준이 높아지면 이자율이 인상되므로 *LM* 곡선의 기울기는 상향한다.

문제와 응용

1. a. 균형 국민소득결정 모형은 그림 11-6에서 보는 것처럼 한 경제의 계획된 지출함수 $PE = C(Y - T) + I + G$와 실제 지출과 계획된 지출이 균형을 이루는 조건 $Y = PE$를 그래프로 나타낸 것이다. 정부구매가 G_1에서 G_2로 증가할 경우 계획된 지출함수는 위쪽으로 이동한다. 새로운 균형은 점 B에서 이루어진다. Y의 변화는 정부구매 승수와 정부 지출의 변화를 곱한 것과 같다. 즉 $\Delta Y = [1/(1 - MPC)]\Delta G$이다. 한계소비성향 MPC가 1보다 작다는 사실을 알고 있으므로 이 식에 따르면 G가 1달러 증가할 경우 Y는 1달러 이상 증가하게 된다.

그림 11-6

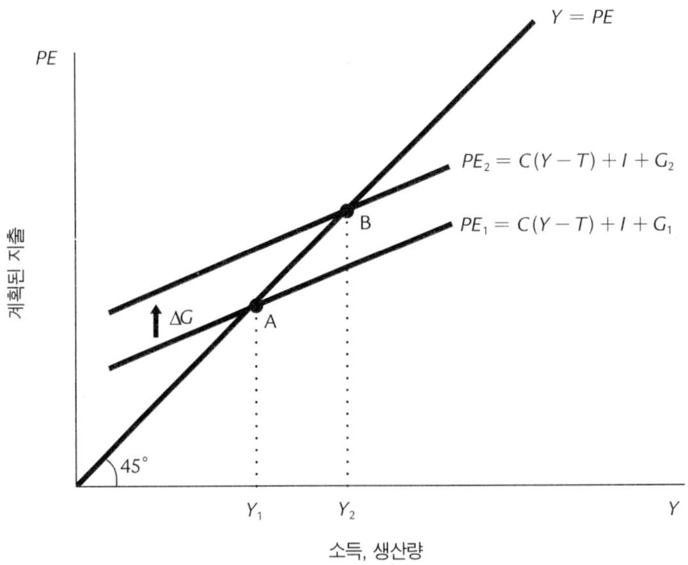

b. 조세증가 ΔT가 이루어지면 가처분소득 $Y-T$는 ΔT만큼 감소하므로 소비가 $MPC \times \Delta T$만큼 감소한다. 일정하게 주어진 소득수준 Y에 대해 계획된 지출이 감소한다. 균형 국민소득결정 모형에서 조세가 증가하면 그림 11-7에서 보는 것처럼 $MPC \times \Delta T$만큼 계획된 지출함수가 아래로 이동한다.

그림 11-7

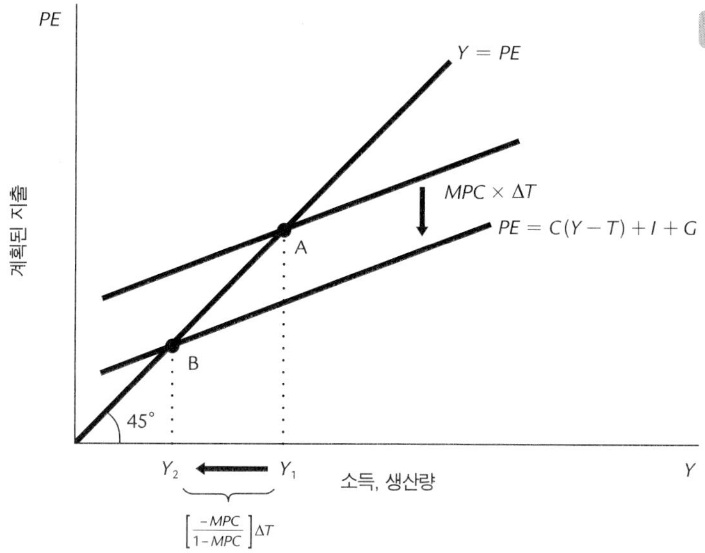

Y가 감소한 크기는 조세승수에 조세증가를 곱한 것과 같다.

$$\Delta Y = [-MPC/(1-MPC)]\Delta T$$

c. (a)와 (b)에서 사용한 두 가지 승수효과를 추가함으로써 정부 지출과 조세가 동일하게 증가할 경우의 효과를 다음과 같이 계산해 볼 수 있다.

$$\Delta Y = \underbrace{\{[1/(1-MPC)]\Delta G\}}_{\text{정부지출승수}} - \underbrace{\{[MPC/(1-MPC)]\Delta T\}}_{\text{조세 승수}}$$

정부구매 및 조세가 동일한 양만큼 증가하였으므로 $\Delta G = \Delta T$가 된다. 따라서 위의 식을 다음과 같이 나타낼 수 있다.

$$\begin{aligned}\Delta Y &= \{[1/(1-MPC)] - [MPC/(1-MPC)]\}\Delta G \\ &= \Delta G\end{aligned}$$

위의 결과에 따르면 정부구매 및 조세가 동일하게 증가한 경우 G가 증가한 만큼 Y가 증가한다. 즉 균형예산 승수는 정확히 1이 된다.

2. a. 계획된 총지출은 다음과 같다.

$$PE = C(Y-T) + I + G$$

소비함수, 투자 I, 정부구매 G, 조세 T에 해당 값을 대입하면 계획된 총지출 PE는 다음과 같다.

$$PE = 120 + 0.80(Y - 400) + 200 + 400$$
$$= 0.80Y + 400$$

위의 식을 그래프로 나타내면 그림 11-8과 같다.

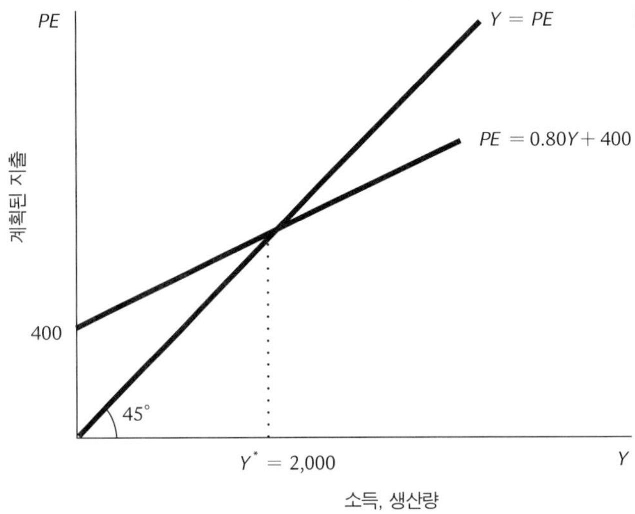

그림 11-8

b. 균형 국민소득 수준을 구하기 위해 (a)에서 도출한 계획된 지출식과 균형조건 $Y = PE$를 합치면 다음과 같다.

$$Y = 0.80Y + 400$$
$$Y = 2{,}000$$

그림 11-8에서 보는 것처럼 균형국민소득 수준은 2,000이다.

c. 정부구매가 420으로 증가하면 계획된 지출은 $PE = 0.80Y + 420$으로 변화한다. 균형소득은 $Y =$ 2,100으로 증가한다. 따라서 정부구매가 20(즉 420 − 400 = 20) 증가할 경우 소득은 100만큼 증가한다. 그 이유는 정부구매 승수가 $1/(1 - MPC)$이므로 MPC가 0.80인 경우 정부구매 승수가 5가 되기 때문이다.

d. 소득수준이 2,400이라는 의미는 원래 소득수준보다 400만큼 증가해야 한다는 것이다. 정부구매 승수는 $1/(1 - MPC)$이고 이 문제에서 MPC는 0.80이므로 정부구매 승수는 5가 된다. 이는 소득이 400만큼 증가하기 위해서 정부구매가 80만큼(다시 말해 480 수준으로) 증가해야 한다는 의미이다.

e. 소득수준이 2,400이라는 의미는 원래 소득수준보다 400만큼 증가하여야 한다는 것이다. 조세승수는 $-MPC/(1 - MPC)$이고 이 문제에서 MPC는 0.80이므로 조세승수는 4가 된다. 이는 소득이 400만큼 증가하기 위해서 조세가 100만큼(다시 말해 300 수준으로) 감소해야 한다는 의미이다.

3. a. 조세가 소득에 의존하지 않을 경우 소득이 1달러 증가한다는 것은 가처분소득이 1달러 증가한다는 의미이다. 소비는 한계소비성향 MPC만큼 감소한다. 조세가 소득에 의존할 경우 소득이 1달러 증가한다는 의미는 가처분소득이 $(1 - t)$달러만큼만 증가한다는 것이다. 소비는 MPC와 가처분소득의

변화를 곱한 것, 즉 $(1-t)MPC$만큼 증대된다. 이는 MPC보다 더 작다. 요점은 가처분소득이 총소득보다 더 적게 변하기 때문에 소비에 미치는 효과가 더 작아진다는 것이다.

b. 조세가 고정돼 있는 경우 $\Delta Y/\Delta G = 1/(1-MPC)$이 된다. 정부구매의 증가 ΔG를 고려함으로써 이런 결과를 얻을 수 있다. 이런 구매증가의 최초효과는 소득을 ΔG만큼 증대시키며 이는 다시 소비를 한계소비성향에 소득의 변화를 곱한 양인 $MPC \times \Delta G$만큼 증가시킨다. 소비가 증가하면 지출이 증가하여 소득은 더욱 증대된다. 이런 과정은 무한히 지속되며 위에서 승수를 도출하였다.

조세가 소득에 의존할 경우 ΔG만큼 증가하면 총소득은 ΔG만큼 증가하지만 가처분소득은 일대일 관계보다 작은 $(1-t)\Delta G$만큼만 증대된다. 그러고 나면 소비는 $(1-t)MPC \times \Delta G$만큼 증가한다. 지출과 소득이 이만큼 증가하면 이는 다시 소비를 훨씬 더 증대시킨다. 이런 과정이 지속되면 소득의 총변화는 다음과 같다.

$$\begin{aligned}\Delta Y &= \Delta G\{1 + (1-t)MPC + [(1-t)MPC]^2 + [(1-t)MPC]^3 + \cdots\} \\ &= \Delta G\{1/[1-(1-t)MPC]\}\end{aligned}$$

따라서 정부구매 승수는 $1/(1-MPC)$이 아니라 $1/[1-(1-t)MPC]$이 된다. 승수가 훨씬 더 작아진다. 예를 들어 한계소비성향이 3/4이고 조세율 t가 1/3인 경우 승수는 $1/(1-3/4)$, 즉 4에서 $1/[1-(1-1/3)(3/4)]$, 즉 2로 감소한다.

c. 이 장에서는 *IS*곡선을 대수학적으로 도출하였으며 이를 이용하여 이자율과 소득 사이의 관계를 살펴보았다. 이런 조세체제가 *IS*곡선의 기울기를 어떻게 변화시키는지 알아보기 위하여 조세가 소득에 의존하는 경우의 *IS*곡선을 도출하고자 한다. 다음과 같은 국민소득계정 항등식에서 출발해 보자.

$$Y = C + I + G$$

소비함수는 다음과 같다.

$$C = a + b(Y - \overline{T} - tY)$$

이 소비함수에서 조세는 소득의 함수라는 점에 주목하자. 투자함수는 다음과 같이 이 장의 경우와 동일하다.

$$I = c - dr$$

소비와 투자함수를 국민소득계정 항등식에 대입하면 다음과 같다.

$$Y = [a + b(Y - \overline{T} - tY)] + c - dr + G$$

r에 대해 풀면 다음과 같다.

$$r = \frac{a - b\overline{T} + c + G}{d} + Y\left[\frac{b(1-t)-1}{d}\right]$$

따라서 *IS*곡선의 기울기는 다음과 같다.

$$\frac{\Delta r}{\Delta y} = \frac{b(1-t)-1}{d}$$

t은 1보다 작은 숫자라는 사실을 기억하라. t가 커짐에 따라 *IS*곡선의 기울기는 절댓값 측면에서 증

가한다. 이에 따라 *IS*곡선은 가파르게 된다.

4. a. 사회가 더 절약하게 되어 일정하게 주어진 소득수준에 대해 더 많이 저축하고 더 적게 소비하게 되면 계획된 지출함수는 그림 11-9에서 보는 것처럼 아래쪽으로 이동한다($\overline{C}_2 < \overline{C}_1$이라는 점에 주목하자). 균형소득은 Y_1에서 Y_2로 감소한다.

그림 11-9

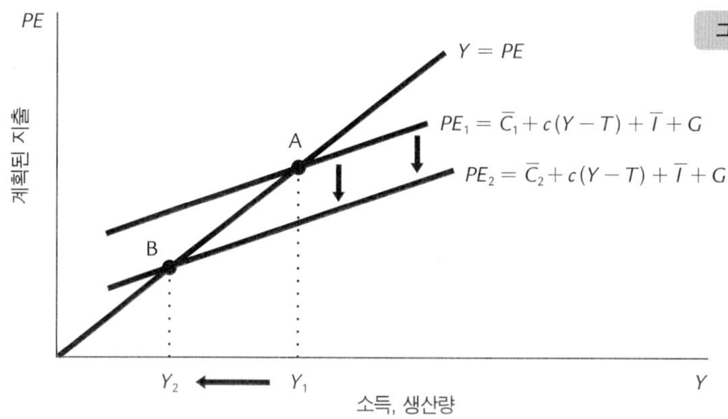

b. 균형저축은 불변한다. 국민소득계정 항등식에 따르면 저축은 투자와 같다($S = I$). 균형 국민소득결정 모형에서 바람직한 투자는 일정하다고 가정한다. 이 가정은 투자가 이전 균형에서와 새로운 균형에서 동일하다는 의미이다. 따라서 저축은 두 균형에서 정확하게 동일하다.

c. 절약의 역설은 절약을 더욱 하더라도 저축은 영향을 받지 않는다는 것이다. 절약이 더욱 이루어지더라도 단지 소득이 하락할 뿐이다. 개인에서 보면 절약을 보통 미덕이라고 하지만 균형 국민소득결정 모형에서 보면 절약은 악덕이 된다.

d. 제3장의 고전파 모형에서 절약의 역설은 발생하지 않는다. 그 모형에서 생산량은 생산요소 및 생산기술에 의해 고정되며, 이자율이 조정되어 저축과 투자가 균형을 이루고 투자는 이자율에 의존한다. 절약을 더욱 하게 되면 일정하게 주어진 소득에 대해 소비는 감소하고 저축은 증가한다. 소득이 고정되어 있으므로 저축 스케줄은 그림 11-10에서 보는 것처럼 오른쪽으로 이동한다. 새로운 균형에서 이자율

그림 11-10

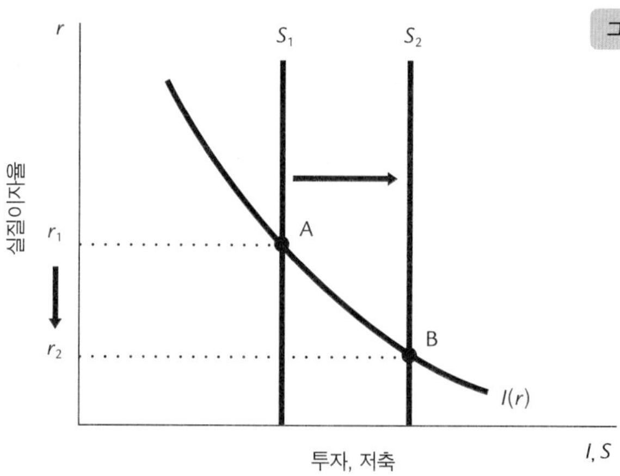

은 낮아지고 투자와 저축은 증가한다. 따라서 고전파 모형에서는 절약의 역설이 일어나지 않는다.

5. a. 그림 11-11에서 기울기가 하향하는 선분은 통화수요함수 $(M/P)^d = 800 - 50r$을 의미한다. $M = 2{,}000$이고 $P = 5$인 경우 실질통화공급은 $(M/P)^s = 400$이다. 실질통화공급은 이자율에 의존하지 않으므로 그림 11-11에서 수직선이 된다.

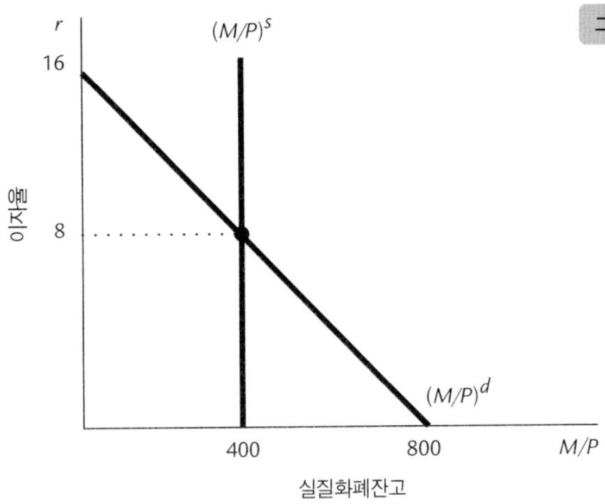

그림 11-11

b. 실질화폐잔고의 공급과 수요가 같다고 보고 다음과 같이 균형이자율에 대해 풀 수 있다.

$$400 = 800 - 50r$$
$$r = 8$$

따라서 균형이자율은 8퍼센트이다.

c. 물가수준은 5로 고정되어 있고 통화공급이 2,000에서 1,500으로 감소할 경우 실질화폐잔고의 새로운 공급 $(M/P)^s$는 300이 된다. 새로운 균형이자율을 구하기 위해 새로운 $(M/P)^s$를 $(M/P)^d$와 같다고 놓으면 다음과 같다.

$$300 = 800 - 50r$$
$$50r = 500$$
$$r = 10$$

따라서 통화공급이 2,000에서 1,500으로 감소하면 균형이자율은 8퍼센트에서 10퍼센트로 상승한다.

d. 이자율을 4퍼센트로 인하시키기 위해 중앙은행이 통화공급을 어느 수준으로 설정해야 하는지 결정하기 위해서 $(M/P)^s$를 $(M/P)^d$와 같다고 놓으면 다음과 같다.

$$M/P = 800 - 50r$$

물가수준은 5라 하고 $r = 4$로 대체하면 다음과 같다.

$$M/5 = 800 - 50 \times 4$$
$$M = 3{,}000$$

중앙은행이 이자율을 8퍼센트에서 4퍼센트로 인하시키려 한다면 명목통화공급을 2,000에서 3,000으로 증가시켜야 한다.

6. a. 변수 Y는 실질생산량 또는 실질임금을 나타낸다. 제2장에서 살펴본 것처럼 생산된 재화 및 용역(실질생산량)의 가치는 재화 및 용역을 생산해서 얻은 소득(실질소득)의 가치와 같아야 한다. 변수 C는 재화 및 용역의 소비를 의미한다. 변수 I는 기업에 의한 투자를 나타낸다. 기업들이 새로운 자본재를 구입할 때 이는 투자로 계산된다. 기업들이 재고의 변화를 경험할 때 이는 또한 GDP의 투자범주에 들어간다. 변수 G는 새롭게 생산된 재화 및 용역에 대한 정부지출을 의미한다. 변수 T는 일괄적인 조세를 나타내고 $Y-T$는 가처분소득을 의미한다. 변수 M은 명목통화공급을 의미하고 P는 물가수준이며 M/P은 실질통화공급이다. 변수 r은 실질이자율이다. 변수 $(M/P)^d$는 실질통화수요이다. 소비는 가처분소득과 양의 관계에 있으며 투자는 실질이자율과 음의 관계에 있다. 실질통화수요는 실질소득과 양의 관계에 있으며 실질이자율과 음의 관계에 있다.

   b. IS곡선은 재화시장이 균형이 되는 실질이자율 r과 실질생산량 Y의 모든 결합을 나타낸다. IS곡선의 식은 다음과 같다.

$$\begin{aligned}
Y &= C+I+G \\
Y &= [50+0.75(Y-T)]+(150-10r)+250 \\
Y &= [50+0.75(Y-200)]+(150-10r)+250 \\
Y &= 300+0.75Y-10r \\
0.25Y &= 300-10r \\
Y &= 1,200-40r
\end{aligned}$$

IS곡선은 그림 11-12와 같다.

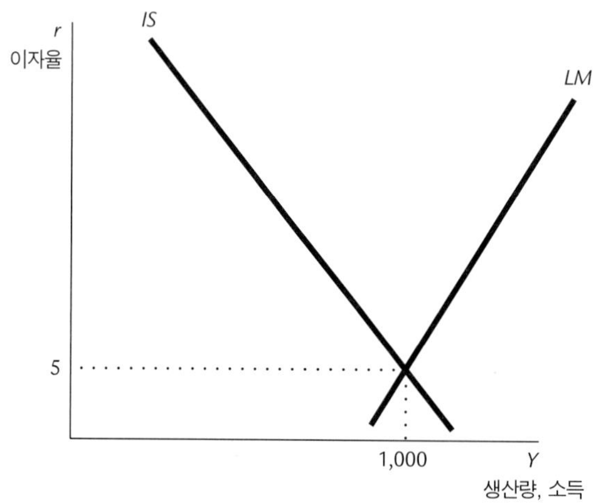

그림 11-12

c. *LM*곡선은 화폐시장이 균형이 되는 실질이자율 r과 실질생산량 Y의 모든 결합을 나타낸다. *LM*곡선의 식은 다음과 같다.

$$\left(\frac{M}{P}\right)^d = \frac{M}{P}$$

$$Y - 50r = \frac{3,000}{4}$$

$$Y = 750 + 50r$$

*LM*곡선은 그림 11-12와 같다.

d. 균형이자율과 균형생산량(또는 균형소득)을 구하기 위해서 *IS*곡선의 식과 *LM*곡선의 식이 같다고 놓자. 그러고 나서 해법을 구하면 r은 5가 된다. 이제는 이자율 5를 두 개의 식 중 한 개에 다시 대입하여 해법을 구하면 Y는 1,000이 된다.

12

총수요 II : *IS - LM* 모형의 응용

복습용 질문

1. 총수요곡선은 물가수준과 국민소득 수준 사이에 존재하는 음의 관계를 나타낸다. 제10장에서 화폐수량이론에 기초하여 단순화된 총수요이론을 살펴보았다. 이 장에서는 *IS–LM* 모형을 이용해 보다 완벽한 총수요이론을 살펴볼 것이다. 총수요곡선의 기울기가 하향하는 이유를 알아보기 위해 물가수준이 변화할 경우 *IS–LM* 모형에 어떤 현상이 나타나는지 생각해 보자. 그림 12–1(A)가 보여 주는 것처럼 통화공급이 일정하게 주어진 경우 물가수준이 P_1에서 P_2로 증가하면 실질잔고가 감소하므로 *LM*곡선이 위쪽으로 이동한다. 이로 인해 소득은 Y_1에서 Y_2로 감소한다. 그림 12–1(B)에 있는 총수요곡선은 *IS–LM* 모형에서 도출된 물가수준과 소득 사이의 관계를 요약해서 보여 준다.

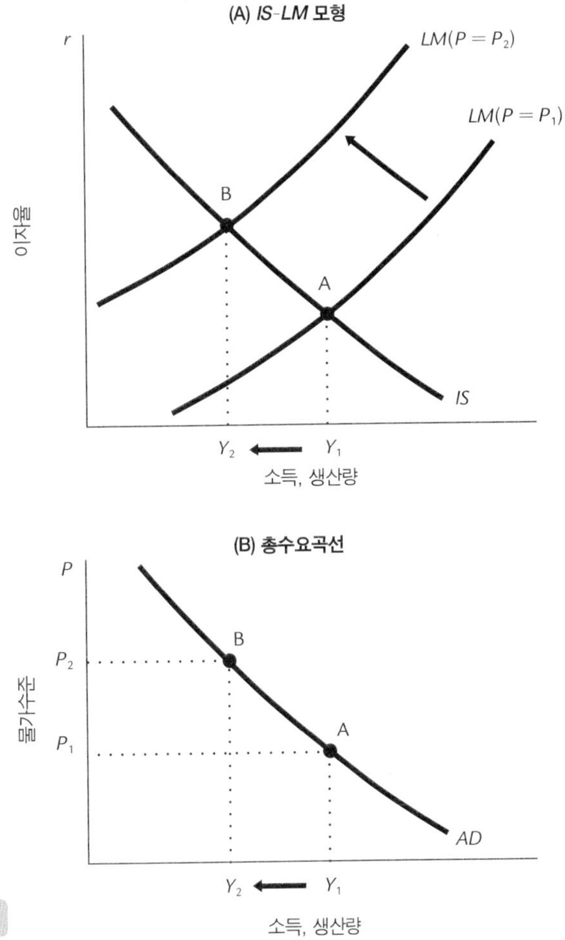

그림 12–1

2. 균형 국민소득결정 모형의 조세승수에 따르면 일정하게 주어진 이자율에 대해 조세가 증가할 경우 소득은 $\Delta T \times [-MPC/(1-MPC)]$만큼 감소하게 된다. 그림 12-2에서 보는 것처럼 *IS*곡선을 이만큼 왼쪽으로 이동시킨다. 경제의 균형은 점 A에서 점 B로 이동한다. 조세가 증가하면 이자율은 r_1에서 r_2로 인하되고 국민소득은 Y_1에서 Y_2로 감소한다. 가처분소득이 감소하기 때문에 소비가 하락하고 이자율이 인하되기 때문에 투자가 증가한다.

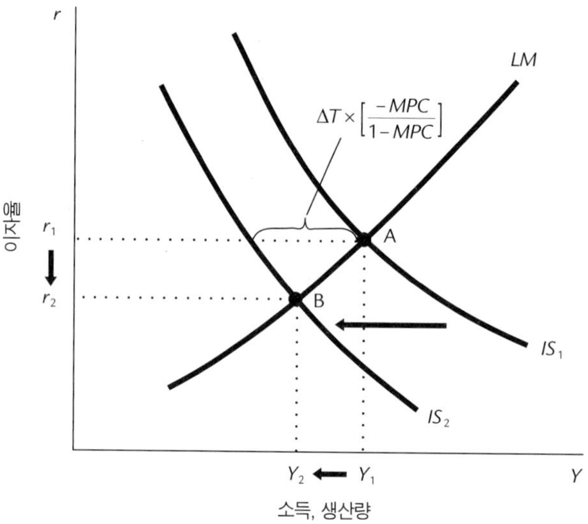

그림 12-2

IS-*LM* 모형에서의 소득 감소는 균형 국민소득결정 모형에서의 감소보다 더 작다는 점에 주목하자. 그 이유는 *IS*-*LM* 모형이 이자율이 하락할 경우 투자가 증가한다는 사실을 고려하기 때문이다.

3. 물가수준이 일정하게 주어진 경우 명목통화공급이 감소하면 실질화폐잔고가 감소한다. 유동성 선호이론에 따르면 소득수준이 일정하게 주어진 경우 실질화폐잔고가 감소하면 이자율이 상승한다. 따라서 그림 12-3에서 보는 것처럼 *LM*곡선이 위쪽으로 이동한다. 균형은 점 A에서 점 B로 이동한다. 통화공급이 감

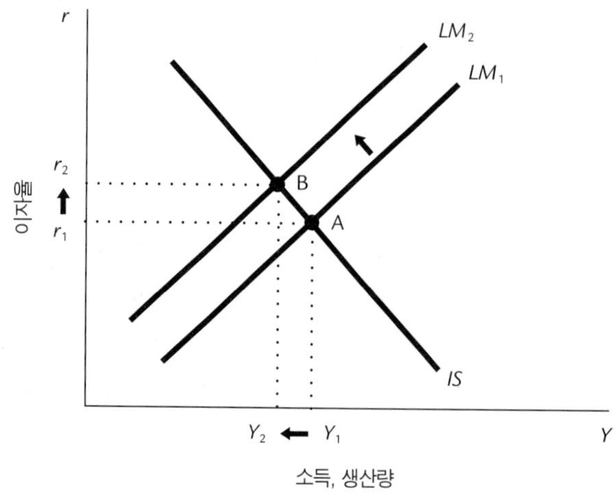

그림 12-3

소하면 소득이 감소하고 이자율은 상승한다. 가처분소득이 감소하므로 소비가 하락하는 반면에 이자율은 인상되므로 투자는 감소한다.

4. 물가가 하락하면 균형소득이 증가할 수도 있고 감소할 수도 있다. 물가하락으로 인해 소득이 증가될 수 있는 두 가지 방법이 있다. 첫째, 실질화폐잔고가 증가하여 *LM*곡선이 아래로 이동하게 되면 소득이 증가한다. 둘째, 다음과 같은 피구(Pigou)효과로 *IS*곡선이 오른쪽으로 이동한다. 즉 실질화폐잔고는 가계가 갖게 되는 부의 일부이므로 실질화폐잔고가 증가하면 소비자는 더 부유해졌다고 생각하여 더 많이 구입하게 된다. 이로 인해 *IS*곡선이 오른쪽으로 이동하여 소득이 증가한다.

   물가하락으로 인해 소비가 감소하는 두 가지 방법이 있다. 첫 번째로 부채-디플레이션 이론을 들 수 있다. 기대하지 못한 물가수준의 하락으로 인해 채무자로부터 채권자에게로 부가 재분배된다. 채무자가 채권자보다 소비성향이 더 높다면 이런 재분배로 인해 채권자가 지출을 증가시킨 것보다 더 많이 채무자가 지출을 감소하게 된다. 따라서 총소비는 감소하고 *IS*곡선은 왼쪽으로 이동하여 소득이 감소한다. 물가하락이 소득을 낮출 수 있는 두 번째 방법은 기대된 디플레이션 효과를 통해서이다. 실질이자율 r은 명목이자율 i에서 기대인플레이션 $E\pi$를 감한 것, 즉 $r = i - E\pi$라는 점에 주목하자. 모든 사람들이 물가수준은 장래에 하락할 것(즉 $E\pi$가 음이 될 것)이라고 기대한다면 일정하게 주어진 명목이자율에 대해 실질이자율이 더 높아진다. 실질이자율이 인상되면 투자를 억제하여 *IS*곡선이 왼쪽으로 이동하므로 소득이 감소한다.

문제와 응용

1. a. 중앙은행이 통화공급을 증가시킬 경우 그림 12-4에서 보는 것처럼 *LM*곡선이 아래로 이동한다. 소득이 증가하고 이자율이 하락한다. 가처분소득이 증가하면 소비가 증가하고 이자율이 하락하여 투자도 역시 증가한다.

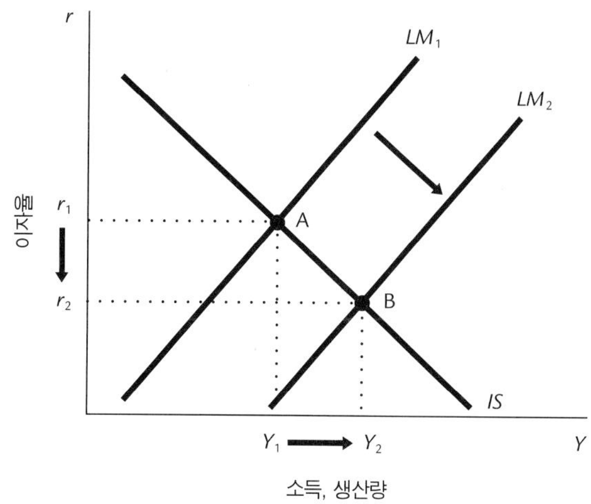

그림 12-4

b. 정부구매가 증가할 경우 정부구매 승수에 따르면 *IS*곡선이 오른쪽으로 $[1/(1-MPC)]\Delta G$만큼 이동한다. 이는 그림 12-5에 있다. 소득과 이자율 둘 다 증가한다. 가처분소득이 증가하여 소비는 증가하지만 이자율이 인상돼서 투자는 감소한다.

그림 12-5

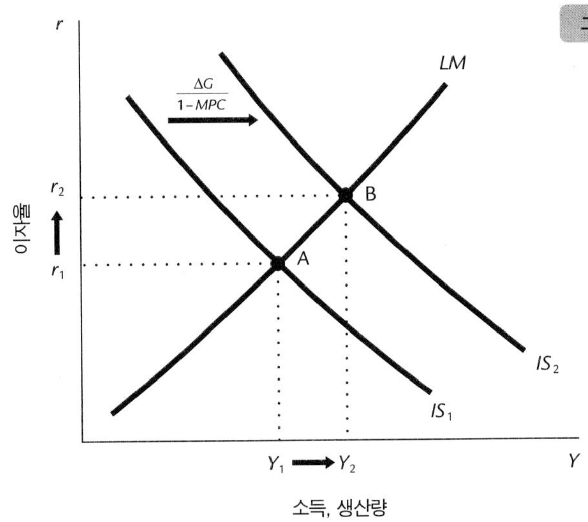

c. 정부가 조세를 증가시킨 경우 조세승수에 따르면 *IS*곡선이 왼쪽으로 $[-MPC/(1-MPC)]\Delta T$만큼 이동한다. 이는 그림 12-6에 있다. 소득과 이자율 둘 다 하락한다. 소득은 낮아지고 조세는 높아져서 가처분소득이 감소한다. 이로 인해 소비가 감소한다. 이자율 하락으로 인해 투자가 증가한다.

그림 12-6

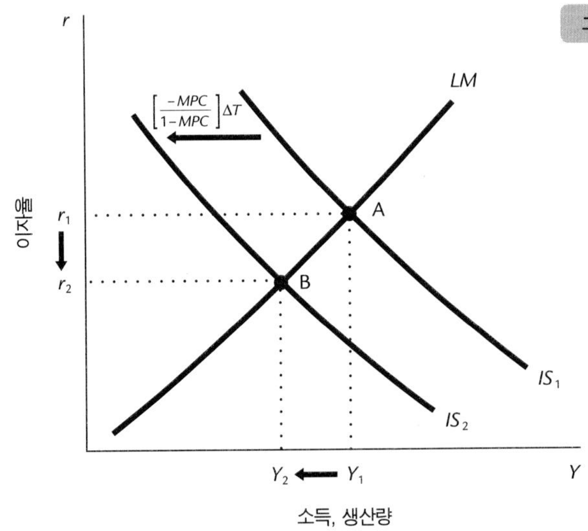

d. 정부구매와 조세가 동일한 수준으로 증가할 경우 *IS*곡선이 얼마나 이동하는지 알아보기 위해 (b)와 (c)에서 사용한 두 가지 승수효과를 합하면 다음과 같다.

$$\Delta Y = \{[1/(1-MPC)]\Delta G\} - \{[MPC/(1-MPC)]\Delta T\}$$

정부구매와 조세가 동일한 수준으로 증가하였기 때문에 $\Delta G = \Delta T$가 된다. 따라서 위의 식을 다음과 같이 나타낼 수 있다.

$$\Delta Y = \{[1/(1-MPC)] - [MPC/(1-MPC)]\}\Delta G$$
$$\Delta Y = \Delta G$$

위의 식에 따르면 이자율이 일정하다고 할 경우 소득이 어떻게 변하는지 알 수 있다. 이 식에 따르면 정부구매와 조세가 동일하게 증가할 경우 *IS*곡선이 G가 증가한 양만큼 오른쪽으로 이동한다.

그림 12-7은 이런 이동을 보여 준다. 생산량은 증가하지만 G 및 T가 증가한 양보다는 적게 증가한다. 이는 가처분소득 $Y-T$가 감소한다는 의미이다. 결과적으로 소비도 감소한다. 이자율이 상승하고 이로 인해 투자가 감소한다.

그림 12-7

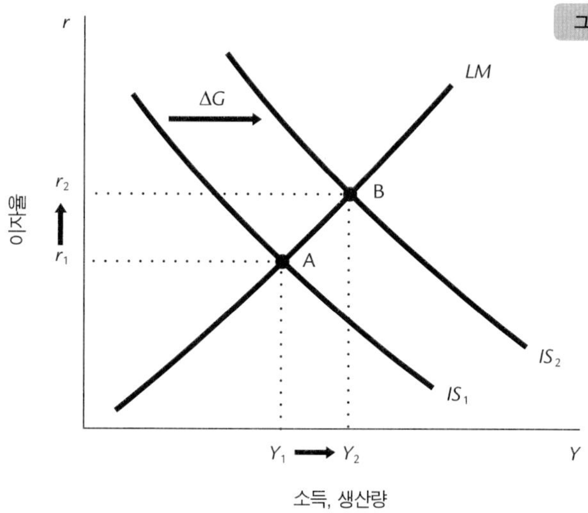

2. a. 새로운 고성능 칩이 발명됨에 따라 투자수요가 증가하고 이로 인해 *IS*곡선이 바깥쪽으로 이동한다. 즉 모든 이자율 수준에서 기업들은 투자를 더 많이 하고자 한다. 투자재에 대한 수요가 증가함에 따라 *IS*곡선이 바깥쪽으로 이동하며 이에 따라 소득과 고용이 증대된다. 그림 12-8은 이런 효과를 그래프를 이용해 보여 주고 있다.

투자수요의 증가로 인해 소득이 증가하면 이자율도 상승한다. 이는 소득이 높아짐에 따라 통화수요가 증가하기 때문에 발생한다. 즉 통화공급은 변화하지 않는데 화폐시장의 균형을 회복하기 위해서는 이자율이 상승해야 한다. 이자율 상승으로 인해 투자수요의 증가를 부분적으로 상쇄하기 때문에 소득은 *IS*곡선이 오른쪽으로 이동한 만큼 완전하게 증대되지가 않는다. 전반적으로 말해 소득, 이자율,

그림 12-8

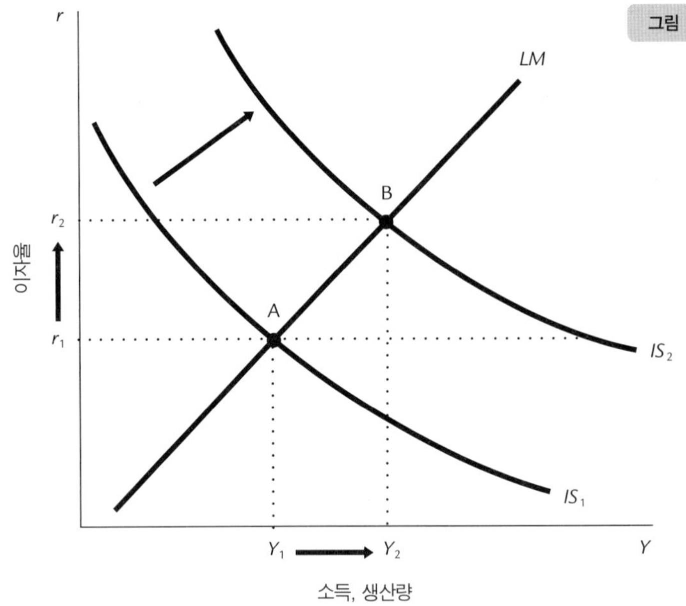

소비, 투자 모두 증가한다. 중앙은행이 생산량을 일정하게 유지하려 한다면 투자수요의 증가에 따른 효과를 상쇄하기 위해서 통화공급을 감소시켜 이자율을 더욱 낮추어야 한다. 중앙은행이 통화공급을 감소시킬 경우 *LM*곡선은 왼쪽으로 이동한다. 생산량은 일정하게 되며 이자율은 상승한다. 소비 및 투자에는 변화가 없다. 이자율은 투자수요의 최초 증가를 완전히 상쇄할 수 있을 정도로 상승한다.

b. 현금에 대한 수요가 증가함에 따라 *LM*곡선이 위쪽으로 이동한다. 일정하게 주어진 소득 및 통화공급에 대해 화폐시장을 균형시키기 위해서는 이자율이 상승해야 하므로 이런 현상이 발생한다. 그림 12-9는 *LM*곡선의 이런 이동에 따른 영향을 그래프를 통해 보여 주고 있다.

그림 12-9

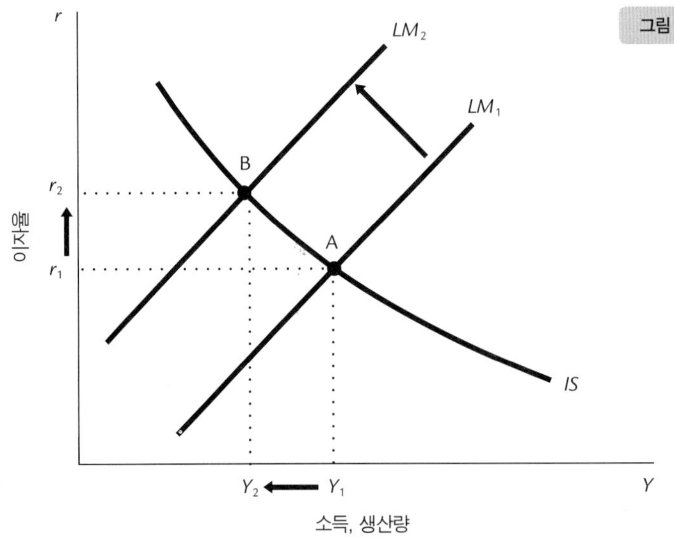

LM 곡선이 위쪽으로 이동함에 따라 소득이 낮아지고 이자율은 상승한다. 소득이 감소하므로 소비가 감소하고 이자율이 상승함에 따라 투자가 감소한다. 중앙은행이 생산량을 일정하게 유지하려면 이자율을 낮추어 생산량이 처음 수준으로 되돌아가도록 하기 위해서 통화공급을 증가시켜야만 한다. *LM* 곡선은 오른쪽으로 이동하여 이전의 위치로 되돌아간다. 이 경우 어떤 변화도 발생하지 않는다.

c. 일정하게 주어진 소득수준에 대해 소비자는 이제 더 많이 저축하고 더 적게 소비하고자 한다. 소비함수가 이처럼 아래쪽으로 이동하기 때문에 *IS* 곡선은 안쪽으로 이동한다. 그림 12-10은 *IS* 곡선의 이런 이동에 따른 영향을 그래프를 이용해 보여 주고 있다.

그림 12-10

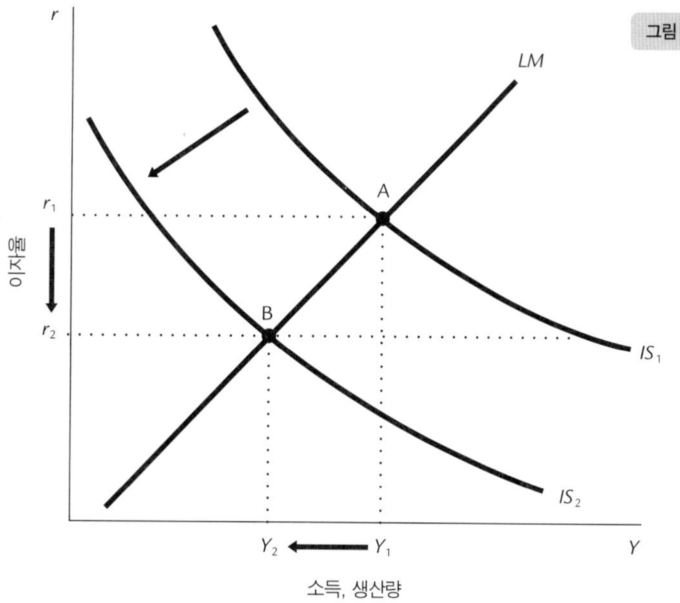

소득, 이자율, 소비 모두 하락하지만 투자는 증가한다. 모든 이자율 수준에서 계획된 지출이 감소하기 때문에 소득이 하락한다. 소득 하락으로 인해 통화수요가 감소하기 때문에 이자율이 감소한다. 이는 통화공급은 불변하고 화폐시장 균형을 회복하기 위해서 이자율이 하락해야 하기 때문에 발생한다. 소비함수가 이동하고 소득이 하락하기 때문에 소비가 감소한다. 이자율 하락으로 인해 투자가 증가하며 이에 따라 소비 감소가 소득에 미치는 영향을 부분적으로 상쇄하게 된다. 중앙은행이 생산량을 일정하게 유지하려면 이자율을 낮추어 생산량이 처음 수준으로 되돌아가도록 하기 위해서 통화공급을 증가시켜야만 한다. 통화공급이 증가하면 *LM* 곡선은 오른쪽으로 이동한다. 생산량은 최초 수준에 머무르고 소비는 낮아지며 투자는 높아지고 이자율은 하락한다.

d. 기대인플레이션이 증대됨에 따라 사람들의 통화수요가 감소하게 된다. 통화수요가 감소함에 따라 그림 12-11에서 보는 것처럼 *LM* 곡선이 오른쪽으로 이동한다.

화폐시장의 균형을 유지하기 위해서 이자율은 하락해야 하며 이자율의 이런 하락으로 인해 투자지출이 증대된다. 균형 생산량이 증가하며 소비도 증가하게 된다. 중앙은행이 생산량을 일정하게 유지하고자 한다면 통화공급을 감소시켜야 한다. *LM* 곡선은 원래의 위치로 되돌아가며 어떤 변화도 발생하지 않는다.

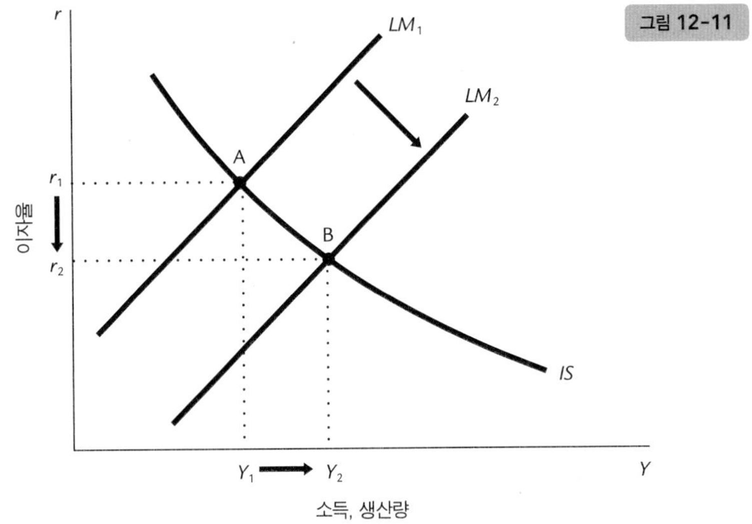

3. a. *IS*곡선은 다음 식을 통해 도출할 수 있다.

$$Y = C(Y - T) + I(r) + G$$

위의 식에 소비함수, 투자함수, *G* 및 *T*에 대한 값을 문제에 주어진 대로 대입하고 나서 이 경제에 대한 *IS*곡선에 대해 풀어 재정리하면 다음과 같다.

$$\begin{aligned} Y &= 300 + 0.60(Y - 500) + 700 - 80r + 500 \\ Y - 0.60Y &= 1{,}200 - 80r \\ (1 - 0.60)Y &= 1{,}200 - 80r \\ Y &= (1/0.40)(1{,}200 - 80r) \\ Y &= 3{,}000 - 200r \end{aligned}$$

*r*이 0에서 8 사이인 경우 위의 *IS*식을 그래프로 나타내면 그림 12-12와 같다.

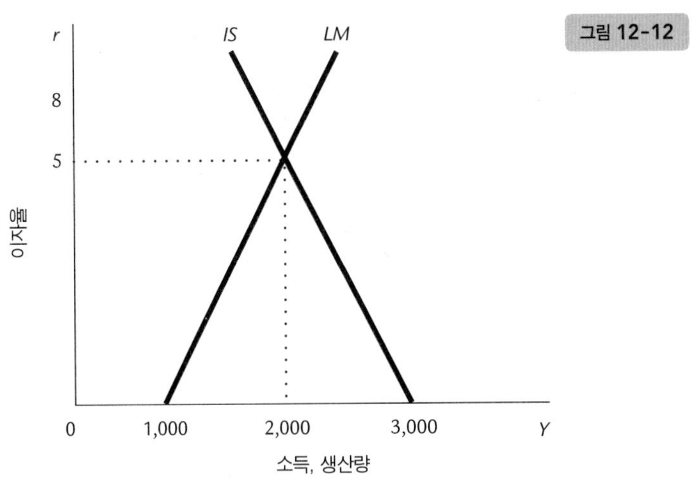

b. *LM*곡선은 실질화폐잔고의 수요와 공급이 같다고 봄으로써 도출할 수 있다. 실질화폐잔고의 공급은 3,000/3 = 1,000이다. 이를 통화수요와 같다고 놓으면 다음과 같다.

$$1{,}000 = Y - 200r$$
$$Y = 1{,}000 + 200r$$

r이 0에서 8 사이인 경우의 *LM*곡선이 그림 12-12에 있다.

c. 물가수준을 주어진 것으로 볼 경우 *IS*식과 *LM*식에 따르면 두 개의 미지수 Y 및 r에 두 개의 방정식이 주어진다. (a)와 (b)에서 다음과 같은 식을 구하였다.

$$IS : Y = 3{,}000 - 200r$$
$$LM : Y = 1{,}000 + 200r$$

위의 식을 같다고 놓고 r에 대해 풀면 다음과 같다.

$$3{,}000 - 200\mathrm{r} = 1{,}000 + 200r$$
$$2{,}000 = 400r$$
$$r = 5$$

r의 값을 구하였으므로 이를 *IS*식이나 *LM*식에 대체하여 Y에 대해 풀면 다음과 같다.

$$Y = 2{,}000$$

따라서 그림 12-12에서 보는 것처럼 균형이자율은 5퍼센트이며 균형소득은 2,000이다.

d. 정부구매가 500에서 700으로 증가한 경우 *IS*식은 다음과 같다.

$$Y = 300 + 0.60(Y - 500) + 700 - 80r + 700$$

단순화하면 다음과 같다.

$$Y = 3{,}500 - 200r$$

위의 *IS*곡선을 그림 12-13에서 IS_2로 나타내었다. 이 그림에서 *IS*곡선은 오른쪽으로 500만큼 이동하였음을 알 수 있다.

새로운 *IS*곡선과 (b)에서 도출한 *LM*곡선을 같다고 보고 새로운 균형이자율에 대해 풀면 다음과 같다.

$$3{,}500 - 200r = 1{,}000 + 200r$$
$$2{,}500 = 400r$$
$$6.25 = r$$

r을 *IS*식이나 *LM*식에 대체하면 다음과 같이 새로운 소득을 구할 수 있다.

$$Y = 2{,}250$$

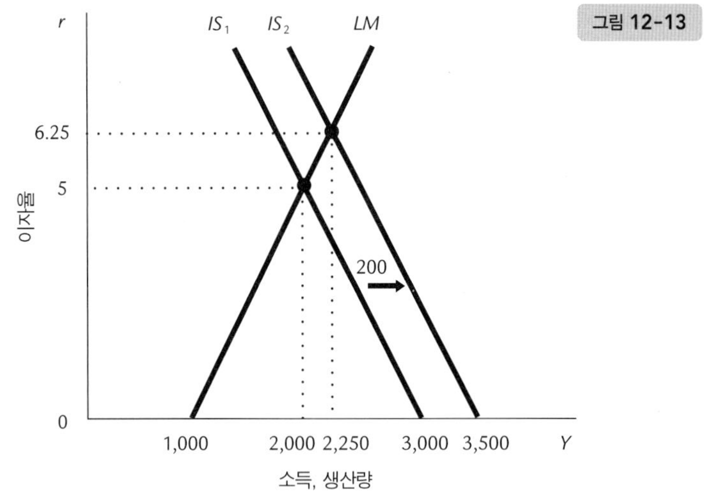

따라서 정부구매가 증가하면 균형이자율은 5퍼센트에서 6.25퍼센트로 상승하는 반면에 생산량은 2,000에서 2,250으로 증가한다. 이를 그래프로 나타내면 그림 12-13과 같다.

e. 통화공급이 3,000에서 4,500으로 증가한 경우 *LM* 식은 다음과 같다.

$$(4{,}500/3) = Y - 200r$$

또는 다음과 같다.

$$Y = 1{,}500 + 200r$$

이 *LM*곡선은 그림 12-14에서 LM_2로 표기되어 있다. 실질화폐잔고가 증가하였기 때문에 *LM*곡선이 오른쪽으로 500만큼 이동하였음을 알 수 있다.

새로운 균형이자율과 생산량 수준을 결정하기 위하여 (a)에서 구한 *IS*곡선과 위에서 도출한 새로운 *LM*곡선을 같다고 놓으면 다음과 같아진다.

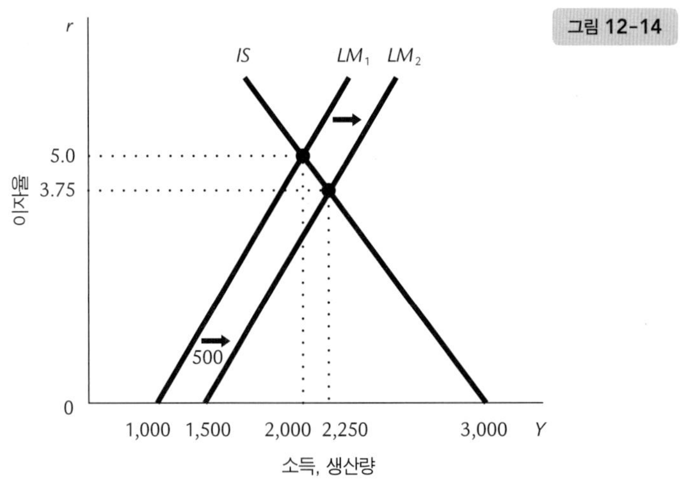

$$\begin{aligned} 3{,}000 - 200r &= 1{,}500 + 200r \\ 1{,}500 &= 400r \\ 3.75 &= r \end{aligned}$$

이를 *IS* 식이나 *LM* 식에 대입시키면 다음과 같다.

$$Y = 2{,}250$$

따라서 통화공급이 증가하면 이자율은 5퍼센트에서 3.75퍼센트로 하락하지만 소득은 2,000에서 2,250으로 증가한다. 이는 그림 12-14에 있다.

f. 물가수준이 3에서 5로 상승한 경우 실질화폐잔고는 1,000에서 3,000/5 = 600으로 감소하며 *LM* 식은 다음과 같다.

$$Y = 600 + 200r$$

그림 12-15에서 보는 것처럼 물가수준이 상승하여 실질화폐잔고가 감소하므로 *LM* 곡선은 왼쪽으로 400만큼 이동한다.

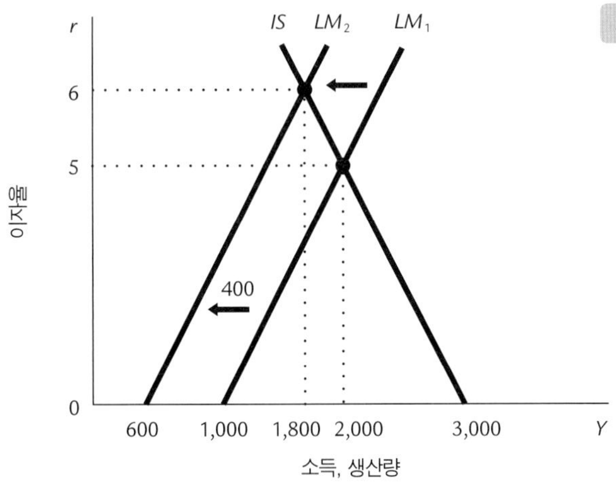

그림 12-15

새로운 균형이자율을 구하기 위해 (a)에서 구한 *IS* 곡선과 위에서 구한 새로운 *LM* 곡선을 같다고 놓으면 다음과 같아진다.

$$\begin{aligned} 3{,}000 - 200r &= 600 + 200r \\ 2{,}400 &= 400r \\ 6 &= r \end{aligned}$$

이 이자율을 *IS* 식이나 *LM* 식으로 대입하면 다음과 같다.

$$Y = 1{,}800$$

따라서 그림 12-15에서 보는 것처럼 새로운 균형이자율은 6이며 새로운 균형소득은 1,800이다.

g. 총수요곡선은 물가수준과 소득수준 사이의 관계를 나타낸다. 총수요곡선을 도출하기 위해 *IS* 식이나 *LM* 식을 풀어 *Y*를 *P*의 함수로 나타내고자 한다. 즉 이자율을 제거하고자 한다. 이를 위해 이자율에 대해 *IS* 식과 *LM* 식을 풀면 다음과 같다.

$$IS: \quad Y = 3{,}000 - 200r$$
$$200r = 3{,}000 - Y$$
$$LM: \quad (M/P) = Y - 200r$$
$$200r = Y - (M/P)$$

위의 두 식을 혼합하여 정리하면 다음과 같다.

$$3{,}000 - Y = Y - (M/P)$$
$$2Y = 3{,}000 + M/P$$
$$Y = 1{,}500 + M/2P$$

명목통화공급 *M*은 3,000이므로 다음과 같아진다.

$$Y = 1{,}500 + 1{,}500/P$$

이 총수요식을 그래프로 나타내면 그림 12-16과 같다.

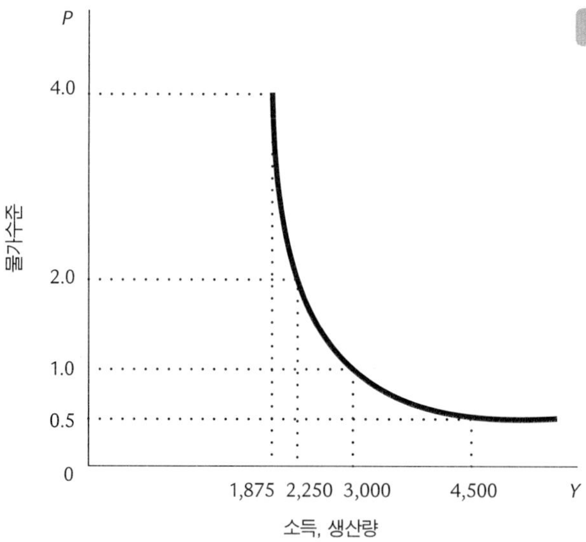

그림 12-16

(d)와 같이 확장적인 재정정책이 시행될 경우 총수요에 어떤 영향을 미치는가? 이에 관해 알아보기 위해 (d)의 *IS* 식과 (b)의 *LM* 식을 이용하여 총수요곡선을 다음과 같이 도출해 보자.

$$IS: \quad Y = 3,500 - 200r$$
$$200r = 3,500 - Y$$
$$LM: \quad (3,000/P) = Y - 200r$$
$$200r = Y - (3,000/P)$$

위의 식을 합쳐서 Y에 대해 풀면 다음과 같다.

$$3,500 - \mathrm{Y} = \mathrm{Y} - (3,000/\mathrm{P})$$

이를 달리 표현하면 다음과 같다.

$$Y = 1,750 + 1,500/P$$

새로운 총수요식과 이전에 도출한 총수요식을 비교해 보면 정부구매가 200만큼 증가할 경우 총수요곡선은 오른쪽으로 250만큼 이동한다.

(e)에서 통화공급이 증가할 경우 총수요곡선에 어떤 영향을 미치는가? *AD*곡선이 $Y = 1,500 + M/2P$이므로 통화공급이 3,000에서 4,500으로 증가한 경우 다음과 같아진다.

$$Y = 1,500 + 2,250/P$$

새로운 총수요곡선과 원래 도출한 총수요곡선을 비교해 보면 통화공급이 증가함에 따라 총수요곡선이 오른쪽으로 이동한다는 사실을 알 수 있다.

4. a. *IS*곡선은 다음과 같이 나타낼 수 있다.

$$Y = C(Y - T) + I(r) + G$$

문제에서 주어진 소비함수, 투자함수, G 및 T의 값을 대입하고 나서 재정리하여, 이 경제에 관한 *IS*곡선에 대해 풀면 다음과 같다.

$$\begin{aligned} Y &= 500 + 0.75(Y - 1,000) + 1,000 - 50r + 1,000 \\ Y - 0.75Y &= 1,750 - 50r \\ (1 - 0.75)Y &= 1,750 - 50r \\ Y &= (1/0.25)(1,750 - 50r) \\ Y &= 7,000 - 200r \end{aligned}$$

*LM*곡선은 실질화폐잔고의 수요와 공급이 같다고 함으로써 결정된다. 실질화폐잔고의 공급은 $6,000/2 = 3,000$이다. 이를 통화수요와 같다고 하면 다음과 같다.

$$3,000 = Y - 200r$$
$$Y = 3,000 + 200r$$

IS 식과 LM 식을 같다고 놓고 r에 대해 풀면 다음과 같다.

$$7,000 - 200r = 3,000 + 200r$$
$$4,000 = 400r$$
$$r = 10$$

r을 알고 있으므로 이를 IS 식 또는 LM 식에 대입하고 Y에 대해 풀면 다음과 같다.

$$Y = 5,000$$

따라서 균형이자율은 10퍼센트이며 균형생산량은 5,000이 된다. 그림 12-17에서 이를 점 A라고 표기하였다.

b. 조세가 20% 감소한 경우 이제 조세는 800이 되며 IS 곡선식을 다음과 같이 다시 계산할 수 있다.

$$\begin{aligned} Y &= 500 + 0.75(Y - 800) + 1,000 - 50r + 1,000 \\ Y - 0.75Y &= 1,900 - 50r \\ (1 - 0.75)Y &= 1,900 - 50r \\ Y &= (1/0.25)(1,900 - 50r) \\ Y &= 7,600 - 200r \end{aligned}$$

새로운 IS 식과 이전의 LM식을 같다고 놓고 r에 대해 풀면 다음과 같다.

$$7,600 - 200r = 3,000 + 200r$$
$$4,600 = 400r$$
$$r = 11.5$$

r을 알고 있으므로 이를 IS 식 또는 LM 식에 대입하고 Y에 대해 풀면 다음과 같다.

$$Y = 5,300$$

따라서 균형이자율은 11.5퍼센트이고 균형생산량 수준은 5,300이다. 조세삭감으로 인해 IS 곡선이 오른쪽으로 이동한다. 그림 12-17에서 새로운 균형점을 점 B라고 표기하였다. 조세승수는 균형생산량의 변화를 조세의 변화로 나눈 값이며 다음과 같다.

$$300/(-200) = -1.5$$

c. 조세삭감 후 이자율을 최초 수준인 10퍼센트로 유지할 통화공급을 구하기 위해 LM 곡선식을 다시 써서 M의 함수로 나타내면 다음과 같다.

$$M/2 = Y - 200r$$
$$Y = M/2 + 200r$$

이제 LM 곡선에 대한 새로운 식과 IS 곡선에 대한 새로운 식을 같다고 놓을 수 있다. 이자율 r에 대해 10을 대입하여 통화공급 M에 대해 풀면 다음과 같다.

$$7,600 - 200r = M/2 + 200r$$
$$7,600 - 200(10) = M/2 + 200(10)$$
$$M = 7,200$$

통화공급이 7,200이라면 생산량은 5,600이 된다. 통화공급이 증가하면 *LM*곡선이 오른쪽으로 이동한다. 그림 12-17에서 새로운 균형점을 점 C라고 표기하였다. 조세승수는 균형생산량의 변화를 조세의 변화로 나눈 값이며 다음과 같다.

$$600/(-200) = -3$$

d. 조세삭감 후 생산량을 최초수준인 5,000으로 유지할 통화공급을 구하기 위해 *LM*곡선식을 다시 써서 M의 함수로 나타내고 r에 대해 풀면 다음과 같다.

$$M/2 = Y - 200r$$
$$200r = Y - M/2$$
$$r = Y/200 - M/400$$

*IS*곡선식을 다시 써서 r을 Y의 함수로 정의하면 다음과 같다.

$$Y = 7,600 - 200r$$
$$200r = 7,600 - Y$$
$$r = 7,600/200 - Y/200$$

이제 *IS*곡선에 대한 새로운 식과 *LM*곡선에 대한 새로운 식을 같다고 놓을 수 있다. 생산량 Y에 대해 5,000을 대입하여 통화공급 M에 대해 풀면 다음과 같다.

$$7,600/200 - Y/200 = Y/200 - M/400$$
$$7,600 - Y = Y - M/2$$
$$M = 4,800$$

통화공급이 4,800이라면 이자율은 13이 된다. 통화공급이 감소하면 *LM*곡선이 왼쪽으로 이동한다. 그림 12-17에서 새로운 균형점을 점 D라고 표기하였다. 조세승수는 균형생산량의 변화를 조세의 변화로 나눈 값이며 다음과 같다.

$$0/(-200) = 0$$

이 문제를 다른 방법으로도 해결할 수 있다는 점에 주목하자. *IS*곡선식에서 Y가 5,000이라면 이자율 r에 대해 풀 수 있다. $r = 13$. 이렇게 구한 생산량 및 이자율의 값을 *LM*곡선식에 대입하여 통화공급 M에 대해 풀 수 있다.

e. 네 개 균형점을 그림 12-17에 표기하였다.

그림 12-17

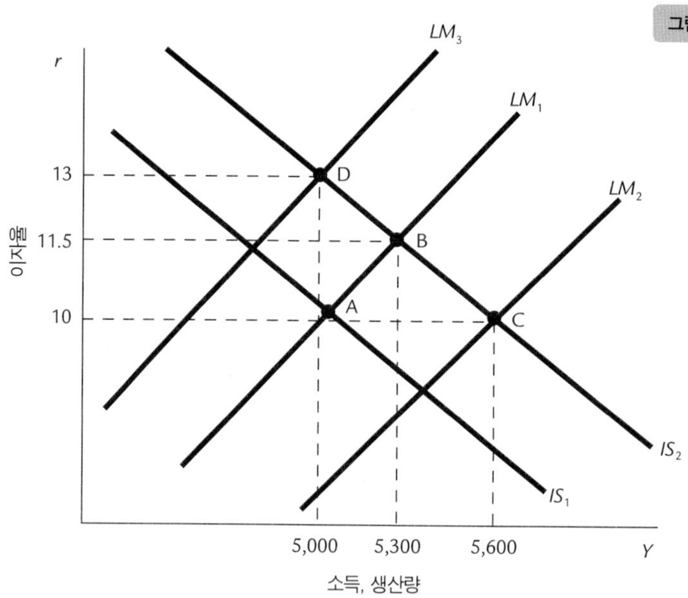

5. a. 이 문구는 틀리다. 투자는 계획된 지출의 일부이므로 투자가 변화할 경우 *IS* 곡선에 영향을 미치지 *LM* 곡선에는 영향을 미치지 않는다.
   b. 이 문구는 옳다. *IS* 곡선은 재화 및 용역시장이 균형을 이루는 이자율과 소득수준 사이의 관계를 나타낸다. 즉 이 곡선은 다음 식을 충족시키는 소득과 이자율의 결합을 보여 준다.

$$Y = C(Y - T) + I(r) + G$$

투자가 이자율에 의존하지 않을 경우 *IS* 식의 어떤 것도 이자율에 의존하지 않는다. 소득이 조절되어 생산된 재화 Y의 양이 수요된 재화 $C + I + G$의 양과 일치되어야 한다. 따라서 *IS* 곡선은 그림 12-18에서 보는 것처럼 이 수준에서 수직선이 된다.

그림 12-18

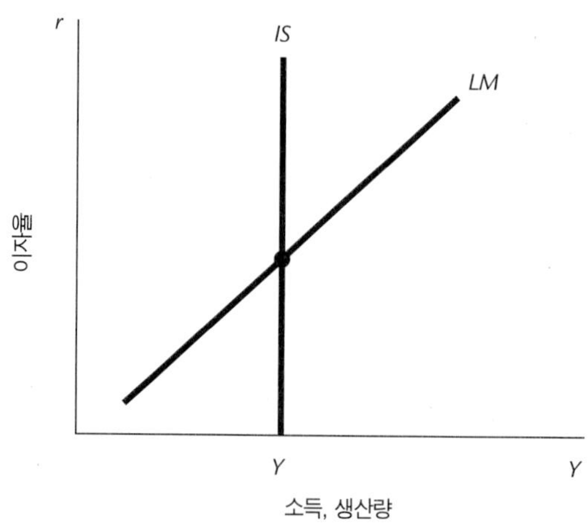

IS곡선이 Y를 결정하기 때문에 금융정책은 생산량에 전혀 영향을 미치지 못한다. 금융정책은 단지 이자율에만 영향을 미칠 수 있을 뿐이다. 이와는 대조적으로 재정정책은 영향을 미친다. 즉 생산량은 IS곡선이 이동한 양만큼 완전하게 증대된다.

c. 이 문구는 틀리다. 통화수요는 화폐시장의 균형과 관련된다. 따라서 이것은 LM곡선에 영향을 미치지 IS곡선에는 영향을 미치지 않는다.

d. 이 문구는 옳다. LM곡선은 화폐시장이 균형을 이루는 소득과 이자율의 결합을 의미한다. 통화수요가 이자율에 의존하지 않는 경우 LM식을 다음과 같이 나타낼 수 있다.

$$M/P = L(Y)$$

일정하게 주어진 실질화폐잔고 M/P에 대해 화폐시장이 균형을 이루는 소득수준은 단 하나만 존재한다. 따라서 그림 12-19에서 보는 것처럼 LM곡선은 수직선이 된다.

그림 12-19

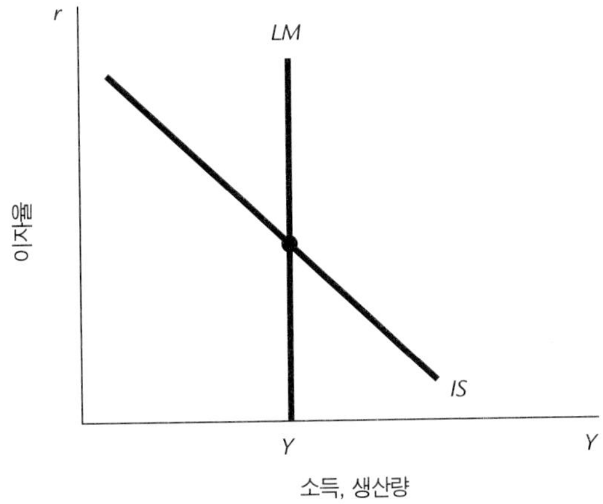

재정정책은 생산량에 전혀 영향을 미치지 못하고 이자율에만 영향을 미칠 수 있을 뿐이다. 금융정책은 효과적이다. 생산량은 LM곡선이 이동한 양만큼 완전하게 증대된다.

e. 이 문구는 옳다. 통화수요가 소득에 의존하지 않는 경우 LM식을 다음과 같이 나타낼 수 있다.

$$M/P = L(r)$$

일정하게 주어진 실질잔고 M/P에 대해 화폐시장이 균형을 이루는 단지 하나의 이자율이 존재할 뿐이다. LM곡선은 그림 12-20에서 보는 것처럼 수평선이 된다.

재정정책은 매우 효과적이다. 생산량은 IS곡선이 이동한 양만큼 완전하게 증대된다. 금융정책도 또한 효과적이다. 통화공급이 증가하면 이자율이 하락하여 그림 12-20에서 보는 것처럼 LM곡선이 아래로 이동한다.

그림 12-20

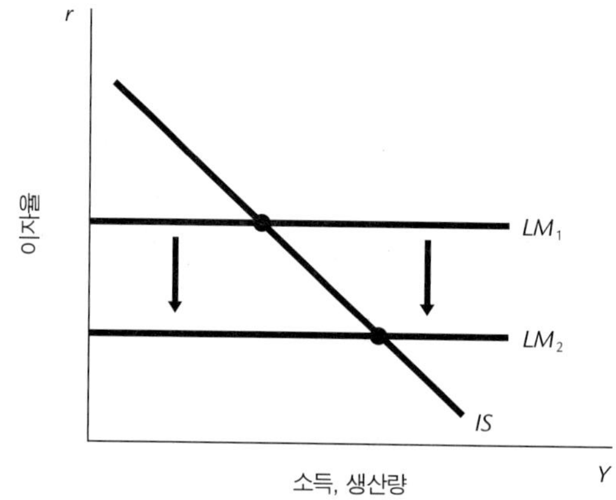

f. 이 문구는 옳다. LM곡선은 실질화폐잔고의 공급 및 수요가 일치해서 화폐시장이 균형을 이루는 소득과 이자율의 결합을 나타낸다. LM식의 일반적인 형태는 다음과 같다.

$$M/P = L(r, Y)$$

소득 Y가 1달러 증가하였다고 가정하자. 화폐시장이 균형을 유지하기 위해서는 이자율이 얼마나 변화해야 하는가? Y가 증가하면 통화수요가 증대된다. 통화수요가 이자율에 극단적으로 민감한 경우 이자율의 매우 작은 증가에도 통화수요가 감소하여 화폐시장의 균형이 회복된다. 따라서 그림 12-21에서 보는 것처럼 LM곡선은 (거의) 수평선이 된다.

그림 12-21

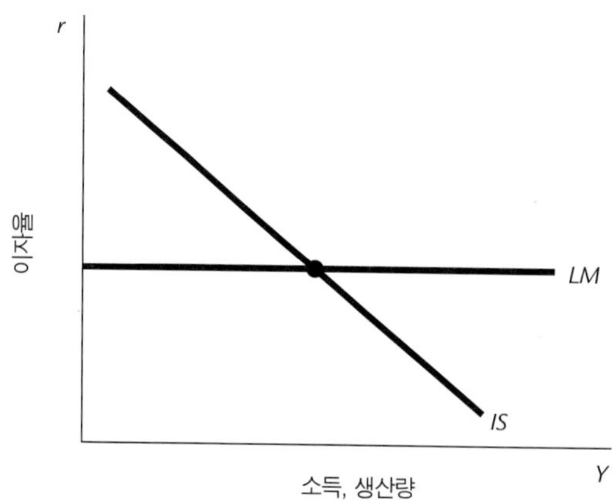

예를 들면 이를 더 명확히 알 수 있다. LM식을 선형으로 나타낸 다음의 경우를 생각해 보자.

$$M/P = eY - fr$$

f가 커질수록 통화수요는 이자율에 점점 더 민감해진다. 위의 식을 재정리하여 r에 대해 풀면 다음과 같다.

$$r = (e/f)Y - (1/f)(M/P)$$

각 변수들의 변화가 다른 변수들의 변화와 어떻게 연계되는지 살펴보고자 한다. 이러기 위해서는 위의 식을 다음과 같이 변화 측면에서 재정리하는 것이 편리하다.

$$\Delta r = (e/f)\Delta Y - (1/f)\Delta(M/P)$$

LM 식의 기울기는 M은 고정되어 있다고 보고 Y가 변화할 경우 r이 얼마나 변하는지를 알려 준다. $\Delta(M/P) = 0$인 경우 기울기는 $\Delta r/\Delta Y = (e/f)$가 된다. f가 커짐에 따라 이 기울기는 점점 더 0에 근접한다.

통화수요가 이자율에 매우 민감할 경우 재정정책은 매우 효과적이다. *LM*곡선은 수평선이 되며 생산량은 *IS*곡선이 이동한 양만큼 완전하게 증대된다. 금융정책은 이 경우에 완벽하게 효과가 없다. 통화공급이 증가하더라도 *LM*곡선은 전혀 이동하지 않는다. M이 증가할 경우 어떤 현상이 나타나는지 살펴보도록 하자. 일정하게 주어진 Y에 대해(따라서 $\Delta Y = 0$인 경우에 대해) $\Delta r/\Delta(M/P) = (-1/f)$이 되며 이는 *LM*곡선이 얼마나 아래로 이동하는지를 알려 준다. f가 커짐에 따라 이 이동은 점점 더 작아져서 0에 근접한다[이는 아래로 이동한 (c)의 수평적인 *LM*곡선과 대조를 이룬다].

6. a. 투자는 증가시키지만 생산량을 일정하게 유지하기 위하여 정부는 그림 12-22에서 보는 것처럼 느슨한 금융정책과 긴축적인 재정정책을 시행해야 한다. 새로운 균형점인 B에서 이자율이 더 낮아져 투자가 증가한다. 예를 들어 정부구매를 감소시키는 긴축적인 재정정책은 이런 투자 증가가 생산량에 미치는 영향을 상쇄하게 된다.

   b. 1980년대 초 미국에서 시행된 정책혼합은 이와 정반대로 이루어졌다. 재정정책은 확장적이었으며 금융정책은 수축적이었다. 이런 정책혼합으로 인해 그림 12-23에서 보는 것처럼 *IS*곡선은 오른쪽으로 이동하며 *LM*곡선은 왼쪽으로 이동한다. 따라서 실질이자율은 상승하고 투자는 감소한다.

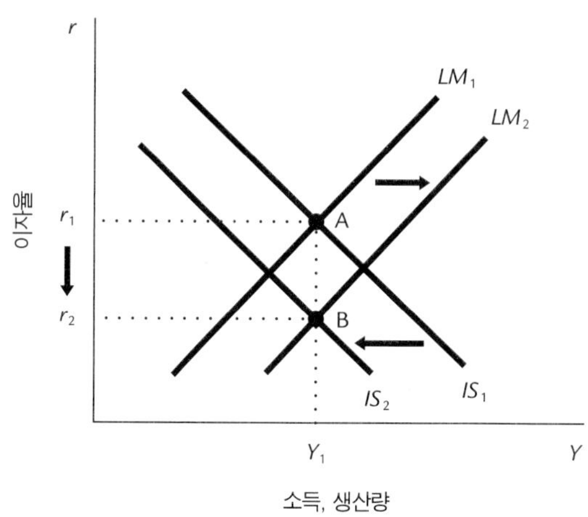

그림 12-22

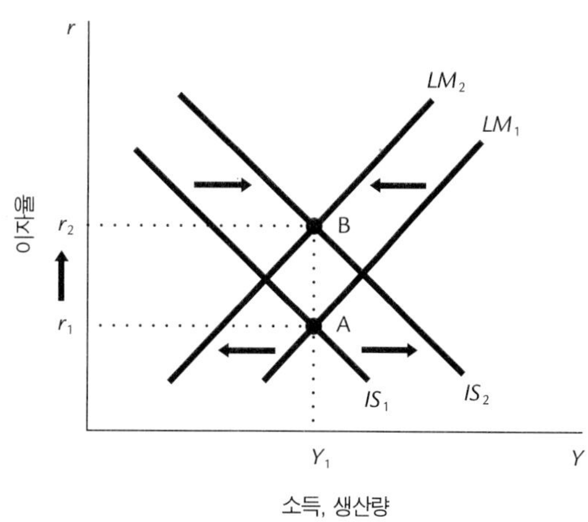

그림 12-23

7\. a. 통화공급이 증가하면 *LM*곡선은 단기적으로 볼 때 오른쪽으로 이동하며 이로 인해 경제는 그림 12-24에서 보는 것처럼 점 A에서 점 B로 이동한다. 이자율은 r_1에서 r_2로 하락하고 생산량은 $\overline{Y}$에서 Y_2로 증가한다. 이자율이 하락하여 투자를 자극하면 생산량이 증가하므로 생산량의 증대가 이루어진다.

이제는 생산량 수준이 장기적인 수준을 초과하게 되어 물가가 상승하게 된다. 물가수준이 상승하면 실질화폐잔고가 낮아져서 이자율이 상승한다. 그림 12-24에서 보는 것처럼 *LM*곡선은 왼쪽으로 다시 돌아가게 된다. 경제가 원래 위치인 점 A로 돌아갈 때까지 물가는 계속 상승한다. 이자율이 r_1으로 돌아가게 되면 투자는 원래 수준으로 회복된다. 따라서 장기적으로 보면 통화공급 증가로 인해 실질변수에 미치는 영향은 없다(이를 제5장에서는 소위 **화폐의 중립성**이라고 하였다).

그림 12-24

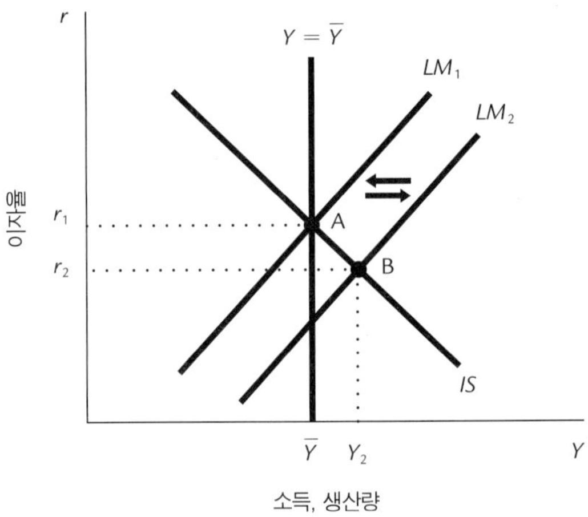

b. 정부구매가 증가하면 *IS*곡선이 오른쪽으로 이동하며 그림 12-25에서 보는 것처럼 점 B로 이동한다. 단기적으로 생산량은 $\overline{Y}$에서 Y_2로 증가하며 이자율은 r_1에서 r_2로 상승한다.

이자율이 상승하면 투자가 감소하여 정부구매의 확장적인 영향 중 일부를 '구축'하게 된다. 정부지출이 *LM*식에 포함되지 않으므로 *LM*곡선은 처음에 영향을 받지 않는다. 생산량이 증가하고 나면

그림 12-25

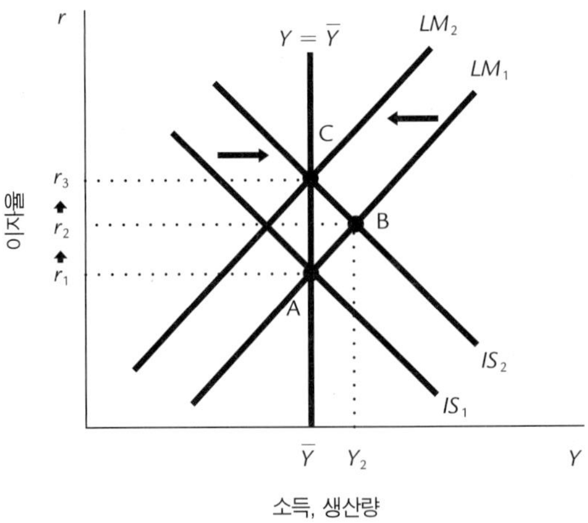

장기 균형수준을 초과하게 되어 물가가 상승하기 시작한다. 물가가 상승하면 실질화폐잔고를 낮추어 *LM* 곡선이 왼쪽으로 이동한다. 이자율이 단기에서보다 훨씬 더 인상된다. 장기 생산량 수준이 다시 회복될 때까지 이 과정이 지속된다. 새로운 균형인 점 C에서 이자율은 r_3로 인상되지만 물가수준은 영원히 더 높아진다. 금융정책과 마찬가지로 재정정책도 장기 생산량 수준을 변화시킬 수 없다는 점에 주목하자. 하지만 금융정책과 달리 재정정책은 생산량의 **구성**을 변화시킬 수 있다. 예를 들면 점 C에서의 투자수준은 점 A에서보다 낮아진다.

c. 조세가 증가하면 소비자의 가처분소득이 감소하여 *IS* 곡선이 그림 12-26에서 보는 것처럼 왼쪽으로 이동한다. 단기적으로 경제는 점 A에서 점 B로 이동하며 생산량과 이자율은 Y_2와 r_2로 각각 하락한다.

그림 12-26

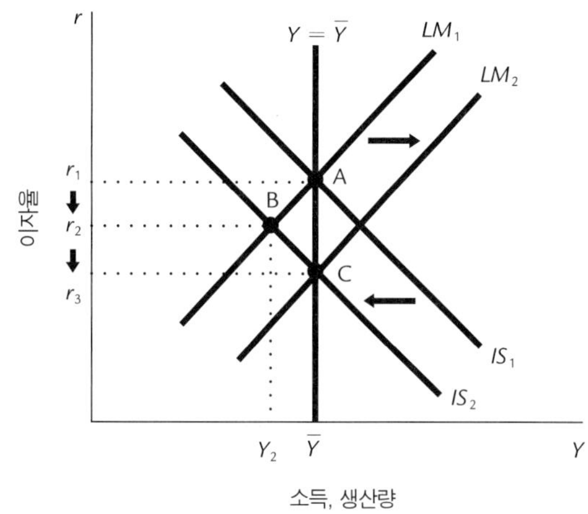

처음에 *LM* 곡선은 영향을 받지 않는다. 장기적으로 생산량은 장기 균형수준 아래에 있게 되어 물가가 감소하기 시작한다. 그러면 실질화폐잔고가 증가하여 *LM* 곡선이 오른쪽으로 이동한다. 이자율은 더욱 감소하여 r_3로 하락하며 이로 인해 더욱 투자를 촉진하고 소득이 증가한다. 장기적으로 경제는 점 C로 이동한다. 생산량은 $\overline{Y}$로 돌아가며 물가수준과 이자율은 더 낮아진다. 소비의 감소는 동일한 양의 투자 증가로 상쇄된다.

8. 그림 12-27(A)는 중앙은행이 통화공급을 일정하게 유지할 경우 나타나게 될 *IS*-*LM* 모형을 보여 준다. 그림 12-27(B)는 이자율이 일정하게 유지되도록 중앙은행이 통화공급을 조정할 경우 나타나게 될 *IS*-*LM* 모형을 보여 준다. 이런 정책이 시행되면 유효한 *LM* 곡선은 수평선이 된다.

그림 12-27

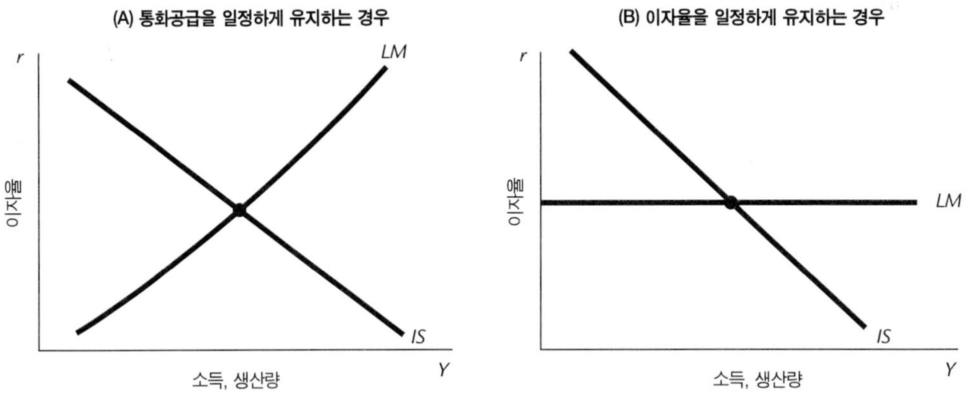

a. 경제에 대한 모든 충격이 재화 및 용역수요의 외생적인 변화에서 기인하는 경우 모든 충격은 *IS*곡선에 영향을 미친다. 충격으로 인해 *IS*곡선이 IS_1에서 IS_2로 이동하는 경우를 생각해 보자. 그림 12-28(A) 및 (B)는 이런 충격이 두 정책하에서 생산량에 어떤 영향을 미치는지 보여 준다. 중앙은행이 통화공급을 일정하게 유지하는 정책을 선택할 경우 생산량의 변동이 더 작아진다는 점을 분명히 알 수 있다. 따라서 모든 충격이 *IS*곡선과 관련된 경우 중앙은행은 통화공급을 일정하게 유지하는 정책을 따르는 것이 바람직하다.

그림 12-28

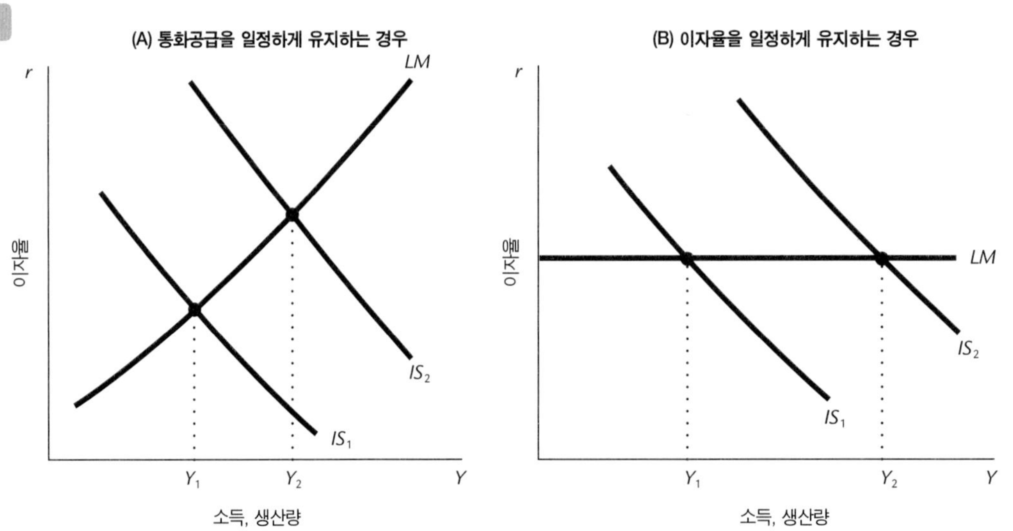

b. 경제의 모든 충격이 통화수요의 외생적인 변화에서 기인하는 경우 모든 충격은 *LM*곡선과 관련된다. 중앙은행이 이자율을 일정하게 유지하기 위하여 통화공급을 조절하는 정책을 선택할 경우 *LM*곡선은 이런 충격에 반응하여 이동하지 않는다. 중앙은행은 즉시 통화공급을 조절하여 화폐시장의 균형이 유지되도록 한다. 그림 12-29(A) 및 (B)는 이 두 정책하에서 미치는 영향을 보여 주고 있다. 그림 12-29(B)에서 보는 것처럼 중앙은행이 이자율을 일정하게 유지할 경우 생산량이 더 적게 변화한다는

그림 12-29

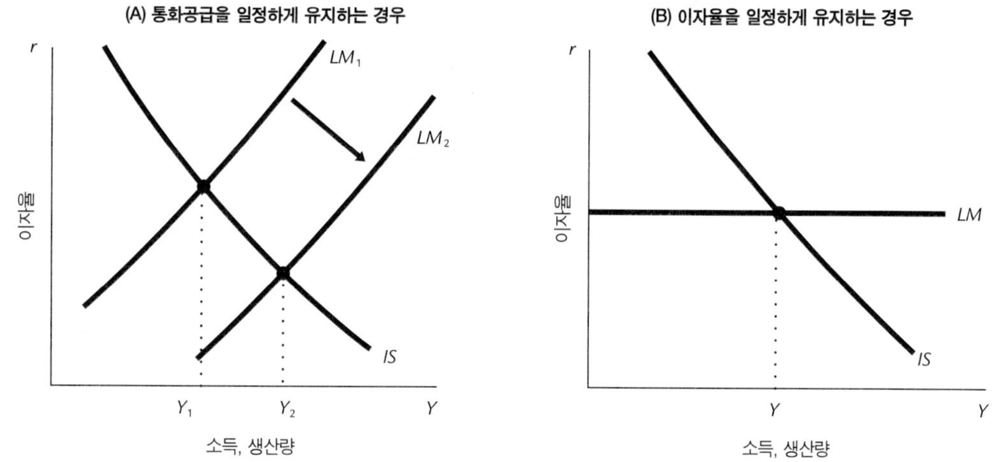

점이 분명하다. 중앙은행이 이자율을 일정하게 유지하고 통화공급을 변화시켜 통화수요에 대한 충격을 상쇄할 경우 생산량의 변동은 제거된다. 그러므로 모든 충격이 *LM*곡선과 관련된 경우 중앙은행은 이자율을 일정하게 유지하기 위하여 통화공급을 조절해야 하며 이로 인해 생산량이 안정된다.

9. a. 정부구매의 변화에 대한 분석은 통화수요가 총지출 대신에 가처분소득에 의존함으로써 영향을 받지 않는다. 정부구매가 증가하면 일반적인 경우와 마찬가지로 *IS*곡선이 오른쪽으로 이동한다. *LM*곡선은 이런 정부구매의 증가로 인해 영향을 받지 않는다. 따라서 분석은 이전과 같아지며 그림 12-30을 통해 이를 알 수 있다.

   b. 조세가 삭감되면 모든 소득수준 Y에서 가처분소득 $Y-T$가 증가하게 된다. 이런 경우 일정하게 주어진 소득수준에 대해 소비도 역시 증가하여 일반적인 경우처럼 *IS*곡선이 오른쪽으로 이동한다. 그림 12-31은 이를 보여 주고 있다. 하지만 통화수요가 가처분소득에 의존할 경우 조세삭감으로 인해 통

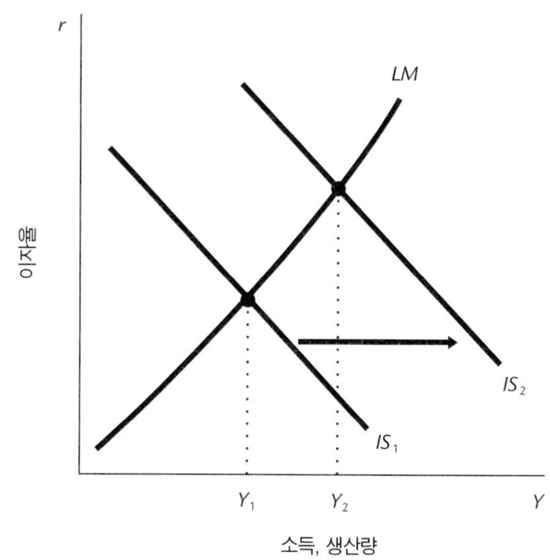

그림 12-30

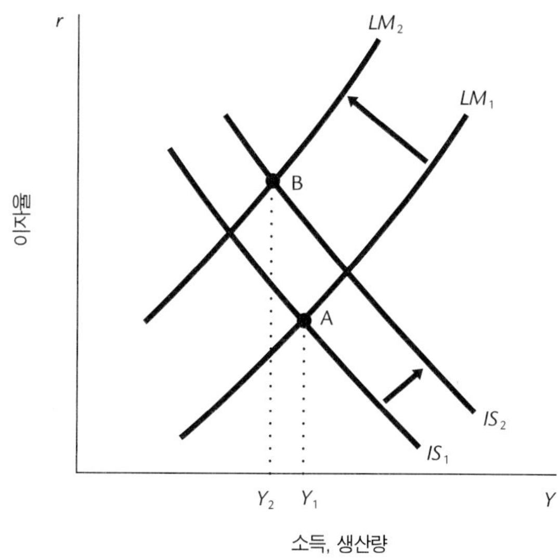

그림 12-31

화수요가 증가하여 그림에서 보는 것처럼 *LM*곡선이 위쪽으로 이동한다. 이처럼 통화수요가 가처분 소득에 의존함으로써 조세 변화에 따른 분석의 결과가 극적으로 변화될 수 있다. 그림에서 보는 것처럼 조세삭감으로 인해 경제가 수축될 수도 있다.

10. a. 생산량이 계획된 지출과 동일해지거나 또는 $Y = PE$인 경우 재화시장은 균형을 이룬다. 이 균형 조건에 기초하여 문제에서 주어진 관계식들을 대체하면 균형생산량 Y를 다음과 같이 나타낼 수 있다.

$$\begin{aligned} Y &= C + I + G \\ Y &= C(Y - T) + I(r) + G \\ Y &= a + b(Y - T) + c - dr + G \\ (1 - b)Y &= a - bT + c - dr + G \\ Y &= \frac{a - bT + c - dr + G}{1 - b} \end{aligned}$$

b. *IS*곡선의 기울기는 다음과 같이 나타낼 수 있다.

$$\frac{\Delta r}{\Delta Y}$$

(a)의 식을 이용하여 *IS*곡선의 기울기를 다음과 같이 나타낼 수 있다.

$$\frac{\Delta r}{\Delta y} = \frac{1}{(\Delta Y / \Delta r)} = \frac{1}{-[d/(1-b)]} = \frac{(1-b)}{d}$$

수학적으로 설명하면 모수 d의 값이 커질수록 기울기의 절댓값은 더 작아지며 *IS*곡선은 더 평평해진다. 직관적으로 설명하면 모수 d의 값이 더 커질 경우 투자는 이자율의 변화에 더 반응을 한다. 이자율이 정해진 수준으로 일정하게 감소할 경우 투자는 더 증가하며 승수효과를 통해 균형생산량 Y는 더 큰 폭으로 증대된다. 이로 인해 *IS*곡선은 더 평평해진다.

c. 조세삭감이 100달러 이루어진 경우보다 정부지출이 100달러 증가한 경우에 *IS*곡선이 수평적으로 더 많이 이동한다. (a)의 균형생산량 식에서 보면 조세삭감이 미치는 영향은 모수 b로 나타낸 한계소비성향에 의존한다. 예를 들어 *MPC*가 0.75인 경우 조세삭감이 100달러 이루어지면 *IS*곡선은 75달러만큼 이동한다. 직관적으로 설명하면 다음과 같은 이유로 인해 타당한 것처럼 보인다. 정부지출이 100달러 증가하면 전부 사용되지만 조세삭감이 이루어지면 일부만 지출되고 나머지는 *MPC*의 크기에 따라 저축을 하게 된다.

d. 실질잔고수요가 실질잔고공급과 동일해질 경우 화폐시장 균형이 달성된다. 실질잔고수요에 관한 정보를 이용하여 균형이자율에 대한 해법을 구하면 다음과 같다.

$$\frac{M}{P} = L(r,\ Y) = eY - fr$$
$$fr = eY - \frac{M}{P}$$
$$r = \frac{eY}{f} - \frac{M}{fP}$$

e. *LM* 곡선의 기울기는 다음과 같다.

$$\frac{\Delta r}{\Delta Y}$$

(d)에서 *LM* 곡선의 기울기는 e/f이다. 모수 f가 커질수록 기울기는 더 작아지며 *LM* 곡선은 더 평평해진다. 직관적으로 설명하면 모수 f가 커질수록 통화수요는 이자율의 변화에 더욱 반응을 한다. 이것이 의미하는 바는 통화수요의 증가로 이어지는 소득의 증대가 발생할 경우 화폐시장에서 균형을 회복하는 데는 이자율이 상대적으로 소폭 상승하면 된다는 것이다.

f. 통화공급 M의 변화로 인해 발생하는 *LM* 곡선의 수평적 이동의 크기는 *LM* 곡선이 가로축과 교차하는 지점을 살펴봄으로써 측정할 수 있다. 가로축의 절편을 구하기 위해 (d)의 식에서 r을 0이라 하고 Y에 대해 풀어 보자. *LM* 곡선은 $Y = M/eP$에서 가로축과 교차한다. 수학적으로 살펴보면 통화공급이 100달러 변할 경우 모수 e의 값이 클수록 수평축의 절편에 더 작은 영향을 미친다. 모수 e가 더 클 경우 통화수요는 소득 Y의 변화에 더 반응을 하고 *LM* 곡선은 더 가파르게 된다. 직관적으로 설명하면 소득이 증가하고 모수 e가 상대적으로 더 커질 경우 통화수요는 더 많이 증대된다. 이런 경우 화폐시장 균형을 회복하기 위해서는 이자율이 더 큰 폭으로 인상되어야 하며 *LM* 곡선은 더 가파르게 된다. 일반적으로 말하면 통화공급이 증가할 경우 이자율이 인하되고 투자지출 및 생산량은 증대된다. 생산량이 증가할 경우 통화수요도 증대된다. 모수 e가 상대적으로 큰 경우 화폐시장의 균형을 회복하기 위해서 이자율은 더 큰 폭으로 인상되어야 한다. *LM* 곡선이 수평적으로 더 적게 이동할 경우 균형 생산량에 미치는 전반적인 영향은 상대적으로 더 작아진다. 모수 f는 통화공급의 변화로 인해 발생하는 *LM* 곡선의 수평적 이동의 크기에 영향을 미치지 않는다. 모수 f는 수직적 이동과 *LM* 곡선의 기울기에 영향을 미치지만 수평적 이동에는 영향을 미치지 않는다.

g. 총수요곡선을 도출하기 위해서 (d)의 식을 (a)의 식에 대입하고 Y에 대해 풀면 다음과 같다.

$$Y = \frac{a - bT + c - dr + G}{1-b} - \frac{d}{1-b}\left(\frac{eY}{f} - \frac{M}{fP}\right)$$
$$Y\left(1 + \frac{de}{f(1-b)}\right) = \frac{a - bT + c + G}{1-b} + \frac{dM}{f(1-b)P}$$
$$Y = \frac{f(a - bT + c + G)}{f(1-b) + de} + \frac{dM}{[f(1-b) + de]P}$$

h. (g)의 식에서 알 수 있는 것처럼 총수요곡선은 음의 기울기를 갖는다. 물가수준 P가 상승하면 오른편 두 번째 항의 값이 감소하여 생산량 Y가 하락한다.

i. 통화공급이 증대하고 정부 지출이 증가하며 조세가 감소하게 되면 (g)에 있는 총수요곡선에 대한 방정식에서 알 수 있듯이 이들 모두 총수요곡선을 오른쪽으로 이동시킨다. 오른편의 첫 번째 항에서 G가 증가하거나 또는 T가 감소할 경우 이 항의 값을 증대시켜 총수요곡선을 오른쪽으로 이동시킨다. 오른편의 두 번째 항에서 일정하게 주어진 물가수준에 대해 통화공급을 증대시키면 생산량이 증가하고 이에 따라 총수요곡선이 오른쪽으로 이동한다. 모수 f가 0인 경우 오른편의 첫 번째 항은 0이 되고 정부 지출 및 조세의 변화가 총수요곡선에 영향을 미치지 못한다. 이 경우 LM곡선은 수직선이 되고 IS곡선을 이동시키는 재정정책의 변화는 생산량에 영향을 미치지 못한다. 이 경우에 금융정책은 효과가 있다. 즉 통화공급이 증가할 경우 총수요곡선이 오른쪽으로 이동한다. 이 경우 총수요곡선은 다음과 같다.

$$Y = \frac{M}{eP}$$

13

개방경제에 관한 재논의 : 먼델-플레밍 모형과 환율제도

복습용 질문

1. 먼델-플레밍 모형에서 조세가 증가함에 따라 IS^*곡선은 왼쪽으로 이동한다. 변동환율제인 경우 LM^*곡선은 영향을 받지 않는다. 그림 13-1에서 보는 것처럼 환율은 하락하고 총소득은 불변한다. 환율이 하락함에 따라 무역수지가 증대된다.

그림 13-1

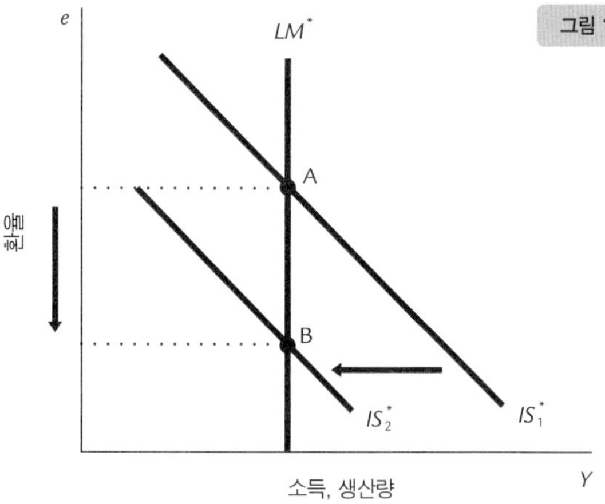

이제는 고정환율제인 경우를 생각해 보자. 그림 13-2에서 IS^*곡선이 왼쪽으로 이동할 경우 환율을 일정하게 유지하기 위하여 통화공급이 감소해야 하며 이로 인해 LM^*곡선은 LM_1^*에서 LM_2^*로 이동한다. 그림에서 보는 것처럼 생산량이 감소하고 환율은 고정된다.

환율이 변하거나 순수출 스케줄이 이동할 경우에만 순수출이 변할 수 있다. 이런 현상이 발생하지 않았으므로 순수출은 변하지 않는다.

개방경제하에서 재정정책은 고정환율제인 경우 생산량에 영향을 미쳐 효과가 있지만 변동환율제인 경우 효과가 없다.

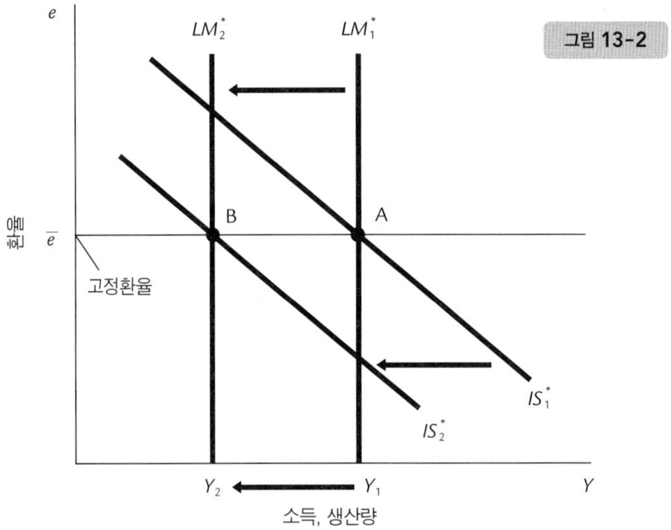

2. 변동환율제인 먼델-플레밍 모형에서 통화공급이 감소하면 실질화폐잔고 M/P이 감소하여 LM^*곡선이 왼쪽으로 이동한다. 그림 13-3에서 보는 것처럼 이로 인해 새로운 균형에 도달하게 되며 여기서 소득은 낮아지고 환율은 높아진다. 환율이 증가하면 무역수지가 감소한다.

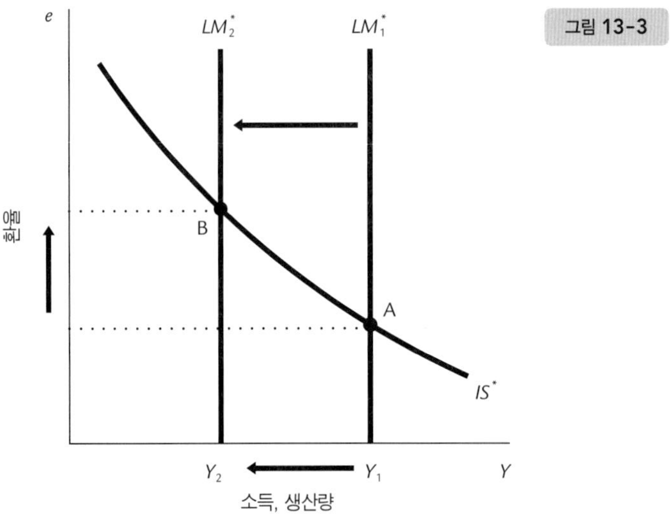

고정환율제라면 환율에 대한 상승압력으로 인해 중앙은행은 (미국의 경우 국내통화인) 달러화를 매도하고 외환을 매입하게 된다. 통화공급 M이 증가하면 LM^*곡선이 오른쪽으로 이동하여 그림 13-4에서 보는 것처럼 LM_1^*으로 다시 돌아간다.

그림 13-4

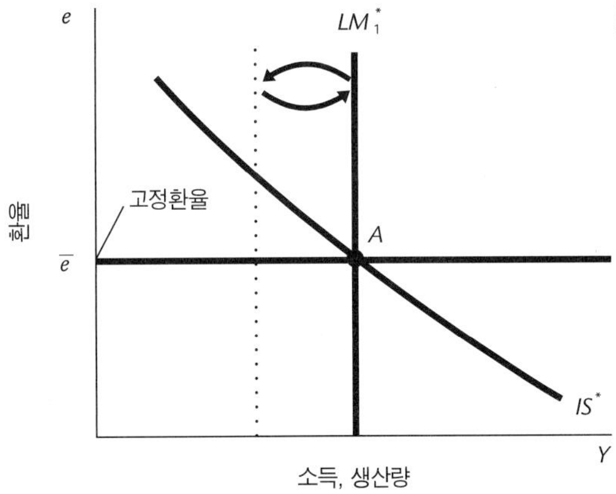

균형에서 소득, 환율, 무역수지가 불변한다.

개방경제하에서 금융정책은 변동환율제인 경우 생산량에 영향을 미쳐 효과가 있지만 고정환율제인 경우에는 그렇지 못하다.

3. 변동환율제인 먼델-플레밍 모형에서 수입 자동차에 대한 할당량이 제거되면 그림 13-5에서 보는 것처럼 순수출 스케줄이 안쪽으로 이동한다. 그림에서 보는 것처럼, 예를 들면 $\bar{e}$에서 환율이 일정하게 주어진 경우 순수출이 감소한다. 그 이유는 (예를 들면) 미국인이 할당이 있었을 때보다 (자국산 자동차가 아닌) 일본산 토요타, 독일산 폭스바겐, 기타 외국산 자동차를 더 많이 구입할 수 있기 때문이다.

그림 13-5

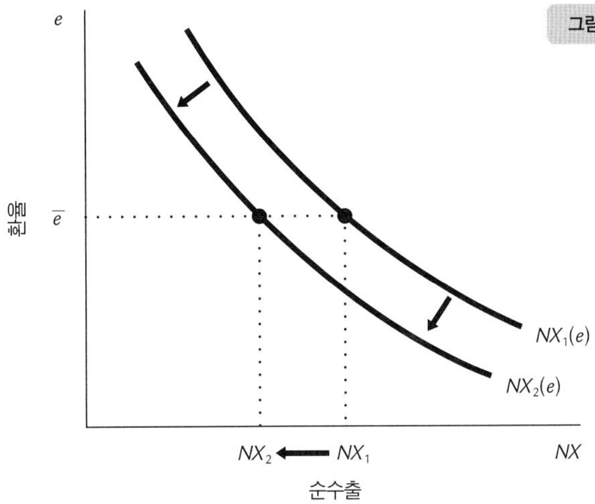

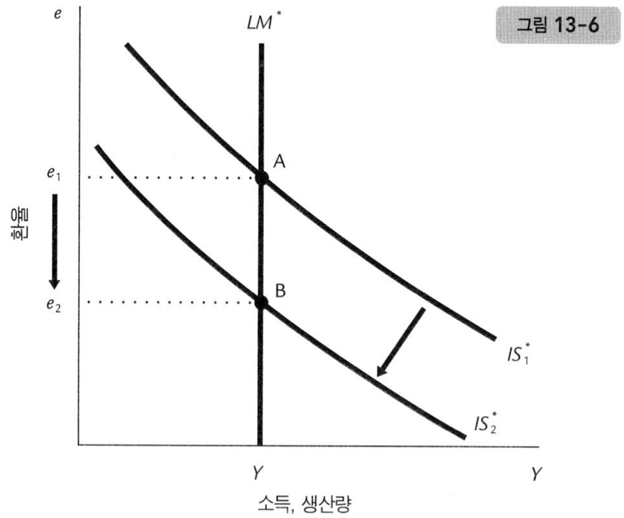

순수출 스케줄이 안쪽으로 이동하면 그림 13-6에서 보는 것처럼 IS^* 스케줄도 역시 안쪽으로 이동한다. 환율은 하락하고 소득은 불변하며 무역수지도 또한 불변한다. 그 이유는 다음과 같기 때문이다.

$$NX(e) = Y - C(Y - T) - I(r) - G$$

할당량을 제거할 경우 Y, C, I, G에 영향을 미치지 않으므로 무역수지에 영향을 미치지 않는다. 할당량의 제거로 인한 순수출의 감소는 환율가치의 하락으로 인한 순수출의 증가로 인해 정확하게 상쇄된다.

고정환율제인 경우 IS^* 곡선이 이동함에 따라 위에서 본 것처럼 환율을 하락시키려는 압력을 가하게 된다. 환율을 고정시키기 위해 중앙은행은 (미국의 경우 자국통화인) 달러화를 매입하고 외환을 매도하게 된다. 이로 인해 LM^* 곡선은 그림 13-7에서 보는 것처럼 왼쪽으로 이동한다.

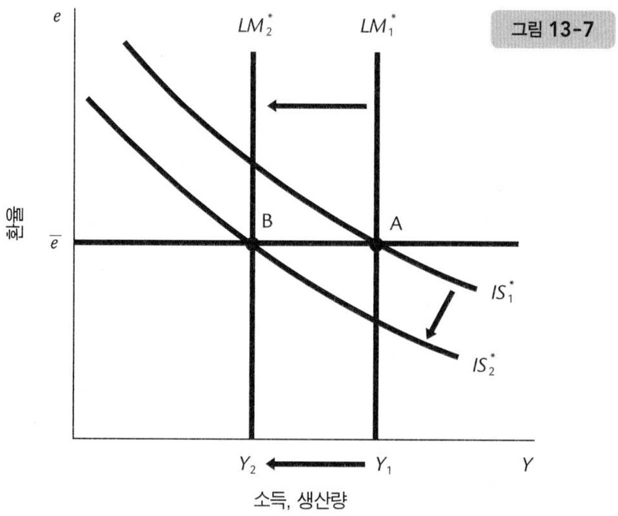

균형에서 소득은 낮아지고 환율은 불변하며 무역수지는 감소한다. 그 이유는 일정한 환율수준에서 순수출이 낮아지기 때문이다.

4. 다음 표는 변동환율제와 고정환율제의 이점과 불리한 점을 보여 주고 있다.

표 13-1

변동환율제
이점 : 금융정책을 이용하여 환율을 안정시키는 것 이외에 다른 목표, 예를 들면 물가 및 고용 안정을 달성할 수 있다.
불리한 점 : 환율불안정이 더 커지며 이로 인해 국제무역이 더 어려워질 수 있다.
고정환율제
이점 : 환율불안정이 낮아져 국제무역이 더 용이해진다. 금융당국이 과도하게 통화공급을 하지 못하도록 이를 규율할 수 있다. 통화공급 규칙을 이행하기가 용이하다.
불리한 점 : 금융정책을 사용하여 환율을 유지하는 것 이외의 다른 정책목표를 추구할 수 없다. 금융당국을 규율하는 수단으로 사용할 경우 소득 및 고용의 불안정이 더 커질 수 있다.

5. 불가능한 삼위일체에 따르면 일국이 자유로운 자본이동, 고정환율제, 독립적인 금융정책 모두를 유지하는 것이 불가능하다고 한다. 다시 말해 위의 세 개 중에서 두 개만을 유지할 수 있다. 자유로운 자본이동과 독립적인 금융정책을 유지하고자 한다면 환율을 고정시킬 수 없다. 고정환율제와 자유로운 자본이동을 유지하고자 한다면 독립적인 금융정책을 시행할 수 없다. 독립적인 금융정책과 고정환율제를 원한다면 자본이동을 제한해야만 한다.

문제와 응용

1. 다음의 세 가지 식을 이용하여 먼델-플레밍 모형을 설명할 수 있다.

$$Y = C(Y-T) + I(r) + G + NX(e) \qquad (IS^*)$$
$$M/P = L(r,\ Y) \qquad (LM^*)$$
$$r = r^*$$

이 밖에 물가수준은 국내와 해외에서 단기적으로 고정돼 있다고 가정한다. 이는 명목환율 e가 실질환율 ϵ와 같다는 의미이다.

a. 소비자가 지출을 감소하고 저축을 증가시킬 경우 IS^*곡선은 왼쪽으로 이동한다. 그림 13-8은 변동환율제의 경우를 보여 준다. 통화공급이 조절되지 않기 때문에 LM^*곡선은 이동하지 않는다. LM^*곡선이 불변하므로 생산량 Y도 역시 불변한다. 환율이 하락하면(평가절하되면) 이로 인한 무역수지의 증대가 소비의 감소와 일치하게 된다.

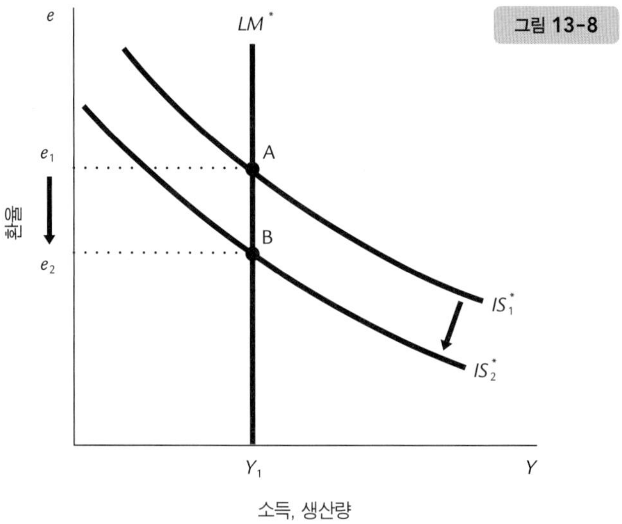

그림 13-9는 고정환율제의 경우를 보여 주고 있다. IS^*곡선은 왼쪽으로 이동하지만 환율은 하락할 수 없다. 대신에 소득이 감소한다. 환율이 불변하므로 무역수지도 역시 변화하지 않는다는 사실을 알 수 있다.

요점을 말하면 바람직한 지출이 감소할 경우 이자율하락 압력을 가하게 되고 여기서 환율하락 압력도 가하게 된다. 고정환율제인 경우 중앙은행은 투자자들이 교환하고자 하는 국내통화를 매입하고 외국통화를 공급하게 된다. 결과적으로 환율은 불변하여 무역수지가 변하지 않는다. 이에 따라 소비 감소를 상쇄할 어떤 일도 발생하지 않고 생산량은 감소한다.

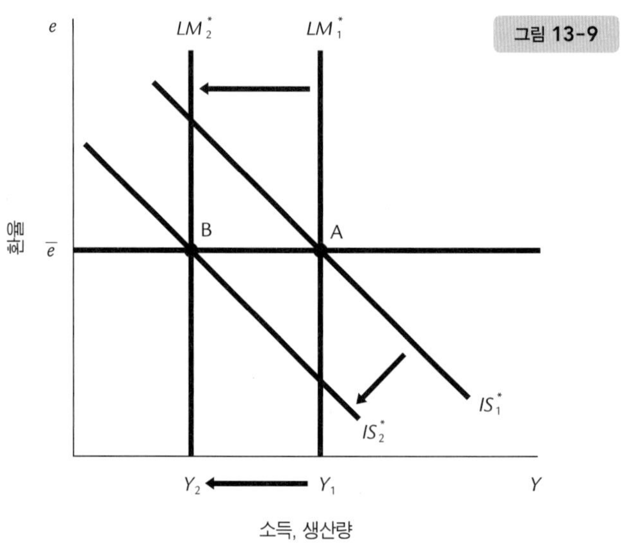

b. 미국의 일부 소비자들이 포드 사나 크라이슬러 사의 자동차보다 멋진 모델의 토요타 사 자동차를 선호하게 될 경우 그림 13-10에서 보는 것처럼 순수출 스케줄이 왼쪽으로 이동한다. 즉 환율수준에서 순수출은 이전보다 더 낮아진다.

그림 13-10

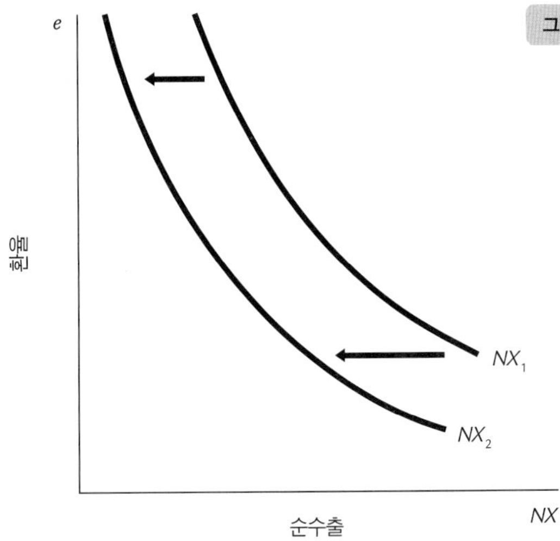

이로 인해 변동환율제의 경우 그림 13-11에서 보는 것처럼 IS^*곡선도 역시 왼쪽으로 이동한다. LM^*곡선은 고정되어 있으므로 소득은 불변하지만 환율이 하락한다(평가절하된다).

그림 13-11

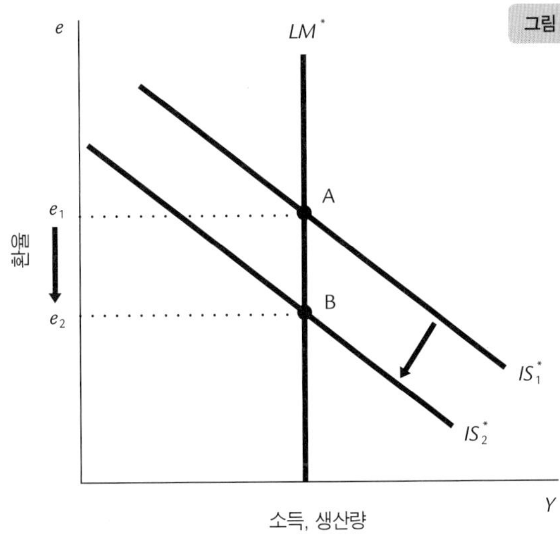

환율은 하락하지만 무역수지는 역시 변화하지 않는다. 그 이유는 $NX = S - I$이기 때문이며 이 경우 저축과 투자 모두 불변한다. 소비자들이 외국산 자동차를 매입하고자 할 때 이로 인해 순수출이 감소한다. 이에 따른 환율 가치의 하락은 순수출을 증대시키고 감소를 상쇄시켜 순수출은 불변하게 된다.

그림 13-12는 고정환율제의 경우를 보여 준다. IS^*곡선이 왼쪽으로 이동함에 따라 환율에 대해 하락 압력을 주게 된다. e를 고정시키기 위해 (미국의 경우 자국통화인) 달러화를 매입하고 외환을 매도하게 된다. 이로 인해 M이 감소되고 LM^*곡선이 왼쪽으로 이동한다. 따라서 소득이 감소한다.

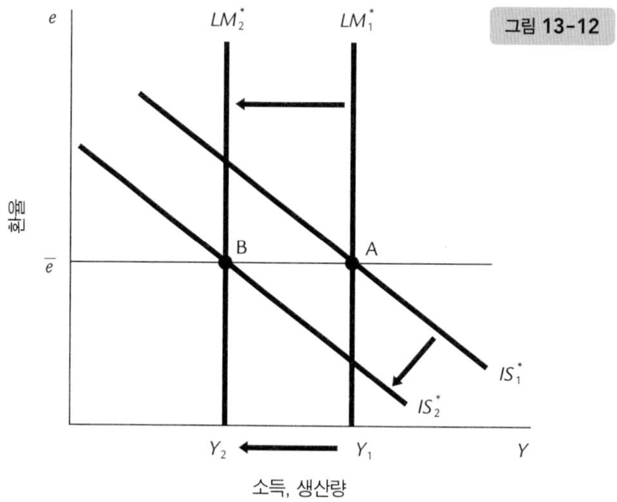

무역수지는 하락한다. 그 이유는 순수출 스케줄이 이동함에 따라 일정하게 주어진 환율에 대해 순수출이 낮아지기 때문이다.

c. 현금 자동지급기가 도입됨에 따라 통화수요가 낮아진다. 화폐시장균형을 이루려면 실질화폐잔고 M/P의 공급이 다음과 같이 수요와 일치해야 한다.

$$M/P = L(r^*, Y)$$

통화수요가 감소한다는 의미는 일정한 소득과 이자율에 대해 위 식의 오른편이 감소한다는 것이다. 직관적으로 말해 통화수요가 감소하면 이자율에 하락 압력을 주게 된다. 이로 인해 균형이 회복될 때까지 자본유출이 발생한다. 왜냐하면 이 모형에서 이자율은 세계이자율과 동일하기 때문이다. 해당 경제로부터 자본이 유출됨에 따라 환율이 하락한다. 이로 인해 순수출 및 생산량이 증가한다.

그림 13-13은 변동환율제의 경우를 보여 준다. 소득은 증가하고 환율은 하락하며(평가절하되며) 무역수지는 향상된다.

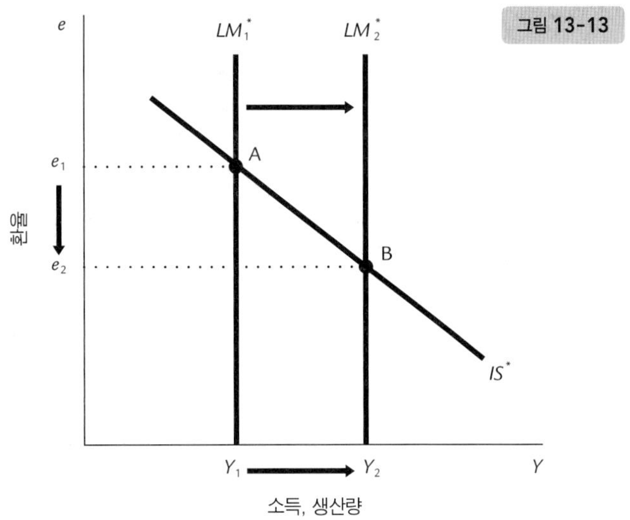

그림 13-14는 고정환율제의 경우를 보여 준다. LM^* 스케줄은 오른쪽으로 이동하고 이는 이전처럼 국내이자율을 낮추려는 경향이 있으며 해당 통화를 평가절하하게 된다. 하지만 환율하락을 방지하기 위하여 중앙은행은 (미국의 경우 자국통화인) 달러화를 매입하고 외환을 매도하게 된다. 이로 인해 통화공급이 감소하며 LM^* 스케줄은 왼쪽으로 다시 이동한다. LM^* 곡선은 계속해서 원래의 위치로 이동하여 원래의 균형점이 회복된다.

결국 소득, 환율, 무역수지가 불변한다.

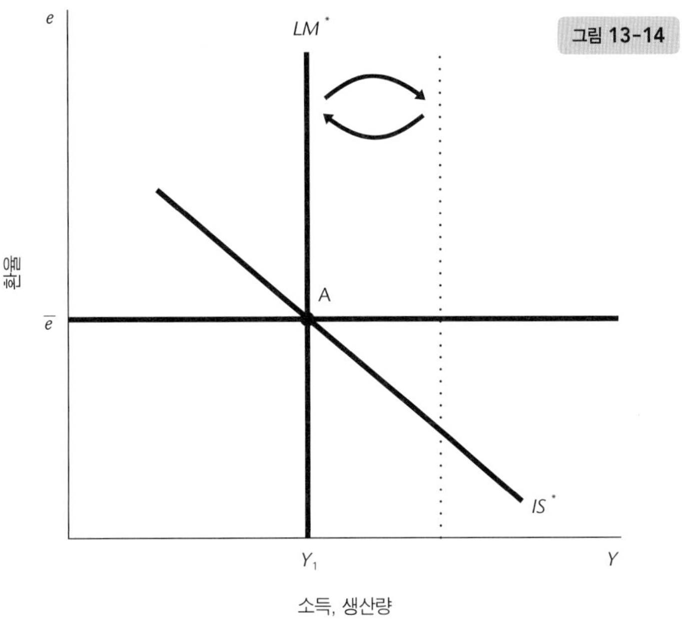

2. a. 먼델-플레밍 모형에서 완전 자본이동하에서의 소국개방경제의 경우 IS^* 식은 다음과 같다.

$$Y = C(Y - T) + I(r) + G + NX(\varepsilon)$$

문제에서 주어진 정보를 대입하면 다음과 같아진다.

$$Y = 50 + 0.75(Y - 200) + 200 - 20r + 200 + 200 - 50\varepsilon$$
$$Y = 500 + 0.75Y - 20r - 50\varepsilon$$

이자율은 세계이자율 5퍼센트와 같다는 사실을 알고 있다. 따라서 IS^* 식은 다음과 같다.

$$Y = 1{,}600 - 200\varepsilon$$

화폐시장에서 균형을 이루기 위해 실질잔고 M/P 의 공급은 수요와 같아야 한다.

$$M/P = L(r^*, Y)$$

따라서 LM^* 식은 다음과 같다.

$$3{,}000/3 = Y - 40r$$
$$Y = 1{,}000 + 40r$$

b. 이자율이 세계이자율 5퍼센트와 같다는 사실을 고려하면 균형소득 Y는 1,200이 된다. 일단 균형소득을 알게 되면 IS^* 식으로부터 균형환율이 2라는 사실을 알 수 있다. 균형환율을 순수출 함수에 대입하면 순수출은 100이 된다.

c. 정부지출이 50만큼 증가할 경우 IS^* 식은 다음과 같다.

$$Y = 50 + 0.75(Y - 200) + 200 - 20r + 250 + 200 - 50\varepsilon$$
$$Y = 550 + 0.75Y - 20r - 50\varepsilon$$

이자율이 세계이자율 5퍼센트와 같다는 사실을 알고 있다. 따라서 IS^* 식은 다음과 같다.

$$Y = 1{,}800 - 200\varepsilon$$

통화공급, 물가수준, 세계이자율은 변화가 없으므로 LM^* 곡선은 불변한다. 따라서 균형소득은 1,200이 된다. 새로운 IS^* 식으로부터 새로운 균형환율이 3이라는 사실을 알 수 있다. 정부지출이 증가하면 이자율에 상승압력을 가하기 때문에 환율이 평가절상된다. 이로 인해 자본유입이 증가하고 통화의 환율가치가 증대된다. 통화가 평가절상된다는 사실을 고려할 경우 순수출은 50으로 감소한다. 소득은 변화하지 않기 때문에 정부지출의 증가는 순수출의 감소로 연결된다. 그림 13-15에서 보는 것처럼 IS^* 곡선은 오른쪽으로 이동한다.

그림 13-15

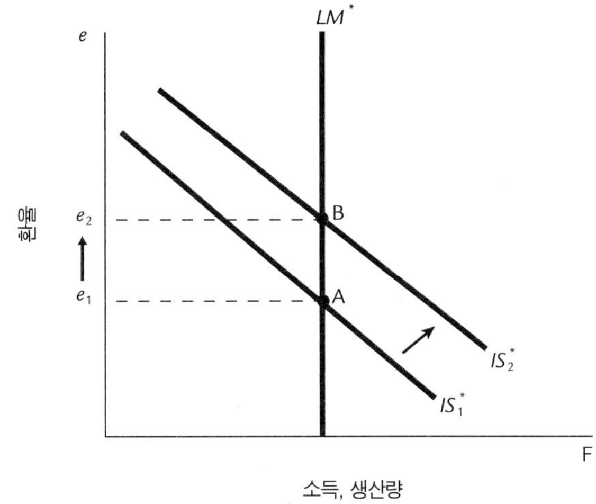

d. 정부지출이 50만큼 증가할 경우 새로운 IS^* 식은 (c)에서 도출한 것처럼 다음과 같다.

$$Y = 1,800 - 200\varepsilon$$

환율이 2로 고정되어 있다면 소득은 1,400으로 증가해야 한다. LM^* 식이 다음과 같다는 사실을 알고 있다.

$$M/3 = Y - 40\text{r}$$

소득 Y 및 세계이자율 r^*을 대입하면 통화공급이 3,600으로 증가해야 한다는 사실을 알 수 있다. 통화가 평가절상되는 것을 방지하기 위해서 (미국의) 연방준비은행은 (자국통화인) 달러화를 매도하고 외국통화를 매입해야 한다. 그림 13-16에서 보는 것처럼 LM^* 곡선은 오른쪽으로 이동한다.

그림 13-16

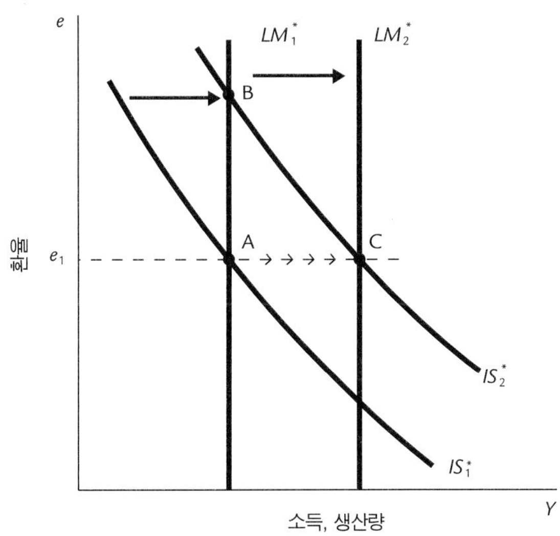

3. 경제는 그림 13-17의 점 A에서 경기후퇴를 경험하고 있다. 중앙은행이 소득을 증대시키기 위해서는 통화공급을 증가시켜야 하며 이를 통해 LM^*곡선이 오른쪽으로 이동한다. 이 정책만 시행될 경우 경제는 점 B로 이동하며, 환율이 평가절하되어서 수출이 촉진되고 무역수지가 개선된다. 환율의 평가절하를 방지하고 무역수지의 확대를 저지하기 위해서 재정당국은 조세를 삭감하거나 정부지출을 증대시켜야 한다. 이를 통해 IS^*곡선은 오른쪽으로 움직이며 경제는 점 C로 이동한다. 순수출이 환율에만 의존한다는 이 장의 가정에 따를 경우 무역수지의 변화를 방지할 수 있다. 그 대신에 생산량과 소득이 증가하면 국내수요의 증가를 반영하게 된다(통화확장 없이 재정확장만 시행될 경우 환율이 상승한다는 사실에 주목하라. 이렇게 되면 국내수요의 증대는 무역수지의 감소로 상쇄된다).

그림 13-17

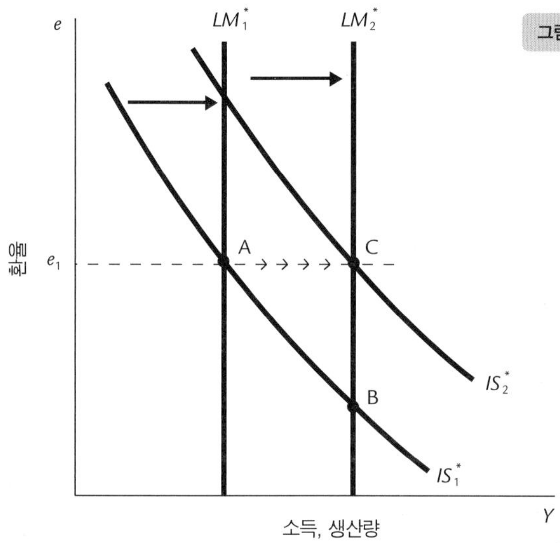

4. a. 먼델-플레밍 모형은 세계이자율 r^*를 외생변수로 간주하였다. 하지만 세계이자율이 일정하다고 볼 이유는 없다. 제3장에서 살펴본 폐쇄경제 모형에서는 저축과 투자가 균형을 이루는 곳에서 실질이자율이 결정된다. 장기적으로 볼 때 개방경제에서 세계 실질이자율은 세계저축과 세계 투자수요가 균형을 이루는 이자율이다. 세계저축을 낮추거나 세계 투자수요를 증가시키는 일이 발생할 경우 세계이자율이 상승한다. 이 밖에 가격이 고정되어 있는 단기적으로 볼 때 재화에 대한 전 세계적인 수요를 증대시키거나 전 세계적인 통화공급을 감소시키는 일이 발생하면 세계이자율은 상승한다.

   b. 그림 13-18은 변동환율제에서 세계이자율이 상승할 경우 미치는 영향을 보여 주고 있다. IS^* 및 LM^*곡선 모두 이동한다. 이자율이 상승함에 따라 투자 $I(r^*)$가 감소하기 때문에 IS^*곡선은 왼쪽으로 이동한다. 이자율이 상승하면 통화수요가 감소하여 LM^*곡선이 오른쪽으로 이동한다. 실질화폐잔고 M/P의 공급이 고정돼 있으므로 이자율이 상승하면 실질화폐잔고의 초과공급이 발생한다. 화폐시장에서 균형이 회복되기 위해서는 소득이 증대되어야만 한다. 이로 인해 실질화폐잔고의 초과공급이 존재하지 않을 때까지 통화수요가 증대된다. 직관적으로 말해 세계이자율이 상승할 경우 소국의 이자율이 새로운 더 높은 세계이자율 수준으로 조절됨에 따라 자본유출이 증가한다. 자본유출이 증가하면 환율이 하락하여 순수출 및 생산량이 증가해서 통화수요가 증대된다.

그림 13-18

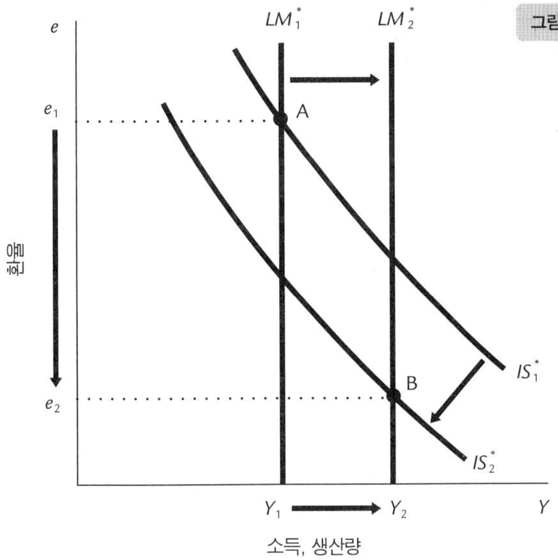

그림에서 소득이 증가하고 환율은 하락한다(평가절하된다). 이에 따라 국제수지가 증대된다.

c. 그림 13-19는 고정환율제에서 세계이자율의 상승에 따른 효과를 보여 주고 있다. IS^* 및 LM^* 곡선 모두 이동한다. (b)에서처럼 IS^* 곡선은 왼쪽으로 이동하는데 그 이유는 이자율이 상승함에 따라 투자 수요가 감소하기 때문이다. 하지만 LM^* 스케줄은 오른쪽 대신에 왼쪽으로 이동한다. 그 이유는 환율에 대한 하락 압력으로 인해 중앙은행이 (미국의 경우 자국통화인) 달러화를 매입하고 외환을 매도하기 때문이다. 이로 인해 통화공급 M이 감소하고 LM^* 스케줄이 왼쪽으로 이동한다. LM^* 곡선은 그림에서 고정환율선이 새로운 IS^* 곡선과 교차하는 LM_2^*로 결국 이동해야만 한다.

균형에서 생산량은 감소하고 환율은 불변한다. 환율이 변하지 않으므로 무역수지도 변하지 않는다.

그림 13-19

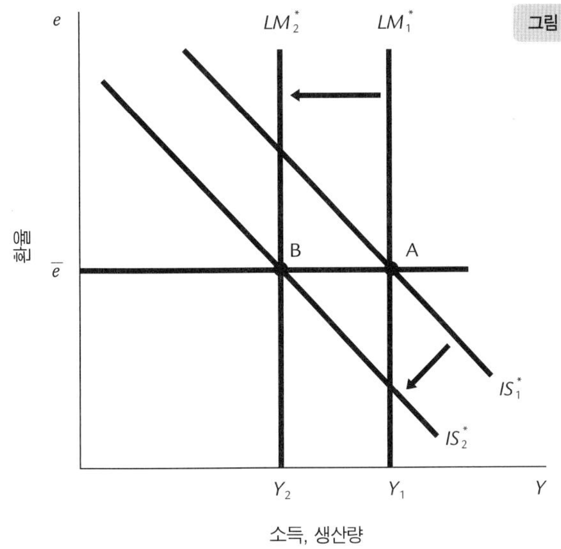

5. a. 미국 달러화가 평가절하되면 미국 제품은 더 경쟁력을 갖게 된다. 그 이유는 달러화가 평가절하될 경우 달러화로 표시한 동일한 가격이 이전보다 더 적은 외환가격으로 환산되기 때문이다. 즉 외환 측면에서 보면 미국 제품이 더 저렴해져서 외국인들이 이를 더 많이 구입하게 된다. 예를 들어 엔화와 달러화 사이의 환율이 달러당 200엔에서 달러당 100엔으로 하락하였다고 가상하자. 테니스 공이 들어 있는 미국산 제품이 2.50달러라고 할 경우 엔화로 나타낸 가격은 500엔에서 250엔으로 하락하게 된다. 가격이 하락함에 따라 일본에서 미국산 테니스 공 제품에 대한 수요량이 증가한다. 즉 미국 테니스 공 제품은 더 경쟁력을 갖게 된다.

   b. 먼저 변동환율제인 경우를 생각해 보자. LM^*곡선의 위치가 생산량을 결정한다는 점을 알고 있다. 따라서 통화공급을 일정하게 유지하고자 한다. 그림 13-20(A)에서 보는 것처럼 환율을 하락(평가절하)시키기 위해 재정정책을 사용하여 IS^*곡선을 왼쪽으로 이동시키고자 한다. 정부지출을 감소시키거나 조세를 증가시켜 이렇게 할 수 있다.

   이제 환율이 어떤 수준에 고정되어 있다고 가상하자. 경쟁력을 증대시키고자 할 경우 환율을 낮추어야 한다. 즉 환율을 보다 낮은 수준에 고정시켜야 한다. 첫 번째 조치는 (미국의 경우 국내통화인) 달러화를 평가절하하여 바람직한 보다 낮은 수준에 환율을 고정시키는 것이다. 이로 인해 그림 13-20(B)에서 보는 것처럼 순수출이 증가하고 생산량이 증가하는 경향이 발생한다. IS^*곡선을 왼쪽으로 이동시킬 수 있는 수축적인 재정정책을 사용하면 그림에서 보는 것처럼 이런 소득의 증대를 상쇄할 수 있다.

그림 13-20

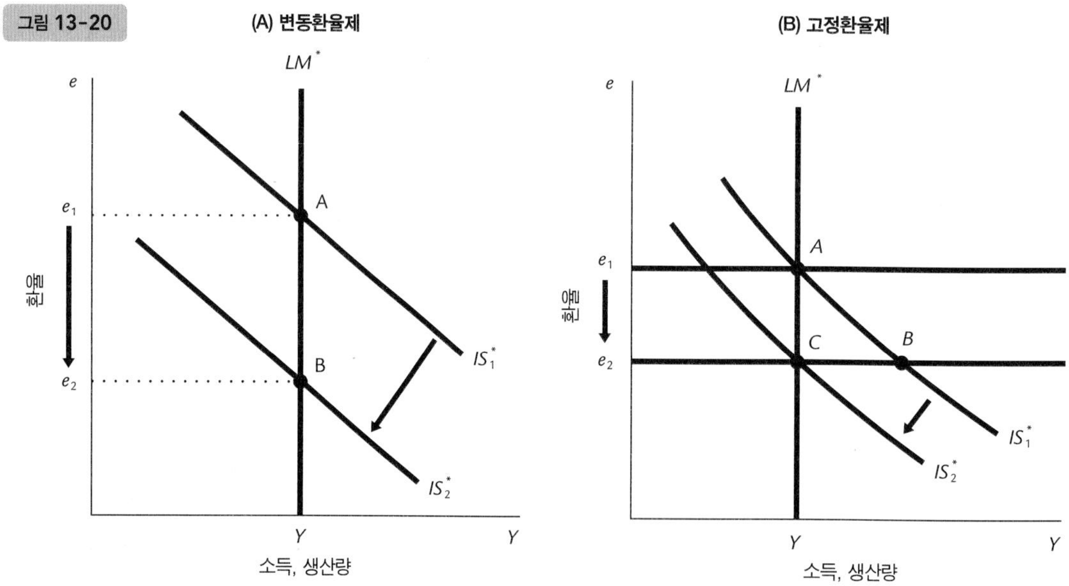

6. 교과서에서 순수출은 환율에만 의존한다고 가정하였다. 이는 어떤 재화(이 경우 순수출)에 대한 수요가 해당 재화의 가격에 의존한다는 미시경제학의 일반적인 논리와 유사하다. 순수출의 '가격'은 환율이다. 하지만 어떤 재화에 대한 수요는 소득에 또한 의존한다고 생각할 수 있으며 이 경우에도 역시 적용될 수 있다. 소득이 증가함에 따라 모든 재화, 즉 국내 제품과 수입 제품을 모두 더 구입하고자 한다. 이로 인해

그림 13-21

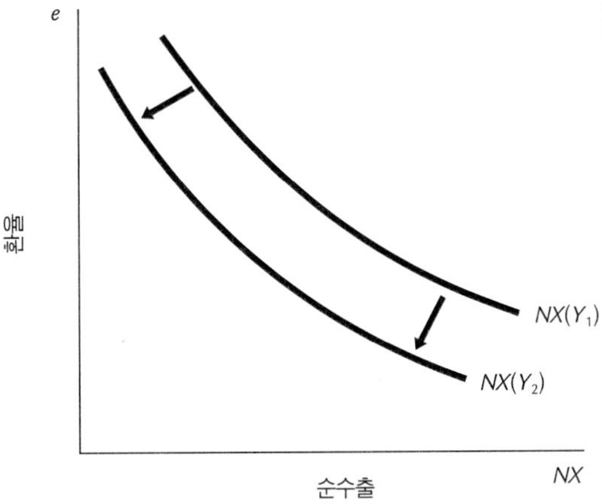

소득이 증가함에 따라 수입이 증가하고 따라서 순수출이 감소한다. 따라서 순수출을 다음과 같이 환율과 소득의 함수로 나타낼 수 있다.

$$NX = NX(e,\ Y)$$

그림 13-21은 순수출 스케줄을 환율의 함수로 나타내고 있다. 이전처럼 순수출 스케줄의 기울기는 하향하므로 환율이 증가하면 순수출이 감소한다. 이 순수출 스케줄은 일정한 소득수준에 대해 도출한 것이다. 소득이 Y_1에서 Y_2로 증가할 경우 순수출 스케줄은 $NX(Y_1)$에서 $NX(Y_2)$로 안쪽으로 이동한다.

a. 그림 13-22는 변동환율제에서 재정확장이 미치는 영향을 보여 주고 있다. 재정이 확장되면(정부 지출이 증가하거나 조세가 삭감되면) IS^* 스케줄이 오른쪽으로 이동한다. 변동환율제에서 LM^* 곡선이 변하지 않을 경우 소득도 역시 불변한다. 소득이 불변하므로 순수출 스케줄은 원래 수준 $NX(Y_1)$에 있게 된다.

그림 13-22

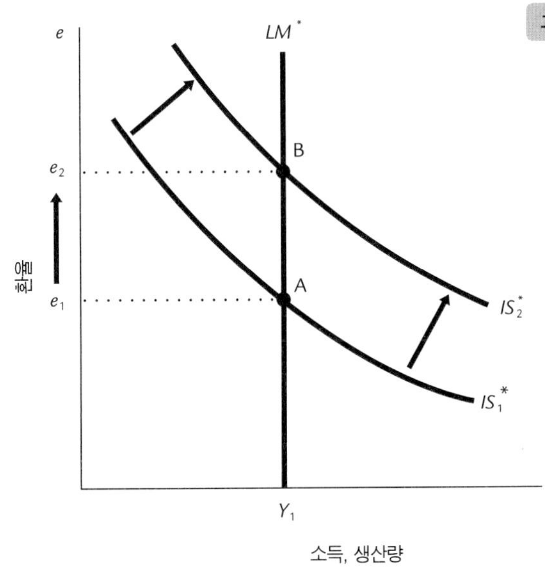

최종적인 결과는 소득이 불변하고 환율은 e_1에서 e_2로 평가절상된다. (미국의 경우 자국통화인) 달러화가 평가절상되어 순수출이 감소한다.

따라서 대답은 교과서의 표 13-1과 동일하다.

b. 그림 13-23은 고정환율제에서 재정확장이 미치는 영향을 보여 주고 있다. 재정이 확장되면 IS^*곡선은 IS_1^*에서 IS_2^*로 오른쪽으로 이동한다. (a)에서처럼 실질화폐잔고가 불변인 경우 이는 환율을 상승시키는 경향이 있다. 하지만 이런 평가절상을 방지하기 위하여 중앙은행은 화폐시장에 개입하여 (미국의 경우 자국통화인) 달러화를 매도하고 외환을 매입한다. 이리하여 통화공급이 증가하고 LM^*곡선이 LM_1^*에서 LM_2^*로 오른쪽으로 이동한다.

생산량은 증가하는 반면에 환율은 고정되어 있다. 환율은 불변하지만 순수출 스케줄이 안쪽으로 이동하므로 소득이 높아지면 순수출이 감소한다.

따라서 고정환율제에서 재정이 확장되면 무역수지가 감소된다는 점만이 교과서 표 13-1과 다르다.

그림 13-23

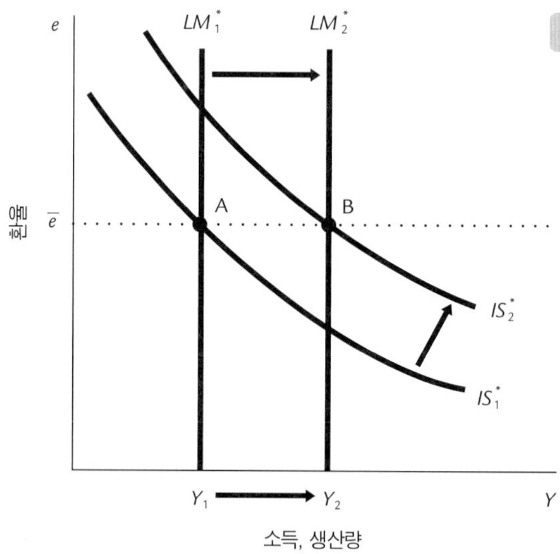

7. LM^*곡선이 다음과 같이 소득이 아닌 가처분소득에 의존할 경우 조세삭감이 미치는 영향을 알아보고자 한다.

$$M/P = L(r, Y-T)$$

이제는 조세가 삭감되면 IS^* 및 LM^*곡선이 모두 이동한다. 그림 13-24는 변동환율제인 경우를 보여 주고 있다. IS^*곡선은 IS^*_1에서 IS^*_2로 오른쪽으로 이동한다. 하지만 LM^*곡선은 LM_1^*에서 LM_2^*로 왼쪽으로 이동한다.

실질화폐잔고 M/P은 단기적으로 고정되어 있으며 이자율은 세계이자율 수준 r^*에 고정되어 있다. 가처분소득은 화폐시장을 균형시키기 위해 조절할 수 있는 유일한 변수이다. 이로 인해 LM^*식이 가처분소득 수준을 결정한다. 조세 T가 하락할 경우 소득 Y 또한 하락하여 가처분소득을 일정하게 유지해야 한다.

그림 13-24에서는 경제가 원래 균형점 A에서 새로운 균형점 B로 이동하였다. 소득은 조세삭감만큼 하락하였으며 환율은 평가절상되었다.

그림 13-24

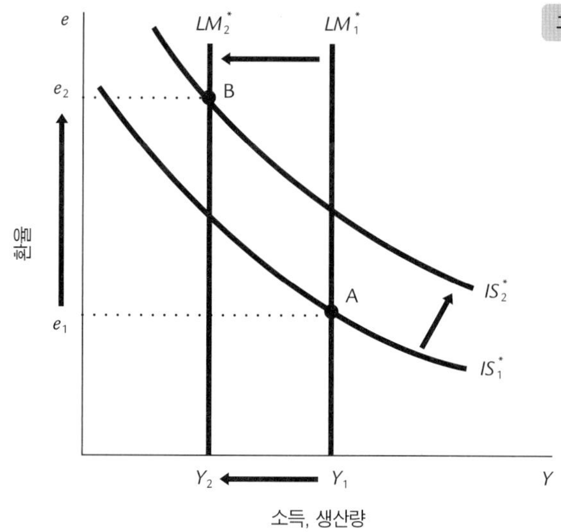

고정환율제인 경우에도 IS^*곡선은 오른쪽으로 이동한다. 하지만 LM^*곡선이 처음에 이동한 것은 더 이상 문제가 되지 않는다. 즉 환율에 대한 상승압력으로 인해 중앙은행은 (미국의 경우 자국통화인) 달러화를 매도하고 외환을 매입하게 된다. 이로 인해 통화공급이 증대되고 그림 13-25에서 보는 것처럼 LM^*곡선은 오른쪽으로 이동한다.

새로운 균형점 B에서 새로운 IS^*곡선인 IS_2^*와 고정된 환율수준인 수평선이 교차한다. 이 경우와 통화수요가 소득에 의존하는 경우 사이에 차이가 없다.

그림 13-25

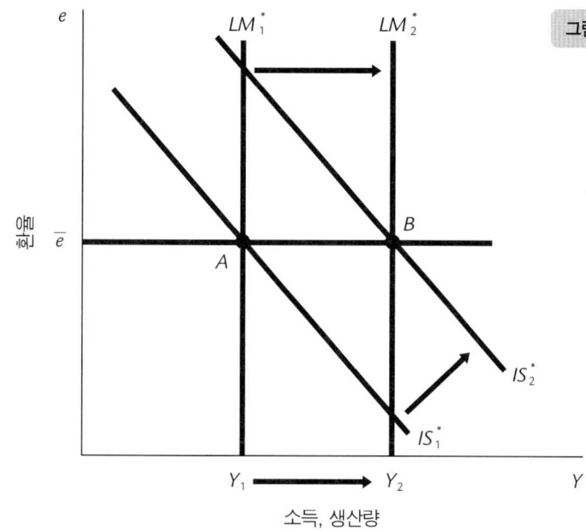

8. 사람들은 재화 및 용역을 구입하기 위하여 화폐잔고를 수요하므로 관련된 물가수준은 구입하는 재화 및 용역의 물가수준이라고 생각하는 데는 무리가 없다. 여기에는 국내재화와 외국재화가 포함된다. 하지만 (미국의 경우) 외국재화를 달러화 가격으로 표시하게 되므로 가격이 환율에 의존한다. 예를 들어 달러가

달러당 100엔에서 150엔으로 상승하는 경우 300엔에 해당하는 일본산 재화는 가격이 3달러에서 2달러로 하락한다. 따라서 화폐시장의 균형조건을 다음과 같이 나타낼 수 있다.

$$M/P = L(r, Y)$$
$$P = \lambda P_d + (1 - \lambda)P_f/e$$

a. (미국의 경우) 환율이 높아지면 외국재화의 가격이 저렴해진다. 이로 인해 외국재화를 소비하는 한도 ($1-\lambda$에 해당하는 부분)까지 화폐시장과 관련된 물가수준 P가 낮아진다. 물가수준이 낮아질수록 실질화폐잔고 M/P의 공급이 증대된다. 화폐시장의 균형을 유지하기 위해서는 소득이 증가하여 통화수요도 역시 증가해야 한다.

 따라서 LM^*곡선의 기울기는 상향한다.

b. 일반적인 먼델-플레밍 모형에서 변동환율제인 경우 확장적인 재정정책은 생산량에 영향을 미치지 못한다. 하지만 그림 13-26에서 보는 것처럼 이것이 현재는 옳지 않다. 조세삭감이나 정부지출 증대로 인해 IS^*곡선이 $IS_1{}^*$에서 $IS_2{}^*$로 오른쪽으로 이동한다. LM^*곡선의 기울기가 상향하므로 생산량이 증대된다.

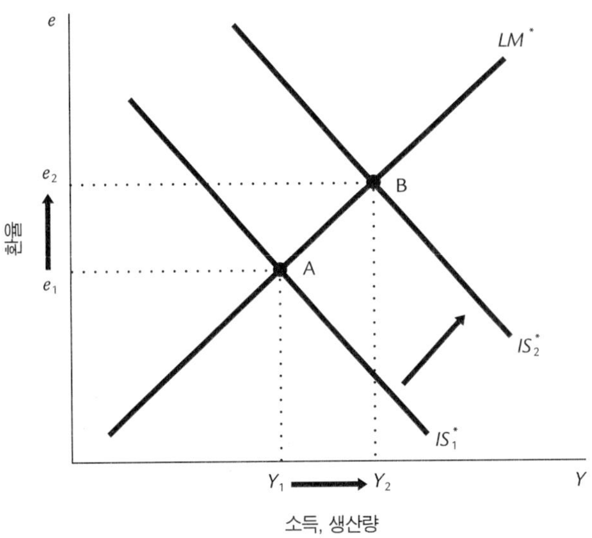

그림 13-26

c. 위험할증의 증가로 인해 해당 국가의 이자율이 인상되면 주어진 환율수준에서 통화수요가 감소한다. 이로 인해 LM^*곡선은 오른쪽으로 이동한다. 직관적으로 생각해 볼 때 실질화폐잔고가 고정된 경우 실질 통화수요도 고정되어야만 한다. 이자율 인상으로 인한 통화수요의 감소는 소득 증대로 인한 통화수요의 증가로 상쇄되어야 한다. 이자율 인상으로 인한 통화수요의 감소는 통화공급이 일정하게 주어진 경우 소득의 증가로 이어진다. 이자율이 인상되면 환율이 일정하게 주어진 경우 투자가 감소하며 이로 인해 IS^*곡선이 왼쪽으로 이동한다. 그림 13-27에서 보는 것처럼 환율이 하락하고 생산량은 이동 크기에 따라 증가할 수도 있고 감소할 수도 있다.

그림 13-27

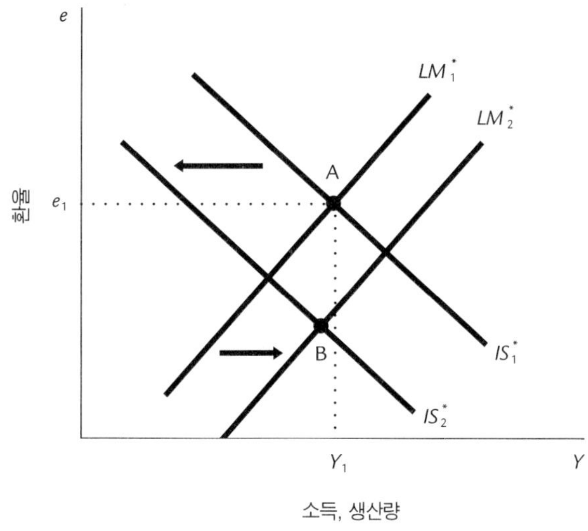

통화수요는 이자율에 민감하지 않고 투자가 매우 민감한 경우 LM^*보다 IS^*가 더 많이 이동하여서 생산량이 감소한다. LM^*가 수직선인 일반적인 먼델-플레밍 모형과 비교해 볼 때 이 모형에서는 생산량이 감소하게 된다. 반면에 일반적인 모형에서는 생산량이 감소하지 않고 언제나 증가한다. 이 모형은 위험할증이 증가할 경우 환율과 생산량이 모두 감소하기 쉬운 보다 현실적인 결과를 제시한다.

9. a. 캘리포니아주는 이제 소국개방경제이고 달러화를 발행할 수 있다고 가정한다. 하지만 환율이 미국의 나머지 주들과 고정되어 있어서 1달러는 1달러와 교환된다.

   b. 고정환율제인 먼델-플레밍 모형에서 캘리포니아주는 생산량을 변화시키기 위해 금융정책을 사용할 수 없다. 왜냐하면 이 정책은 이미 환율을 통제하기 위해 사용되었기 때문이다. 따라서 캘리포니아주가 고용을 촉진하려 한다면 재정정책을 사용해야만 한다.

   c. 단기적으로 수입이 금지되면 IS^*곡선이 바깥쪽으로 이동한다. 이는 캘리포니아산 재화에 대한 수요를 증대시켜 환율에 상승 압력을 가하게 된다. 이에 대응하기 위하여 캘리포니아의 통화공급이 증가하고 LM^*곡선도 역시 바깥쪽으로 이동한다. 새로운 단기균형은 그림 13-28(A)와 (B)에서 점 K가 된다.

   처음에 경제가 자연율수준에서 생산이 이루어진다고 가정할 경우 캘리포니아산 재화에 대한 수요가 증가하면 이들의 가격이 인상되는 경향이 있다. 물가수준이 높아지면 실질화폐잔고가 낮아지고 단기 AS곡선은 위쪽으로 이동하며 LM^*곡선은 안쪽으로 이동한다. 결국에 캘리포니아주 경제는 점 C에서 종식되며 생산량이나 무역수지는 변하지 않지만 워싱턴주에 대한 실질환율이 더 높아지게 된다.

그림 13-28

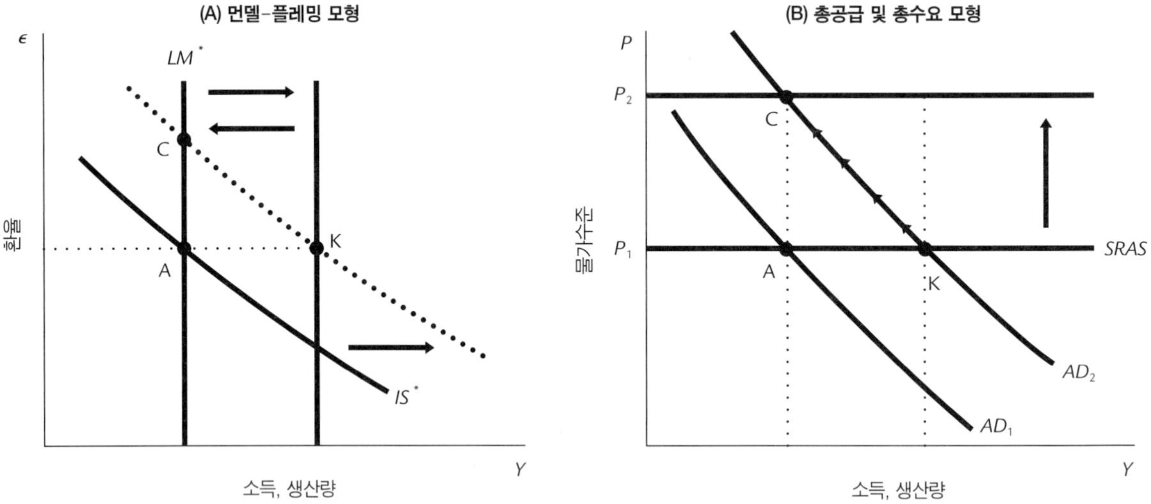

d. 캐나다와 달리 캘리포니아는 50개 주 각각이 서로의 통화를 받아들이는 대규모 통화동맹의 일부이다. 일국이 통화동맹의 일부가 되고자 할 때 자신의 독립적인 금융정책을 시행할 수 없게 된다. 경기후퇴 시에 할 수 있는 유일한 선택은 재정정책을 시행하는 것이다. 캐나다는 통화동맹의 일부가 아니므로 변동환율제 또는 고정환율제를 선택할 수 있으며 경제활동에 영향을 미치기 위해서 금융정책 또는 재정정책을 사용하는 유연성을 갖게 된다.

추가문제와 응용

1. a. 조세가 증가하면 *IS* 곡선은 안쪽으로 이동한다. 소득이 불변하도록 유지하기 위해서 중앙은행은 통화공급을 증가시켜 *LM* 곡선을 오른쪽으로 이동시켜야 한다. 새로운 균형[그림 13-29(A)의 점 C]에서 이자율은 더 낮아지고 환율이 평가절하되며 무역수지는 증가한다.

그림 13-29

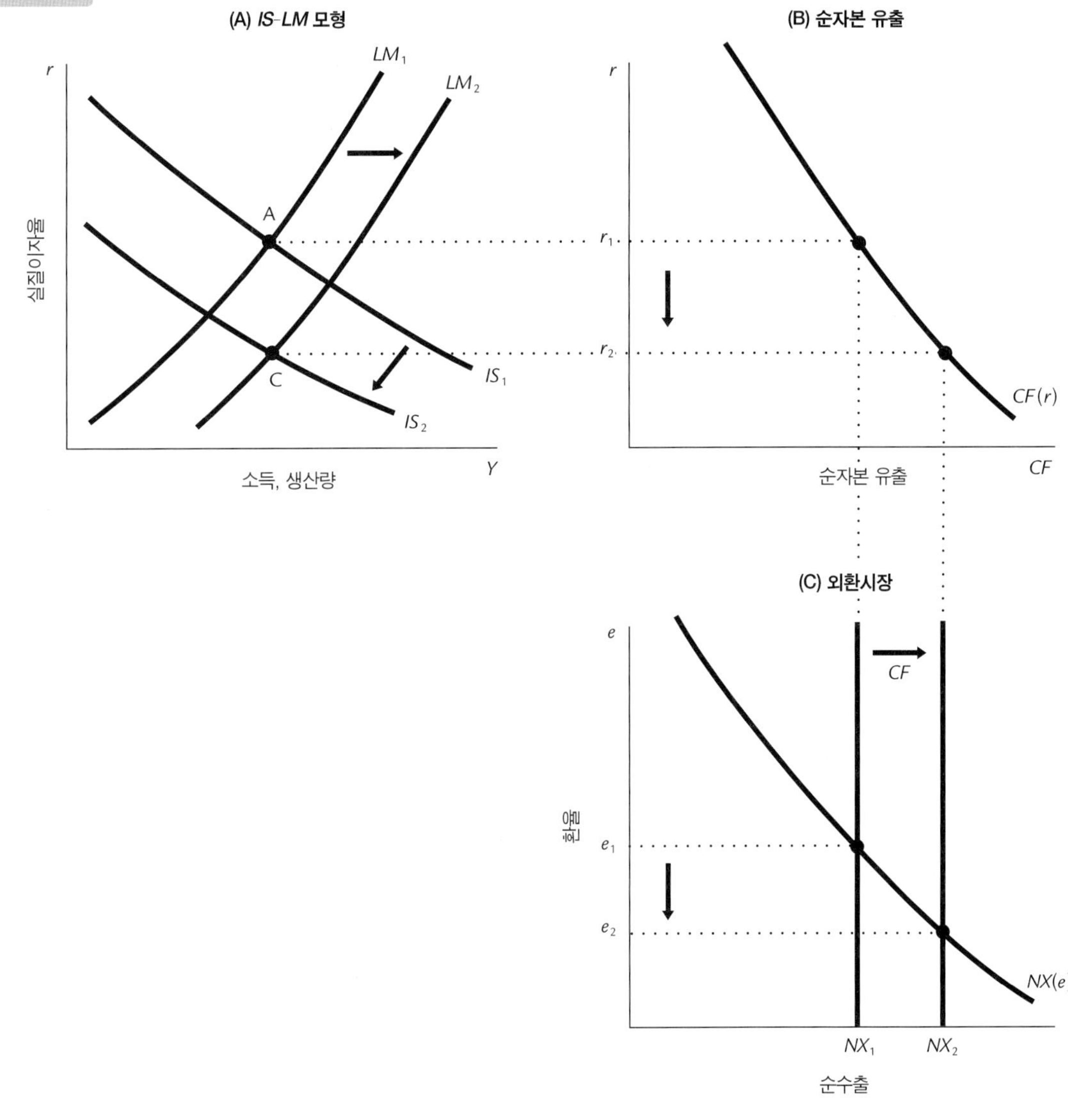

b. 외국산 자동차의 수입을 제한할 경우 [그림 13-30(C)에서 보는 것처럼] *NX*(*e*) 스케줄이 바깥쪽으로 이동한다. 하지만 이로 인해 *CF* 스케줄이 영향을 받지 않으므로 *IS* 곡선이나 *LM* 곡선에 영향을 미치지 않는다. 따라서 생산량은 불변하며 금융정책을 변화시킬 필요가 없다. 그림 13-30에서 보는 것처럼 이자율과 무역수지는 변하지 않지만 (미국의 경우) 환율이 평가절상된다.

그림 13-30

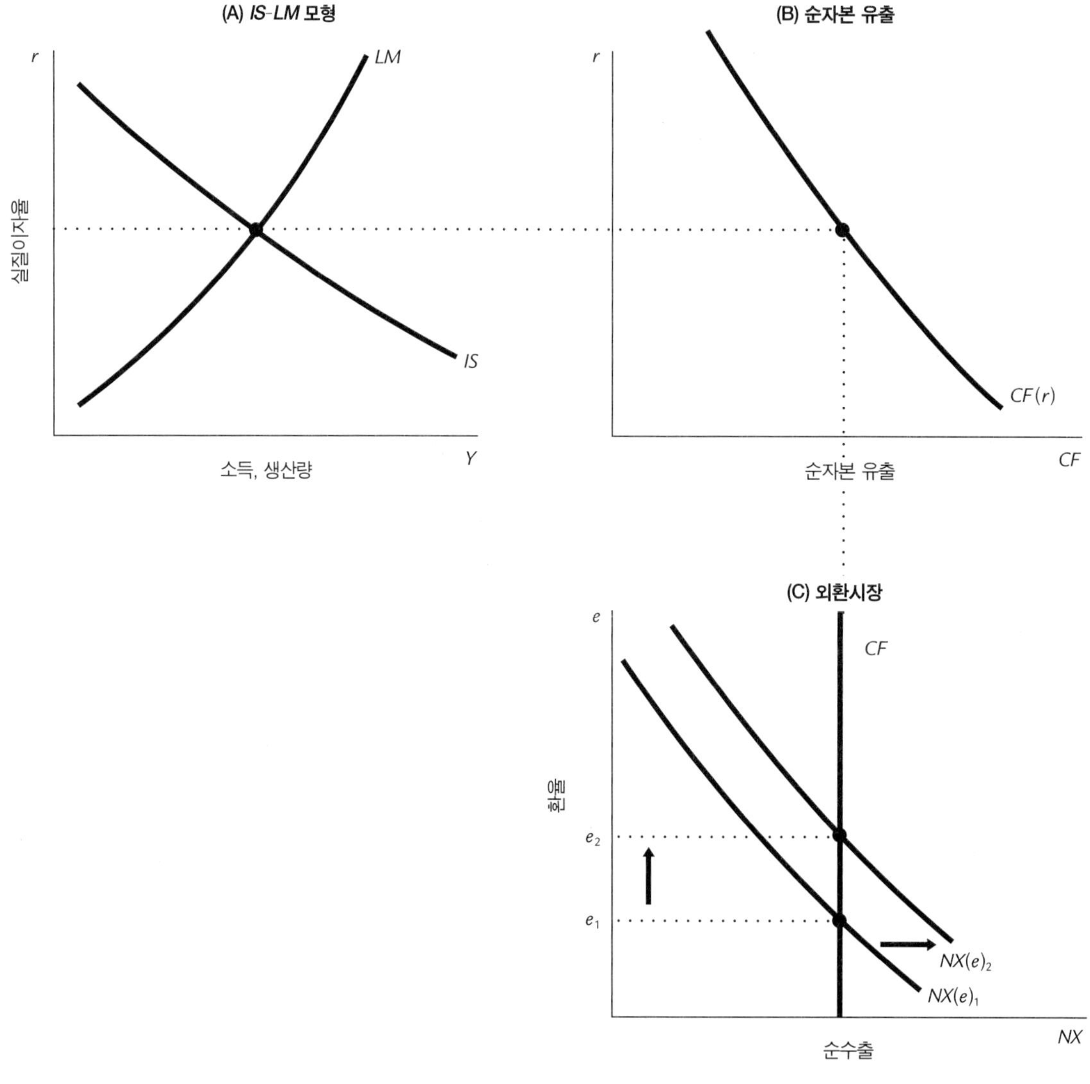

2. a. 이제는 이자율의 작은 변화도 자본에 보다 큰 영향을 미칠 수 있으므로 *CF*곡선이 더 편평하게 된다.
   b. 교과서에서 살펴본 것처럼 *CF*곡선이 더 편평하게 되면 *IS*곡선도 역시 더 편평하게 된다.
   c. 그림 13-31은 가파른 *IS*곡선과 편평한 *IS*곡선 둘 다에 대해 *LM*곡선이 이동할 경우 미치는 영향을 보여 주고 있다. *IS*곡선이 편평할수록 통화공급의 변화가 이자율에 미치는 영향이 더 작아진다는 사실을 명백히 알 수 있다. 따라서 투자자들이 외국자산과 국내자산을 대체시키려는 의지가 강할 경우 중앙은행의 이자율에 대한 통제는 줄어들게 된다.
   d. 그림 13-31에서 보면 *IS*곡선이 편평할수록 통화공급의 변화가 소득에 미치는 영향이 더 커진다. 따라서 중앙은행은 소득에 대해 더 많은 통제를 할 수 있다.

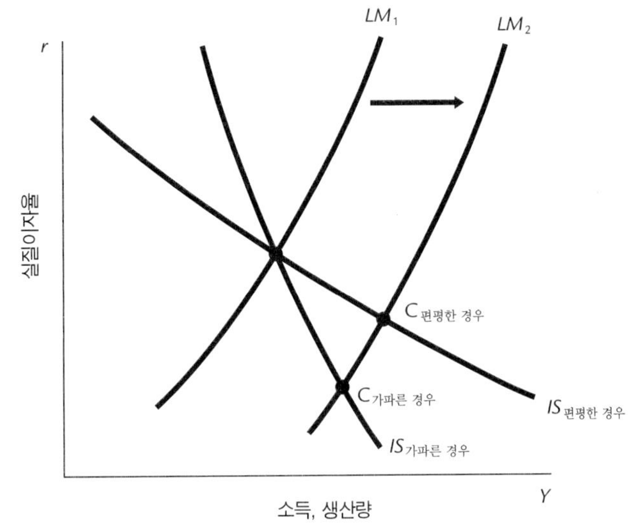

그림 13-31

3. a. 가능하지 않다. 소득이나 환율에 영향을 미치지 않고 단지 금융정책과 재정정책을 사용하여 투자를 증가시키는 것은 불가능하다. 투자는 이자율 인하를 통해서만 증대될 수 있다. 이자율을 낮추기 위해 어떤 정책(예를 들면 확장적 금융정책과 수축적 재정정책)이 사용되느냐에 관계없이 순자본 유출이 증대되고 (미국의 경우) 환율이 낮아진다.
   b. 가능하다. 정책입안자들은 확장적 금융정책과 수축적 재정정책을 통해 소득이나 환율에 영향을 미치지 않고 투자를 증가시킬 수 있으며, 수입에 대한 보호무역정책을 통해 다른 변수에 영향을 미치지 않고 투자를 증대시킬 수 있다. 확장적 금융정책과 수축적 재정정책 모두 이자율에 인하 압력을 가하여 투자를 촉진하게 된다. 이 두 정책이 소득에 미치는 영향을 서로 정확히 상쇄하도록 두 정책을 혼합하는 것이 필요하다. (a)에서 본 것처럼 이자율이 낮아지면 순자본 유출이 증대되며 이로 인해 보통 (미국의 경우) 환율에 하락압력을 가하게 된다. 하지만 보호무역정책은 순수출곡선을 바깥쪽으로 이동시켜 환율에 대해 상계되는 상승 압력을 가하게 되며 이에 따라 이자율을 하락시키려는 효과를 상쇄하게 된다. 그림 13-32는 정책들의 이런 혼합을 보여 주고 있다.

그림 13-32

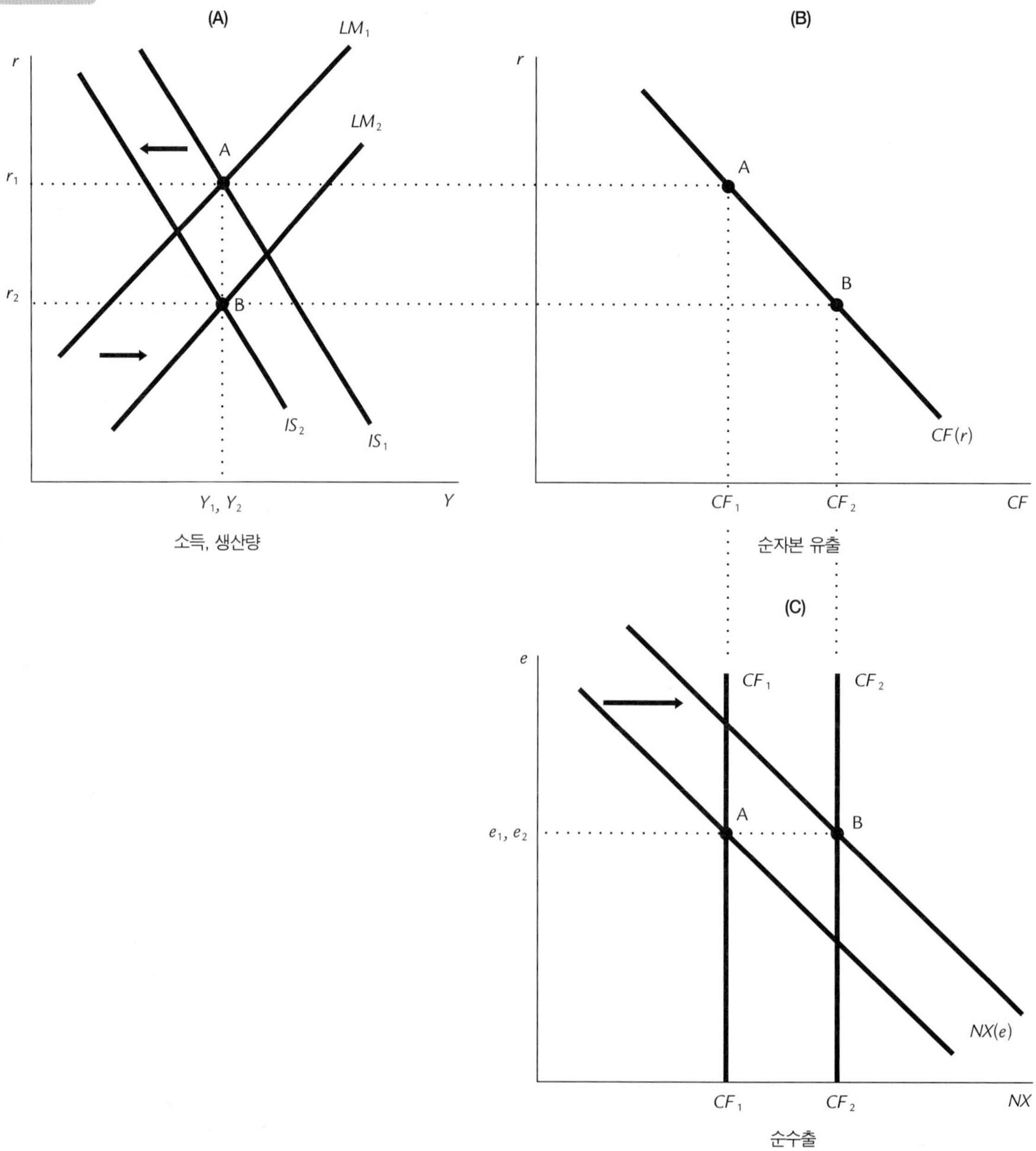
(A)
LM₁
LM₂
r
r₁
r₂
A
B
IS₂
IS₁
Y₁, Y₂
Y
소득, 생산량
(B)
r
A
B
CF(r)
CF₁
CF₂
CF
순자본 유출
(C)
e
CF₁
CF₂
A
B
e₁, e₂
NX(e)
CF₁
CF₂
NX
순수출

c. 가능하다. 정책입안자들은 해외의 확장적 금융정책이나 수축적 재정정책을 통해 해외이자율이 낮아지도록 하면서 국내의 확장적 금융정책과 수축적 재정정책을 통해 소득이나 환율에 영향을 미치지 않고 투자를 증가시킬 수 있다. 국내 경제정책을 통해 이자율이 낮아져서 투자를 촉진하게 된다. 해외 경제정책으로 인해 *CF* 곡선이 안쪽으로 이동한다. 이자율이 낮아지더라도 *CF*의 수량은 불변하며 환율에 대해 어떤 압력도 가하지 않는다. 그림 13-33은 이런 정책적인 혼합을 보여 주고 있다.

그림 13-33

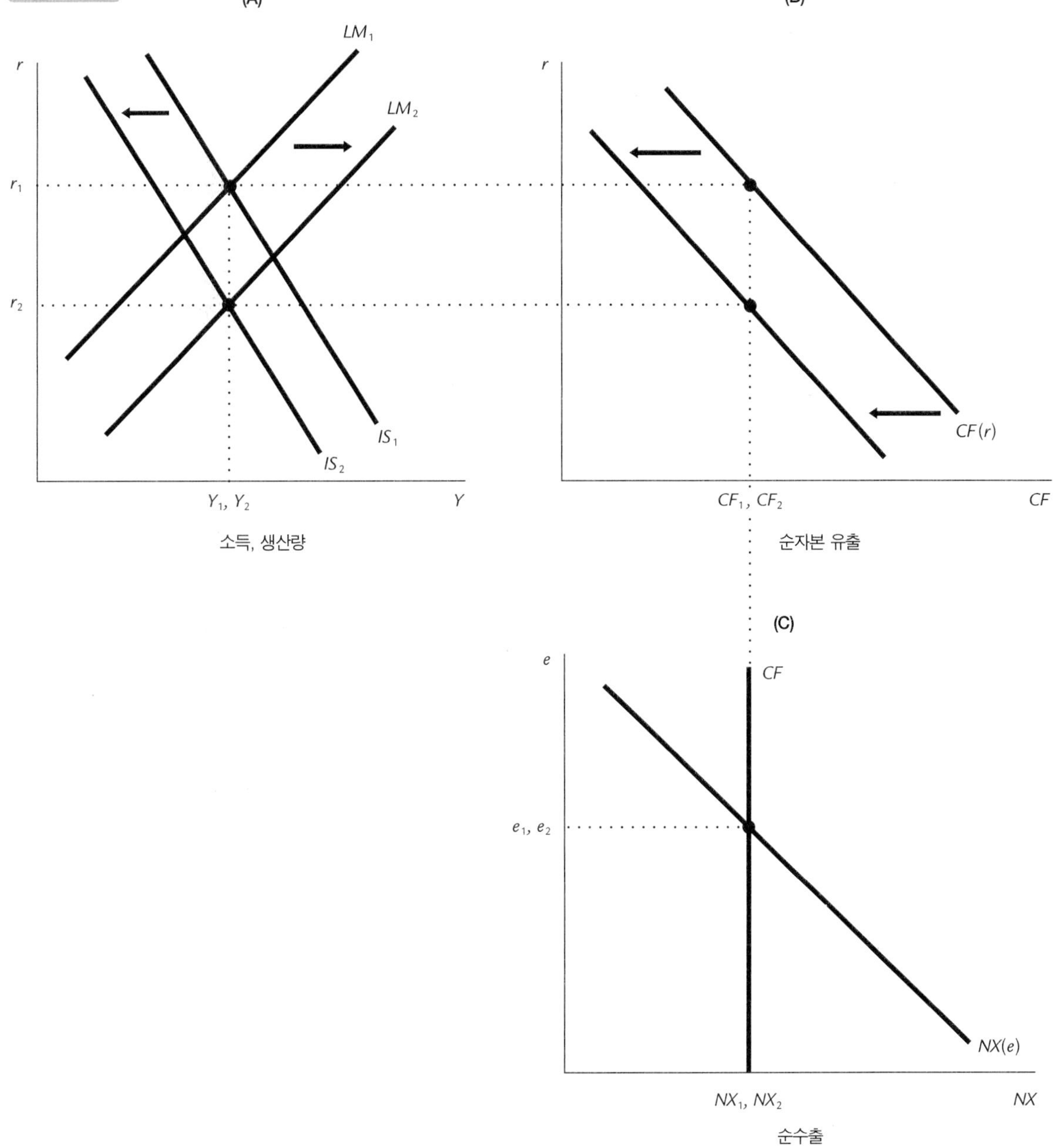

4. a. 그림 13-34는 고정환율제의 대국개방경제인 경우 확장적 재정정책의 효과를 보여 주고 있다. (A)에서 확장적 재정정책으로 인해 *IS*곡선이 오른쪽으로 이동하며 이에 따라 이자율에 인상 압력을 가하게 된다. 이는 순자본 유출을 감소시키는 경향이 있으며 환율이 평가절상되도록 한다[(B) 및 (C) 참조]. 이를 피하기 위해서 중앙은행은 개입하여 (자국통화인 달러화를) 매도하게 된다. 이로 인해 환율의 평가절상이 방지되며 또한 *LM*곡선이 오른쪽으로 이동한다. 새로운 균형점 C에서 이자율과 환율은 불변하지만 생산량은 증대한다.

이런 영향은 소국개방경제에서와 동일하다.

그림 13-34

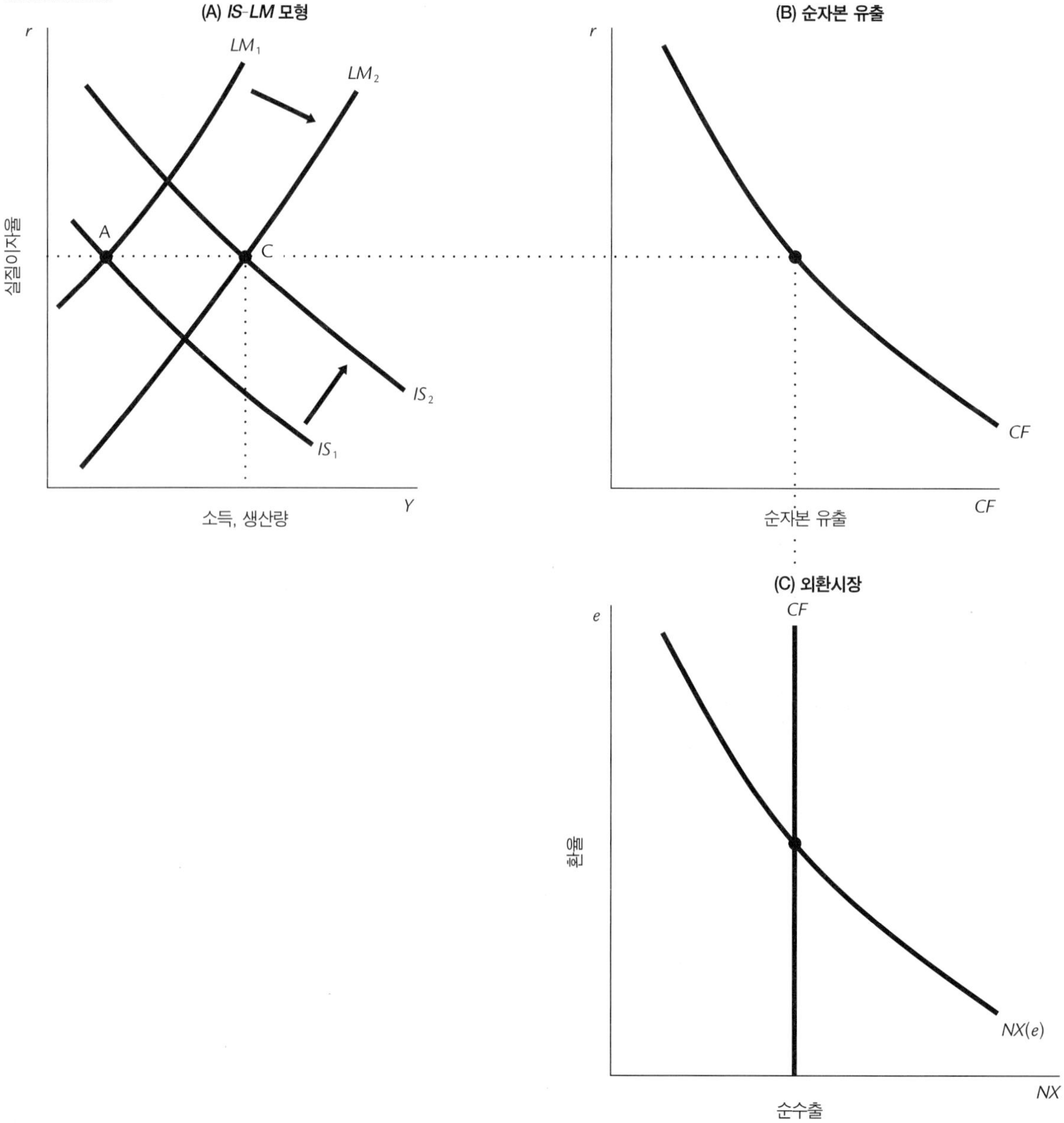

b. 확장적 금융정책의 경우 LM곡선을 오른쪽으로 이동시키는 경향이 있으며 이자율을 낮추게 된다[그림 13-35(A) 참조]. 이는 CF를 증대시키는 경향이 있으며 환율이 평가절하된다[(B) 및 (C) 참조]. 이런 평가절하를 피하기 위하여 중앙은행은 자국의 통화를 매입하고 외환을 매도해야 한다. 이로 인해 통화공급이 감소하고 LM곡선이 원래의 위치로 되돌아가게 된다. 소국개방경제 모형에서와 마찬가지로 금융정책은 고정환율제하에서 효력이 없다.

그림 13-35

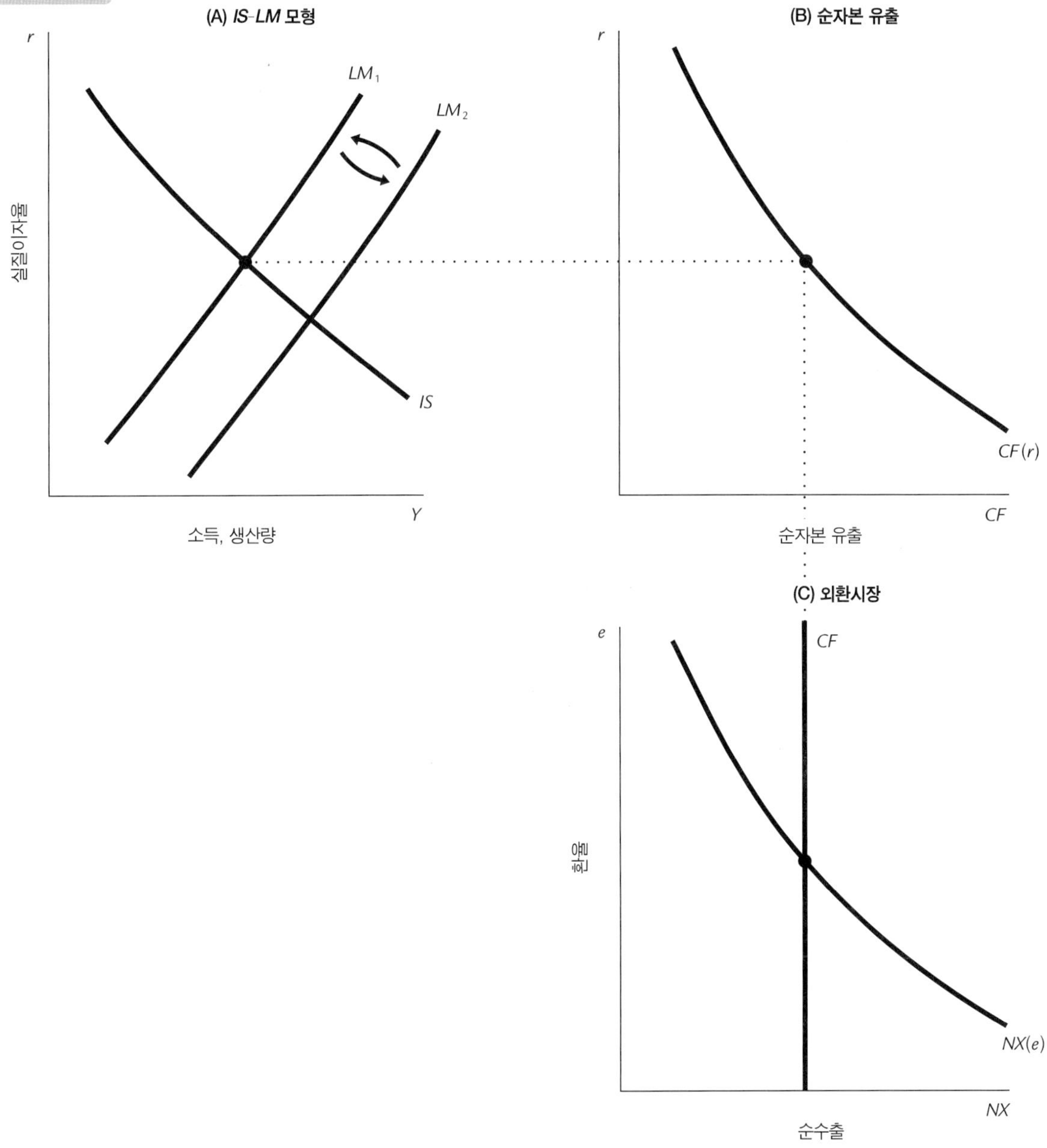

14

총공급과 인플레이션 및 실업의 단기적 상충관계

복습용 질문

1. 이 장에서 두 가지 단기 총공급곡선 모형을 살펴보았다. 두 모형 모두 생산량이 장기 '자연율', 즉 노동 및 자본의 완전고용과 일치하는 생산량 수준에서 벗어나는 이유를 설명하고자 하였다. 두 모형 모두 물가수준이 기대 물가수준에서 벗어날 경우 생산량이 자연율 $\overline{Y}$로부터 벗어난다는 총공급 함수를 도출하였다.

$$Y = \overline{Y} + \alpha(P - EP)$$

첫 번째 모형은 비신축적 가격 모형이다. 이 모형에서 시장불완전성은 상품시장 가격이 수요조건의 변화에 즉각 조절되지 않기 때문에, 즉 상품시장이 즉각 청산되지 않기 때문에 발생한다. 기업 제품에 대한 수요가 감소할 경우 가격이 아니라 생산량을 감소시켜 대응하게 된다.

두 번째 모형은 불완전 정보 모형이다. 이 모형은 가격에 대해 불완전 정보가 존재한다고 가정한다. 여기서 오인을 하는 것은 물가수준의 변화와 상대가격의 변화를 혼동한 제품 공급업자이다. 생산자가 회사 제품의 명목가격 상승을 알게 된 경우 순수한 일반가격 상승임에도 불구하고 가격 상승의 일부를 상대가격 증가에서 비롯됐다고 생각한다. 따라서 생산자는 생산을 증대시킨다. 두 가지 모형 모두에서 실제로 발생한 것과 기업들이 발생한다고 생각하는 것 사이에 차이가 있다. 비신축적 가격 모형에서 일부 기업들은 물가가 어떤 수준에 있을 것으로 기대하고 이들은 다른 수준에 있게 된다. 불완전 정보 모형에서 일부 기업들은 실제로 그렇지 않은 때 상대가격이 변화했다고 생각한다.

2. 이 장에서는 단기적으로 생산량의 공급이 생산량의 자연율 및 물가수준과 기대 물가수준의 차이에 의존한다고 보았다. 이 관계를 총공급식으로 나타내면 다음과 같다.

$$Y = \overline{Y} + \alpha(P - EP)$$

필립스 곡선은 총공급을 나타내는 대안적인 방법이다. 이는 단기 총공급곡선이 의미하는 인플레이션과 실업 사이의 상충관계를 나타낸 간단한 방법이라 할 수 있다. 필립스 곡선에 따르면 인플레이션 π는 기대인플레이션율 $E\pi$, 경기순환적 실업 $u - u^n$, 공급충격 υ에 의존한다고 본다.

$$\pi = E\pi - \beta(u - u^n) + \upsilon$$

위의 두 식은 상이한 방법으로 동일한 정보를 알려 주고 있다. 즉 위의 두 식은 모두 실제 경제활동과 기대하지 못한 가격 변화 사이의 연계관계를 의미한다. 이 밖에 필립스 곡선과 단기 총공급곡선은 모두 인플레이션과 실업이 정반대방향으로 움직인다는 사실을 알려 준다.

3. 사람들이 기대를 형성하는 방법 때문에 인플레이션은 타성적일 수 있다. 인플레이션에 대한 사람들의 기대는 최근에 관찰된 인플레이션에 의존한다고 가정하는 것은 타당한 것처럼 보인다. 그리고 이런 기대들이 사람들이 설정하려는 임금 및 가격에 영향을 미치게 된다. 예를 들어 가격이 급속하게 인상되는 경우 사람들은 가격이 계속해서 신속하게 인상될 것으로 기대하게 된다. 이런 기대가 사람들이 체결하려는 계약에 영향을 주어서 실제 임금 및 가격이 급속하게 상승한다. 이 밖에 필립스 곡선과 단기 총공급곡선은 모두 인플레이션과 실업이 정반대방향으로 움직인다는 사실을 알려 준다.

4. **수요견인 인플레이션**은 높은 총수요에서 비롯된다. 수요가 증가하면 물가 및 생산량을 견인하게 된다. **비용상승 인플레이션**은 생산비를 상승시키는 불리한 공급충격, 예를 들면 1970년대 중반 및 말에 발생한 석유가격 급등에서 비롯된다.

   필립스 곡선에 따르면 다음과 같이 인플레이션은 기대인플레이션, 실업과 자연실업률 사이의 차이, 충격 υ에 의존한다고 한다.

$$\pi = E\pi - \beta(u - u^n) + \upsilon$$

   '$-\beta(u-u^n)$'항은 실업이 자연실업률에 못 미칠 경우($u < u^n$) 인플레이션이 상승하기 때문에 수요견인 인플레이션에 해당한다. 공급충격 υ는 비용상승 인플레이션이 된다.

5. 필립스 곡선은 인플레이션율을 기대인플레이션율 및 실업과 자연실업률 사이의 차이와 연계시킨 것이다. 따라서 인플레이션을 낮추는 한 가지 방법은 경기후퇴를 촉발시켜 실업을 자연실업률 이상으로 올리는 것이다. 하지만 비용을 들이지 않고 기대인플레이션을 낮출 수 있다면 경기후퇴 없이 인플레이션을 낮추는 것이 가능하다.

   합리적 기대 접근법에 따르면 사람들은 기대를 형성할 때 자신들이 이용할 수 있는 모든 정보를 최적으로 사용한다고 본다. 기대인플레이션을 낮추기 위해서 첫째, 사람들이 기대를 형성하기 전(예를 들면 임금협정과 가격계약을 체결하기 전)에 인플레이션을 낮출 수 있는 계획이 발표되어야 한다. 둘째, 임금과 가격을 설정한 사람들이 발표된 계획이 시행될 것이라고 믿도록 해야 한다. 이 두 가지 조건이 부합될 경우 기대인플레이션은 즉각 하락하고 그다음에 비용을 들이지 않고 실제 인플레이션을 낮출 수 있다.

6. 경기침체로 인해 자연실업률이 높아지는 첫 번째 경우는 구직과정에 영향을 미쳐서 마찰적 실업의 규모가 증대될 때이다. 예를 들어 실업상태에 있는 노동자가 직업과 관련된 가치 있는 기술을 잃게 되는 경우이다. 경기침체가 종식된 이후에 기업들이 이런 기술을 이전보다 더 적게 필요로 하므로 일자리를 구할 수 있는 능력이 감소한다. 또한 실업이 장기간 지속된 이후에는 일하려는 의욕을 잃게 되어 일자리를 구하는 데 더 적은 노력을 기울이게 된다.

   둘째, 경기침체는 임금을 결정하는 과정에 영향을 주어 구조적 실업을 증대시킬 수 있다. 임금 협상과정에서 실제로 일자리를 갖고 있는 사람, 즉 '내부노동자'들이 더 큰 발언권을 가질 수 있다. 실업상태에 있는 노동자들은 '외부노동자'이다. 보다 작아진 집단인 내부노동자들이 높은 실질임금에 더 많은 관심을 갖고 높은 고용상태 유지에는 더 적은 관심을 갖는 경우 경기침체로 인해 실질임금이 균형수준 이상으로 영원히 인상되어서 구조적 실업의 규모가 증대될 수 있다.

경기침체가 자연실업률에 미치는 영원한 충격을 이력현상이라 한다.

문제와 응용

1. 이 문제에서는 이 장에서 살펴본 비신축적 가격 모형의 두 가지 특별한 경우를 검토해 볼 것이다. 비신축적 가격 모형에서 모든 기업들은 총수요 수준 $Y-\overline{Y}$와 전반적인 물가수준 P에 의존하는 바람직한 가격 p를 갖고 있다. 이를 식으로 나타내면 다음과 같다.

$$p = P + a(Y-\overline{Y})$$

두 가지 종류의 기업이 있다. 기업 중 $(1-s)$비율은 신축적인 가격을 갖고 있으며 위의 식을 이용하여 가격을 설정한다. 기업 중 나머지 s비율은 비신축적인 가격을 갖고 있으며 장래에 일어날 것으로 기대되는 경제 상황에 기초하여 미리 가격을 발표한다. 이런 기업들은 생산량이 자연율 수준에 있을 것으로 기대한다고 가정한다. 따라서 $(EY-\overline{Y})=0$이 된다. 따라서 이 기업들은 자신의 가격을 다음과 같이 기대가격수준과 같다고 설정한다.

$$p = EP$$

전반적인 가격수준은 다음과 같이 두 가지 종류의 기업에 의해 설정된 가격의 가중평균과 같다.

$$P = sEP + (1-s)[P + a(Y-\overline{Y})]$$

이를 재정리하면 다음과 같다.

$$P = EP + [a(1-s)/s](Y-\overline{Y})$$

a. 어떤 기업도 신축적인 가격을 갖지 않는 경우 $s=1$이 된다. 위의 식은 다음과 같아진다.

$$P = EP$$

즉 총물가수준은 기대된 물가수준에서 고정되며 총공급곡선은 제10장에서 가정한 것처럼 단기적으로 수평선이 된다.

b. 바람직한 상대가격이 생산량수준에 전혀 의존하지 않을 경우 물가수준에 관한 식에서 $a=0$이 된다. 다시 한 번 $P=EP$가 된다. 총공급곡선은 제10장에서 가정한 것처럼 단기적으로 수평선이 된다.

2. 경제는 다음과 같은 필립스 곡선을 갖고 있다.

$$\pi = \pi_{-1} - 0.5(u-5)$$

a. 자연실업률은 인플레이션율이 기대인플레이션율로부터 벗어나지 않은 율이다. 위의 식에서 기대인플레이션율은 지난 기간의 실제 인플레이션율과 같다. 인플레이션율을 지난 기간의 인플레이션율과 같다고 놓으면, 즉 $\pi=\pi_{-1}$이라 하면 $u=5$가 된다. 따라서 자연실업률은 5퍼센트가 된다.

b. 단기적으로(즉 단일기간인 경우) 기대인플레이션율은 이전 기간의 인플레이션 수준인 π_{-1}에 고정된다. 따라서 인플레이션과 실업 사이의 단기적인 관계는 단지 필립스 곡선 그래프와 같다. 이는 기울

그림 14-1

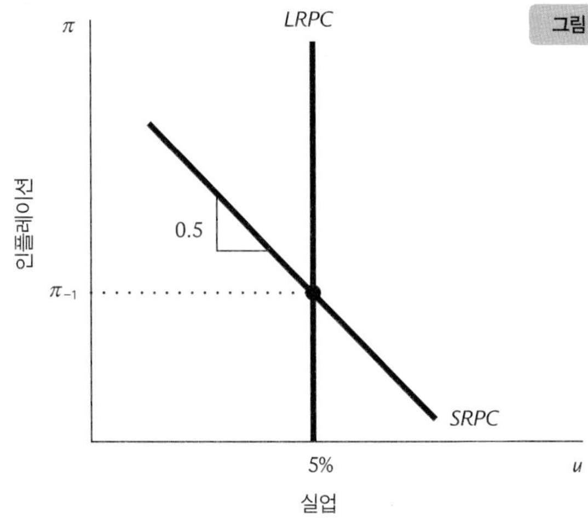

기가 −0.5이고 $\pi = \pi_{-1}$ 및 $u = 5$인 점을 통과한다. 그림 14-1이 이를 보여 주고 있다. 장기적으로 기대인플레이션은 실제 인플레이션과 같아서 $\pi = \pi_{-1}$이 되며 생산량과 실업률이 자연율과 같아진다. 따라서 장기 필립스 곡선은 실업률 5퍼센트에서 수직선이 된다.

c. 필립스 곡선에 따르면 인플레이션을 낮추기 위해서는 실업이 어떤 기간에 자연율인 5퍼센트를 초과해야 한다. 필립스 곡선을 이런 형태로 나타내면 다음과 같다.

$$\pi - \pi_{-1} = -0.5(u - 5)$$

인플레이션을 4퍼센트 낮추려 하였기 때문에 $\pi - \pi_{-1} = -4$가 되어야 한다. 이를 위의 식 왼쪽에 대입하면 다음과 같다.

$$-4 = -0.5(u - 5)$$

위의 식을 u에 대해 풀면 다음과 같다.

$$u = 13$$

따라서 경기순환적 실업은 자연율 5퍼센트를 넘어서 8퍼센트가 추가되어야 한다.

오쿤의 법칙에 따르면 실업이 1퍼센트 변화할 때 GDP가 2퍼센트 변화한다고 한다. 따라서 실업이 8퍼센트 증가하면 생산량이 16퍼센트 하락하게 된다. 희생률은 인플레이션을 1퍼센트 낮추기 위해서 포기해야 하는 한 해 GDP의 백분율이다. 감소한 GDP 16퍼센트를 인하된 인플레이션 4퍼센트로 나누면 희생률은 16/4 = 4가 된다.

d. 첫 번째 시나리오는 단기간에 매우 높은 실업을 경험하는 것이다. 예를 들어 단 1년 동안 16퍼센트의 실업을 경험할 수 있다. 두 번째 시나리오는 장기간에 걸쳐 작은 규모의 경기순환적 실업을 경험하는 것이다. 예를 들어 5년에 걸쳐 8퍼센트의 실업을 경험할 수 있다. 이 두 시나리오 모두 속도는 상이하지만 인플레이션율을 6퍼센트에서 2퍼센트로 낮출 수 있다.

3. a. 자연실업률은 인플레이션율이 기대인플레이션율로부터 벗어나지 않는 실업률이다. 필립스 곡선식에서 인플레이션(π)이 기대인플레이션($E\pi$)과 같아질 경우(즉, $\pi = E\pi$인 경우) 현재의 실업률이 자연실업률이 된다. 이 문제에서는 6퍼센트이다.

b. 경제는 인플레이션율이 기대인플레이션율(5퍼센트)이고 실업률이 자연실업률(6퍼센트)인 장기균형에서 시작한다. 그림 14-2에서 이를 점 A라고 표기하였다.

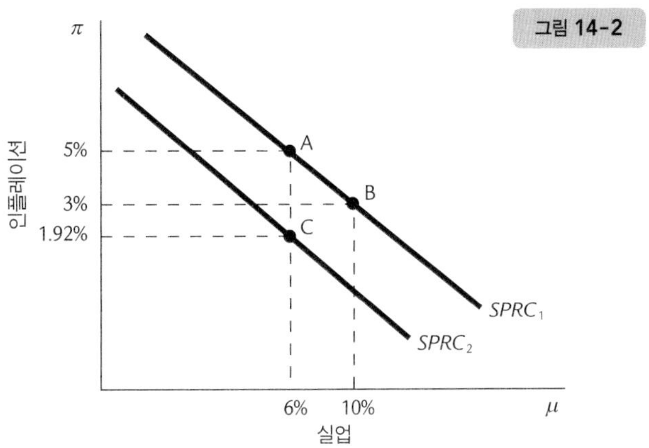

c. 실업률이 자연실업률 위로 4퍼센트 상승하면 현재 실업률(u)은 10퍼센트가 된다. 현재 연도에 기대인플레이션은 변화하지 않는다. 따라서 필립스 곡선 식으로부터 인플레이션(π)은 3퍼센트로 하락한다. 그림 14-2에서 이를 점 B라고 표기하였다. 기대인플레이션은 변화하지 않았기 때문에 동일한 단기 필립스 곡선 $SRPC_1$상에 위치한다.

d. 아래의 표는 10년 동안의 실업률, 인플레이션율, 기대인플레이션율, 생산량 성장률을 보여주고 있다. 최초연도는 연도 0이라는 사실에 주목하자. 뒤이은 2년 동안 처음보다 더 높은 실업이 유지되다가 이후 8년 동안은 자연실업률이 유지되었다. 표에 있는 값들은 이 문제의 처음 부분에 있는 식을 사용하여 계산할 수 있다.

연도	실업률	인플레이션율	기대인플레이션율	생산량 성장률
0	6	5.0000	5.0000	3
1	10	3.0000	5.0000	-5
2	10	1.6000	3.6000	3
3	6	2.0200	2.0200	11
4	6	1.8940	1.8940	3
5	6	1.9318	1.9318	3
6	6	1.9205	1.9205	3
7	6	1.9239	1.9239	3
8	6	1.9228	1.9228	3
9	6	1.9231	1.9231	3
10	6	1.9231	1.9231	3

e. 총수요가 감소하여 인플레이션율이 하락하면 기대인플레이션이 낮아진다. 기대인플레이션율이 하락함에 따라 필립스 곡선은 아래로 이동하여 $SRPC_2$로 이동한다. 그림 14-2에서 이에 대해 알아볼 수 있다. 10연도 말에 인플레이션은 다시 1.92퍼센트인 기대인플레이션과 같아지며, 실업률은 6퍼센트인 자연실업률과 같아진다. 이를 점 C라고 표기하였다.

f. 앞의 표에 있는 자료에 기초할 경우, 인플레이션율은 10년 동안 3.08퍼센트 하락하였다. 또한 표에 기초해서 보면 GDP의 10퍼센트를 상실하였다. 희생률은 인플레이션을 1퍼센트 낮추기 위해서 포기해야만 하는 연간 GDP의 백분율이다. GDP의 감소 10퍼센트를 인플레이션의 하락 3.08퍼센트로 나누면 희생률은 10/3.08 = 3.25가 된다. 이 예에서 실업률은 단지 2년 동안만 자연실업률보다 4퍼센트 높으며, 그러고 나서 실업률은 자연실업률로 다시 하락한다고 가정하였다는 점에 주목하자. 따라서 생산량 성장률은 2년(1연도 및 2연도) 동안 -5퍼센트로 하락하였고, 그러고 나서 장기 성장률인 3퍼센트로 회귀하였다.

4. 인플레이션을 낮추는 비용은 인플레이션에 대한 사람들의 기대를 변화시키는 비용에서 비롯된다. 비용을 들이지 않고 기대를 변화시킬 수 있다면 인플레이션을 낮추는 데도 비용이 들지 않는다. 필립스 곡선을 대수학적으로 나타내면 다음과 같다.

$$\pi = E\pi - \beta(u - u^n) + v$$

정부가 기대인플레이션 $E\pi$를 바람직한 인플레이션 수준까지 낮출 수 있다면 실업이 자연율 이상으로 증가할 필요가 없다.

합리적 기대 접근법에 따르면 사람들은 자신들이 이용할 수 있는 모든 정보를 이용하여 인플레이션에 관한 기대를 형성한다고 본다. 그리고 여기에는 실제 시행되고 있는 현재 정책에 관한 정보도 포함된다. 모든 사람들이 정부가 인플레이션을 낮추기로 하였다고 믿을 경우 기대인플레이션은 즉각적으로 하락한다. 필립스 곡선 측면에서 보면 경제에 거의 비용을 입히지 않거나 전혀 비용을 들이지 않고 $E\pi$가 즉각적으로 하락한다. 반면에 사람들이 정부가 의도한 대로 정책을 시행하지 않을 것으로 믿는 경우 $E\pi$는 높은 상태를 유지한다. 사람들이 정부가 계획에 따라 정책을 시행할 것이라는 점에 회의적이기 때문에 기대가 조절되지 않는다.

따라서 합리적 기대 접근법에 따르면 인플레이션을 낮추는 비용은 정부가 얼마나 단호하게 정책을 시행하고 신뢰할 수 있느냐에 의존한다. 중요한 문제는 정부가 인플레이션을 낮추겠다는 자신의 의지를 어떻게 신뢰할 수 있도록 하느냐이다. 예를 들면 첫 번째 방법은 인플레이션을 낮추려는 의지가 강하다고 평판을 갖고 있는 사람을 공직에 임명하는 것이다. 두 번째 방법은 의회가 중앙은행이 인플레이션을 낮추도록 하는 법률을 통과시키는 것이다. 물론 사람들은 중앙은행이 이 법을 무시할 것이라고 기대하거나 의회가 나중에 이 법을 개정할 것이라고 기대할 수 있다. 세 번째 방법은 통화공급의 성장을 제한하도록 헌법을 수정하는 것이다. 사람들은 합리적으로 볼 때 수정된 헌법을 다시 고치는 것이 상대적으로 어렵다고 믿을 것이다.

5. a. 생산량이 자연율수준에 있는 장기균형에서 중앙은행이 통화공급을 증대시킬 경우 경기는 확장 국면으로 접어들게 된다. 그림 14-3(A)에 있는 *IS*-*LM* 모형에서 통화공급이 증대하면 *LM*곡선은 오른쪽으로 이동하고 이에 따라 점 B에서 이자율은 낮아지고 생산량은 증가한다. 장기적으로는 물가수준이 상승하고 실질화폐잔고가 감소하여 *LM*곡선이 원래의 위치로 되돌아간다. 실질이자율이나 생산량

수준에서 장기적인 변화는 없다.

그림 14-3(B)에 있는 *AD-AS* 모형에서 통화공급이 증대하면 *AD* 곡선은 오른쪽으로 이동하고 이에 따라 점 B에서 생산량은 증가하고 물가수준은 상승한다. 장기적으로는 기대인플레이션이 상승하여 *SRAS* 곡선이 위쪽으로 이동한다. 경제는 점 C에 도달하며 생산량은 자연율 수준으로 되돌아가고 물가수준은 상승한다.

이제는 그림 14-3(C)에 있는 필립스 곡선을 살펴보도록 하자. 경제는 실업이 자연율 상태에 있는 점 A에 있다. 통화공급이 증대하면 생산량은 자연율 수준을 초과하여 증가하고 이에 따라 실업률은 자연율 아래로 감소한다. 이로 인해 단기 필립스 곡선을 따라 점 B로 이동하며 여기서 인플레이션은 상승하고 실업은 감소한다. 장기적으로는 기대인플레이션이 상승하여 필립스 곡선이 위쪽으로 이동한다. 경제는 점 C에 도달하며 거기서 인플레이션은 상승하지만 실업률에는 변화가 없다. 통화공급이 증대될 경우 기대인플레이션이 즉각적으로 상승하지 않기 때문에 경제는 확장 국면을 경험하게 된다.

그림 14-3(A)

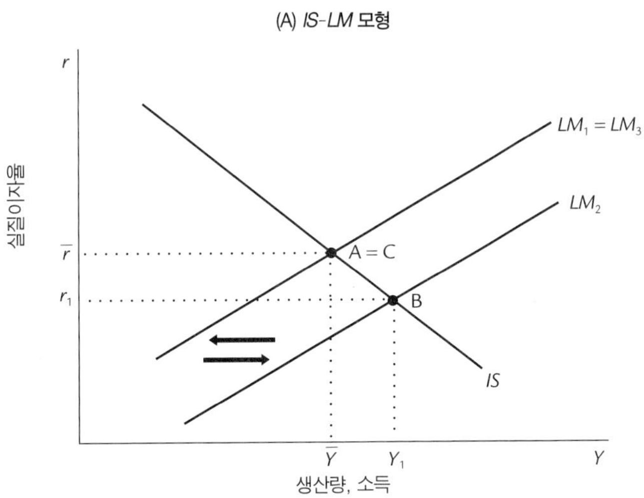

그림 14-3(B)

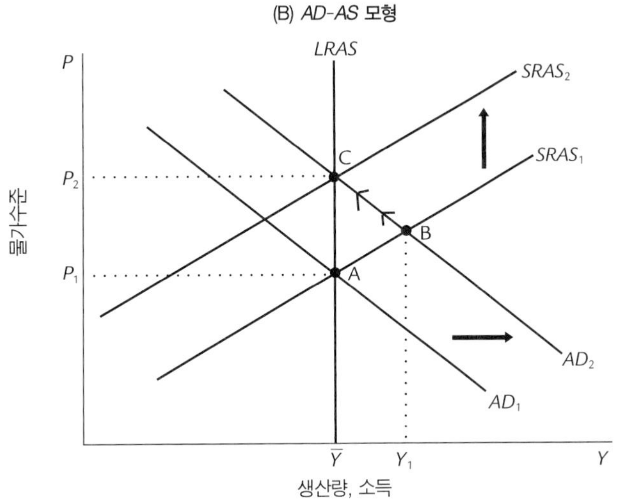

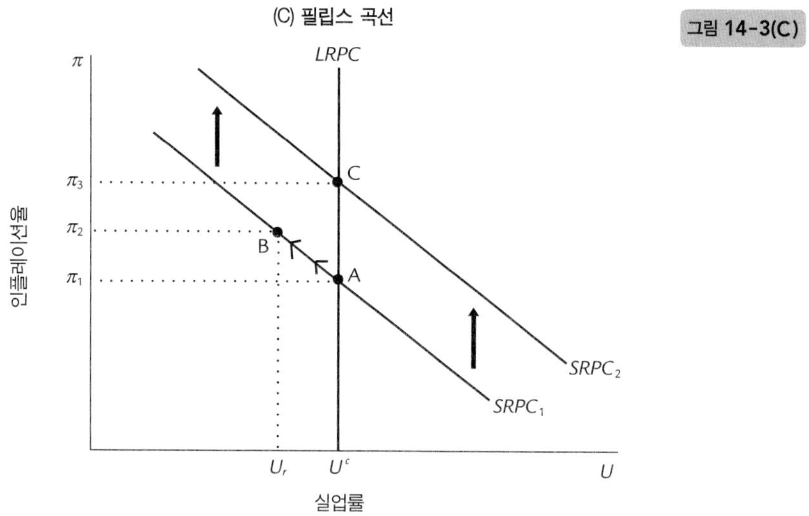

b. 생산량이 자연율수준에 있는 장기균형에서 중앙은행이 통화공급을 증대시키고 사람들은 인플레이션이 상승할 것으로 즉시 기대한다면 물가수준과 인플레이션율을 제외하고는 어떤 변화도 발생하지 않는다. *IS–LM* 모형에서 통화공급이 증대될 경우 물가수준은 통화공급과 동일한 율로 상승한다. 따라서 실질 잔고에는 변화가 없다. 그림 14-4(A)에서 보는 것처럼 경제는 점 A에 있다. *AD–AS* 모형에서는 통화공급이 증대하여 *AD* 곡선이 오른쪽으로 이동하지만 동시에 기대인플레이션이 상승하여 *SRAS* 곡선이 왼쪽으로 상향 이동한다. 그림 14-4(B)에서 보는 것처럼 생산량은 자연율 수준에 있지만 물가수준은 상승한다. 이제는 필립스 곡선을 살펴보도록 하자. 기대인플레이션이 즉각적으로 상승하여 단기 필립스 곡선이 위쪽으로 이동한다. 따라서 그림 14-4(C)에서 보는 것처럼 인플레이션율은 상승하지만 실업률은 변화하지 않는다. 통화공급이 증대되고 일반인들이 인플레이션의 상승을 즉각적으로 기대하는 경우 경제는 확장국면을 경험하지 않게 된다.

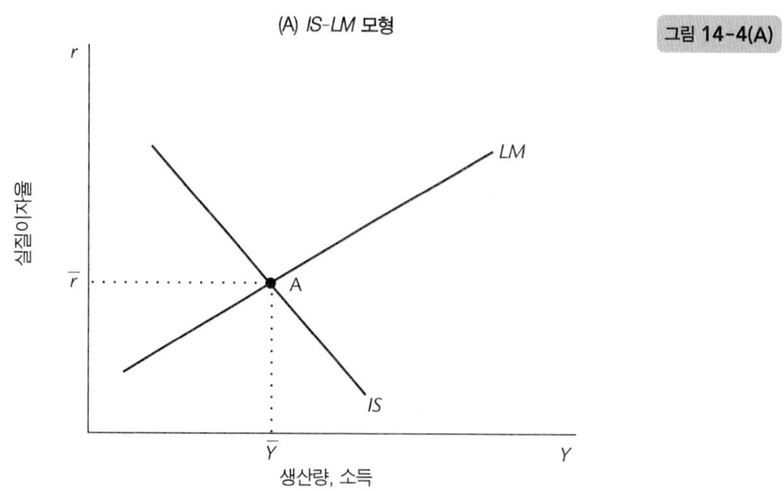

(B) *AD-AS* 모형

그림 14-4(B)

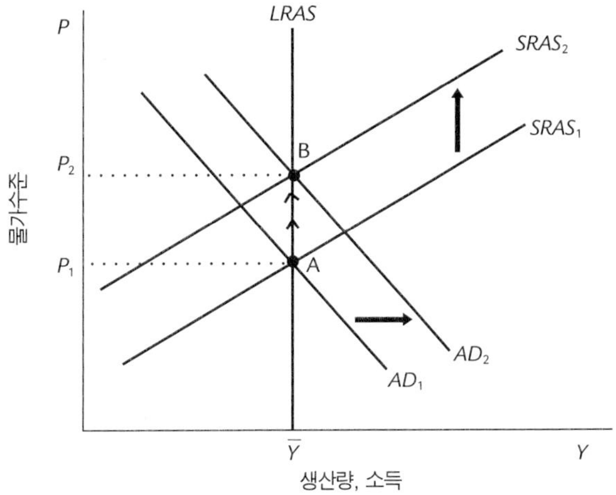

(C) 필립스 곡선

그림 14-4(C)

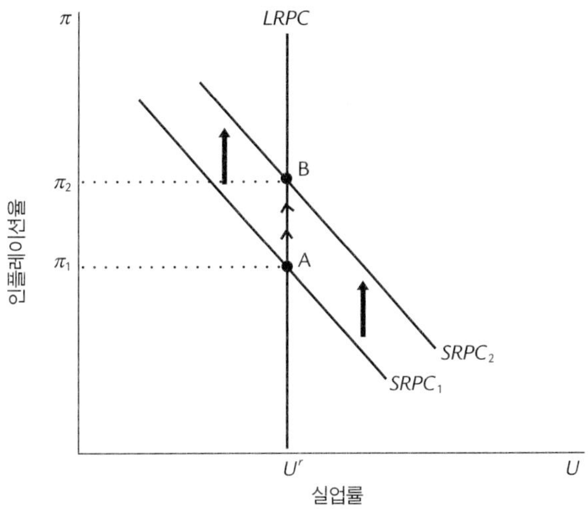

6. 이 문제에서는 이 장에서 살펴본 비신축적 가격 모형에 대해 합리적 기대, 즉 사람들은 기대를 형성하는 데 자신들이 이용할 수 있는 모든 정보를 최적으로 사용한다는 가정이 갖는 몇 가지 의미를 알아보고자 한다. 이 두 모형은 모두 물가수준이 기대수준으로부터 변동될 경우에만 생산량이 자연율로부터 변화한다는 다음과 같은 총공급곡선을 의미한다.

$$Y = \overline{Y} + \alpha(P - EP)$$

위의 총공급에 따르면 금융정책은 $(P - EP)$에 영향을 미치는 경우, 즉 기대하지 않은 물가수준의 변화가 발생하는 경우에만 실질 GDP에 영향을 미칠 수 있다.

a. 단지 기대하지 않은 통화공급의 변화만이 실질 GDP에 영향을 미칠 수 있다. 사람들은 자신들이 이용할 수 있는 모든 정보를 고려하기 때문에 물가수준에 대한 기대 *EP*를 형성할 때 통화의 기대한 변화가 미칠 영향을 이미 고려하게 된다. 예를 들어 사람들이 통화공급이 10퍼센트 증가할 것이라 기대

하고 실제로도 10퍼센트 증가할 경우 갑작스러운 가격 변화가 발생하지 않았기 때문에, 즉 $(P - EP) = 0$이기 때문에 생산량에 어떤 영향도 미치지 못한다. 반면에 중앙은행이 기대한 것 이상으로 통화공급을 증가시켰다고 하자. 사람들은 물가가 단지 10퍼센트만 인상될 것으로 기대하였지만 물가는 15퍼센트 증가하였다. $P > EP$이므로 생산량이 증대된다. 하지만 생산량을 증가시킨 것은 오직 기대하지 않은 통화증가로부터 비롯된 것이다.

b. 중앙은행은 생산량과 실업에 미치는 충격을 상쇄하여 경제를 안정화시키고자 한다. 예를 들어 불경기 동안에는 경제활동을 촉진시키기 위해 통화공급을 증대시키게 된다. 반면에 호경기 동안에는 경제를 진정시키기 위해 통화공급을 감소시키게 된다. 중앙은행은 사람들에게 물가수준에 관해 기대하지 못한 변화를 줄 수 있을 때만 이런 효과를 거둘 수 있다. 불경기에는 물가를 기대한 것 이상 인상시키려 하며 호경기에는 물가를 기대한 것보다 낮게 유지하려 한다. 하지만 사람들이 합리적 기대를 할 경우 이들은 중앙은행이 이런 방법으로 대응할 것이라는 것을 기대하게 된다. 따라서 경제가 호황이면 사람들은 중앙은행이 통화공급을 감소시킬 것으로 기대하고 불황이면 통화공급을 증대시킬 것으로 기대한다. 어느 경우에도 중앙은행은 $(P - EP)$를 0으로부터 체계적으로 변화시키는 것이 불가능하다. 사람들은 통화의 체계적이고 기대한 변화를 고려하고 있기 때문에 체계적이고 능동적인 정책이 생산량에 미치는 영향은 통화공급을 일정하게 유지하려는 정책과 정확히 동일해진다.

c. 사람들이 가격을 설정한 후에 중앙은행이 통화공급을 결정하는 경우 중앙은행은 생산량을 안정화시키기 위해 금융정책을 체계적으로 사용할 수 있다. 합리적 기대에 관한 가정에 따르면 사람들이 물가수준에 대한 기대를 형성하는 데 자신들이 이용할 수 있는 모든 정보를 사용한다고 본다. 여기에는 경제상태에 관한 정보와 중앙은행이 이런 상황에 어떻게 대응하는지에 관한 정보가 포함된다. 이는 사람들이 경제상태가 어떠한지를 안다거나 중앙은행이 어떻게 대응할지를 정확히 안다는 의미는 아니다. 사람들은 단순히 최선의 상상을 할 뿐이다.

시간이 흐름에 따라 중앙은행은 임금 및 가격을 설정했던 사람들에게 알려지지 않은 경제에 관한 정보를 알게 된다. 계약에 따라 임금 및 가격이 이미 설정된 시점에서 사람들은 자신들의 기대 EP에 충실하게 된다. 이때 중앙은행은 금융정책을 사용하여 실제 물가수준 P에 영향을 줄 수 있으며 이로 인해 생산량에 체계적으로 영향을 미칠 수 있다.

7. 이 모형에서 자연실업률은 과거 2년 동안 실업률의 평균이다. 따라서 어떤 해에 불경기로 인해 실업률이 증가하면 자연실업률도 역시 증가한다. 이는 이 모형이 이력현상을 보여 준다는 의미이다. 즉 단기적인 경기순환적 실업이 장기적인 자연실업률에 영향을 미친다.

a. 자연실업률은 이력현상 가설이 제시하는 것처럼 최소한 두 가지 이유로 인해 최근 실업에 의존하게 된다. 첫째, 최근의 실업률이 마찰적 실업수준에 영향을 미칠 수 있다. 실직상태에 있는 노동자들이 직업과 관련돼 갖고 있던 기술이 쓸모가 없어져서 일자리를 구하기가 더욱 힘들어진다. 또한 실직상태에 있는 노동자들이 일하려는 욕구를 잃게 되어 일자리를 구하는 데 덜 열성적이 된다. 둘째, 최근의 실업률은 구조적 실업수준에 영향을 미칠 수 있다. 노동협상 시 '외부노동자'들보다 '내부노동자'들의 발언권이 큰 경우 내부노동자들은 새로운 일자리 창출을 희생하면서도 높은 임금을 요구할 수 있다. 이는 특히 협상이 기업과 노동조합 사이에 이루어지는 산업에서 사실이다.

b. 중앙은행이 인플레이션을 영원히 1퍼센트 낮추려 한다면 첫 번째 기간의 필립스 곡선은 다음과 같아진다.

$$\pi_1 - \pi_0 = -1 = -0.5(u_1 - u_1^n)$$

또는 다음과 같다.

$$(u_1 - u_1^n) = 2$$

즉 실업률이 원래의 자연실업률 u_1^n보다 2퍼센트 높아야 한다. 하지만 다음 기간에는 경기순환적 실업 때문에 자연실업률이 증가한다. 새로운 자연실업률 u_2^n은 다음과 같다.

$$\begin{aligned} u_2^n &= 0.5(u_1 + u_0) \\ &= 0.5[(u_1^n + 2) + u_1^n] \\ &= u_1^n + 1 \end{aligned}$$

따라서 자연실업률은 1퍼센트 증가하게 된다. 중앙은행이 인플레이션을 새로운 수준에서 유지하려 한다면 두 번째 기간의 실업은 새로운 자연실업률 u_2^n과 같아야 하며 이는 다음과 같다.

$$u_2 = u_1^n + 1$$

연속적인 매 기간에서 실업률이 자연실업률과 같아야 한다는 점이 적용된다. 이 자연실업률은 결코 원래의 수준으로 돌아가지 않는다. 다음과 같이 연속적인 실업률을 도출함으로써 이를 보여 줄 수 있다.

$$\begin{aligned} u_3 &= (1/2)u_2 + (1/2)u_1 = u_1^n + 1 + 1/2 \\ u_4 &= (1/2)u_3 + (1/2)u_2 = u_1^n + 1 + 1/4 \\ u_5 &= (1/2)u_4 + (1/2)u_3 = u_1^n + 1 + 3/8 \end{aligned}$$

실업률은 언제나 원래 자연실업률보다 높다. 실제로 실업률이 언제나 자연실업률보다 최소한 1퍼센트 더 높다는 사실을 보여 줄 수 있다. 따라서 인플레이션을 1퍼센트 낮추기 위해서 실업은 첫해에 원래 수준보다 2퍼센트 높아야 하며 그 후 매년 1퍼센트 이상 높아야 한다.

c. 실업이 처음 시작할 때보다 언제나 높기 때문에 생산량은 할 수 있었던 것보다 언제나 더 낮다. 따라서 희생률은 무한하게 된다.

d. 이력현상이 없다면 인플레이션과 실업 사이에 단기적인 상충관계는 존재하지만 장기적인 상충관계는 존재하지 않는다. 이력현상이 있다면 인플레이션과 실업 사이에 장기적인 상충관계가 존재한다. 인플레이션을 낮추기 위해서 실업은 영원히 증가하게 된다.

8. a. 자연생산량 수준은 생산함수 $\overline{Y} = \overline{F}(\overline{K}, \overline{L})$에 의해 결정된다. 조세삭감으로 인해 근로의욕이 높아지면 L이 증가하고 자연생산량률이 증대된다.

b. 조세삭감이 이루어지면 가처분소득이 증가하고 이에 따라 소비가 증가하는 일상적인 이유로 인해 총수요곡선이 바깥쪽으로 이동한다. 자연생산량률이 증가하기 때문에 장기 총공급곡선이 바깥쪽으로 이동한다.

조세삭감이 단기 총공급(*SRAS*)곡선에 미치는 영향은 어느 모형을 사용하느냐에 달려 있다. 일정하게 주어진 실질임금에서 노동자들은 더 많은 노동을 공급하려 하기 때문에 노동공급곡선이 바깥쪽으로 이동하는 반면에 노동수요곡선은 불변한다. 비신축적 임금 모형이나 비신축적 가격 모형에서 노동의 양은 수요에 의해 결정되므로 *SRAS* 곡선이 이동하지 않는다. 반면에 불완전 정보 모형에서 노동시장은 언제나 균형을 이룬다고 가정하므로 노동공급이 증가하면 즉각적으로 고용이 증대돼서 *SRAS*곡선이 바깥쪽으로 이동한다.

c. 비신축적 가격 모형을 사용할 경우 단기 분석은 노동공급효과가 없는 일반적인 모형과 동일하다. 즉 총수요는 증가하지만 단기 총공급이 불변하므로 생산량과 물가 둘 다 증대된다. 불완전 정보 모형을 사용할 경우 단기 총공급곡선이 바깥쪽으로 이동하여 조세삭감으로 인한 확장적인 효과는 일반적인 모형보다 더욱 커지고 인플레이션 효과는 더 작아진다. 그림 14-5는 두 모형에서의 효과를 보여 준다. 점 A는 원래 균형점이고 점 SW는 비신축적 임금 모형에서의 새로운 균형점이며 점 II는 불완전 정보 모형에서의 새로운 균형점이다.

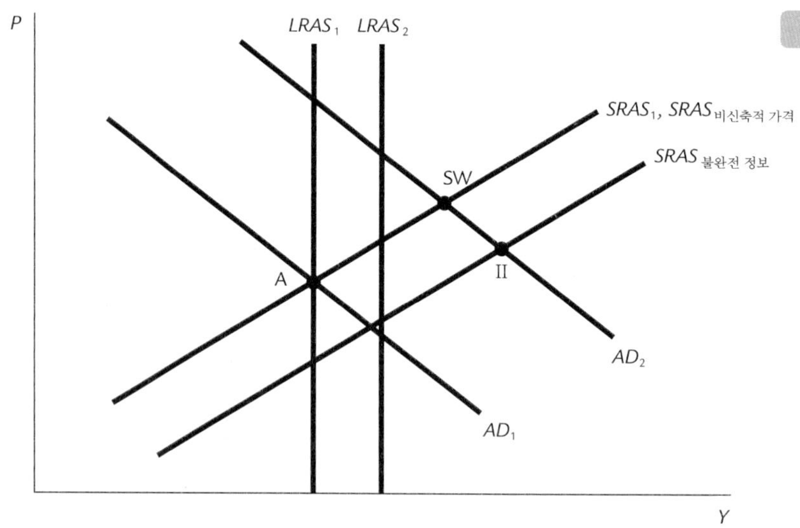

그림 14-5

d. 조세삭감이 자연생산량 수준을 증대시키는 노동공급의 변화로 이어지지 않는 정상적인 모형에서는 조세삭감으로 인해 장기적인 물가수준이 상승하고 생산량은 동일한 자연생산량 수준으로 되돌아간다. 조세삭감으로 인해 단기적으로 총수요곡선이 오른쪽으로 이동한다. 장기적으로는 기대 물가수준이 상승함에 따라 단기 총공급곡선이 왼쪽으로 이동한다. 조세삭감이 자연생산량 수준의 증가로 이어지는 또 다른 모형에서 장기적인 결과는 총수요곡선의 수평적인 이동이 장기 총공급곡선의 수평적인 이동보다 더 큰지 또는 더 작은지 또는 동일한지에 달려 있다. 두 개가 동일한 양만큼 수평적으로 변화할 경우 물가수준은 장기적으로 영향을 받지 않는다. 총수요의 변화가 장기 총공급곡선의 변화보다 더 큰 경우 물가수준이 장기적으로 상승한다.

9. 미국 노동통계국의 웹사이트(www.bls.gov)에서 CPI에 관한 자료를 얻을 수 있는 다양한 방법이 있다. '모든 도시 소비자'에 대한 다음과 같은 자료를 2012~2017년 사이에 걸쳐 구하였다.

연도	CPI	CIP 인플레이션율	식료품 및 에너지를 제외한 CPI	식료품 및 에너지를 제외한 CPI 인플레이션율
2012	229.594		229.755	
2013	232.957	1.46%	233.806	1.76%
2014	236.736	1.62%	237.897	1.75%
2015	237.017	0.12%	242.247	1.83%
2016	240.007	1.26%	247.602	2.21%
2017	245.120	2.13%	252.169	1.84%

전반적인 CPI가 식료품 및 에너지를 제외한 CPI보다 분명히 변동이 더 크다. 이런 차이는 변동이 큰 식료품 가격, 특히 에너지 가격에 대한 충격을 반영하기 때문이다. 예를 들면 에너지 가격이 인하될 경우 전반적인 CPI는 식료품 및 에너지를 제외한 CPI보다 덜 상승하게 된다. 이는 공급충격을 의미하며 이로 인해 총공급 곡선과 필립스 곡선이 아래쪽으로 이동한다.

추가문제와 응용

1. a. (제6장 부록에서 살펴본) 고전파 대국개방경제 모형은 이자율이 세계이자율로부터 벗어날 수 있다는 점을 제외하고 교과서의 특별한 경우 2와 유사하다. 즉 $EP = P$, $L(i, Y) = (1/V)Y$, $CF = CF(r - r^*)$인 특별한 경우로 국제적 자본이동이 무한하게 탄력적이지는 않다. 자본이동이 국내이자율과 세계이자율 사이의 차이에 대해 대폭적으로 이루어지지 않기 때문에 이 경우 이 이자율들은 실제로 변화할 수 있다.

   b. 제11장의 균형 국민소득결정 모형은 다음과 같은 특별한 경우이다. 즉 (i) 폐쇄경제라서 $CF(r - r^*) = 0$이고, (ii) 투자가 외생적으로 주어지는 $I(r) = I$이며, (iii) α는 무한해서 단기 총공급곡선이 수평선인 경우이다. 이런 특별한 경우에 생산량은 재화 및 용역에 대한 수요에만 의존한다.

   c. (제13장 부록에서 살펴본) 대국개방경제의 IS-LM 모형은 α가 무한하고 $CF = CF(r - r^*)$가 무한히 탄력적이지 않은 특별한 경우이다. 이 경우 단기 총공급곡선은 수평선이 되며 국내이자율과 세계이자율 사이의 차이에 대해 자본이동이 대규모로 반응하지는 않는다.

15

경제변동의 동태 모형

복습용 질문

1. 동태적인 총공급곡선의 방정식은 다음과 같다.

$$\pi_t = \pi_{t-1} + \phi(Y_t - \overline{Y}_t) + \upsilon_t$$

ϕ는 생산량 변동에 대응하여 기업들이 자신들의 가격을 얼마나 신속하게 조절하는지를 측정하는 양의 모수이다. 경제의 생산량이 자연율 수준을 초과하여 증가할 경우 기업들은 한계비용의 상승을 경험하게 되어 가격을 인상한다. 따라서 경제의 생산량과 인플레이션 사이에는 양의 관계가 존재한다. 동태적인 총공급곡선의 기울기가 상향한다. 동태적인 총공급곡선의 기울기가 가파른 정도는 생산량이 자연율 수준을 초과할 경우 한계비용이 얼마나 신속하게 상승하는지와 한계비용이 상승할 경우 가격이 얼마나 빨리 인상되는지에 달려 있다. 한계비용이 보다 신속하게 상승하고 가격을 보다 빠르게 인상하여 기업이 이에 대응할 경우 동태적인 총공급곡선의 기울기가 더 가파르게 된다. 동태적인 총공급곡선은 그림 15-1과 같다.

2. 동태적인 총수요곡선의 방정식은 다음과 같다.

$$Y_t = \overline{Y}_t - \left[\frac{\alpha\theta_\pi}{(1+\alpha\theta_Y)}\right](\pi_t - \pi_t^*) + \left[\frac{1}{(1+\alpha\theta_Y)}\right]\varepsilon_t$$

그림 15-1

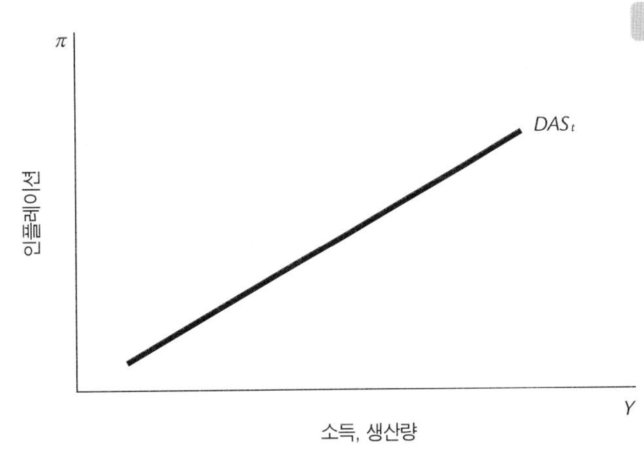

동태적인 총수요곡선은 주어진 금융정책 규칙에 의해 정의되며 수요되는 생산량과 인플레이션 사이에 음의 관계가 있음을 보여 준다. 인플레이션이 변화할 경우 중앙은행은 자신의 금융정책 규칙에 따라 명목이자율을 변화시킨다. 금융정책 규칙에 따르면 명목이자율이 인플레이션율을 초과하여 변화하도록 되어 있다. 이를 통해 실질이자율이 변화하고, 따라서 재화 및 용역에 대한 수요도 변하게 된다. 인플레이션이 상승하고 중앙은행이 자신의 금융정책 규칙을 따를 경우 실질이자율이 인상되어 재화 및 용역에 대한 수요량이 감소하며 생산량도 하락하게 된다. 중앙은행이 높은 인플레이션을 더 용인하는 경우(θ_π가 더 작은 경우), 중앙은행이 자연율수준으로부터 생산량의 일탈을 덜 용인하는 경우(θ_Y가 더 큰 경우), 일반인의 지출이 실질이자율의 변화에 덜 반응하는 경우(α가 더 작은 경우), 동태적인 총수요곡선의 기울기가 더 가파르게 된다. 동태적인 총수요곡선은 그림 15-2와 같다.

그림 15-2

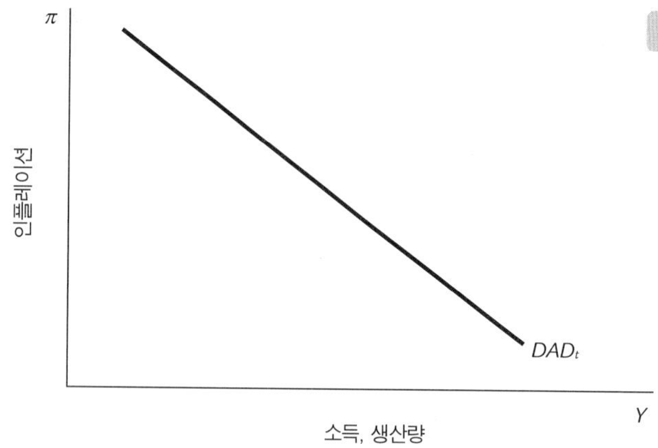

3. 동태적인 총수요곡선은 주어진 금융정책 규칙에 대해 도출된다. 중앙은행이 목표 인플레이션율을 증가시켜 이 규칙을 변화시킬 경우 동태적인 총수요곡선은 오른쪽으로 이동한다. 동태적인 총수요곡선의 방정식을 살펴보면 목표 인플레이션율이 증가할 경우 주어진 인플레이션율 수준에 대해 생산량이 증가하게 된다는 사실을 알 수 있다. 중앙은행이 목표 인플레이션율을 증가시킬 경우 현재 인플레이션율은 목표치 아래에 위치하게 된다. 따라서 중앙은행은 명목이자율과 실질이자율 둘 다 인하하게 된다. 실질이자율이 낮아지면 현재 인플레이션율 수준에서 재화 및 용역에 대한 수요가 증가하고 생산량도 증대된다. 총수요곡선은 그림 15-3에서 보는 것처럼 이동한다. 생산량이 자연율수준을 초과하므로 한계비용이 상승하고 기업은 가격을 인상하게 된다. 경제는 결국에 가서 균형인 점 A에서 새로운 단기균형인 점 B로 이동한다. 인플레이션 수준이 상승하게 되면 기대인플레이션율도 상승하며 동태적인 총공급곡선은 그림 15-3에서 보는 것과 같이 왼쪽으로 상향 이동하게 된다. 인플레이션이 상승하면 중앙은행은 새로운 정책 규칙에 따라 명목이자율을 인상한다. 경제는 결국에 가서 새로운 장기균형인 점 Z에 도달하게 된다. 인플레이션이 2퍼센트에서 3퍼센트로 인상되었다는 사실에 주목하자.

   장기 실질이자율에는 변화가 없기 때문에 명목이자율은 장기에서 더 높아지게 된다. 장기에서 명목이자율은 실질이자율에 목표 인플레이션율을 합한 것과 같다.

4. 중앙은행이 인플레이션의 변화에 대한 이자율의 반응(모수 θ_π)을 증대시키기로 결정한 경우 중앙은행은 인플레이션을 덜 용인하게 된다. 이 경우 인플레이션이 상승하면 재화 및 용역에 대한 수요를 낮추고 인플

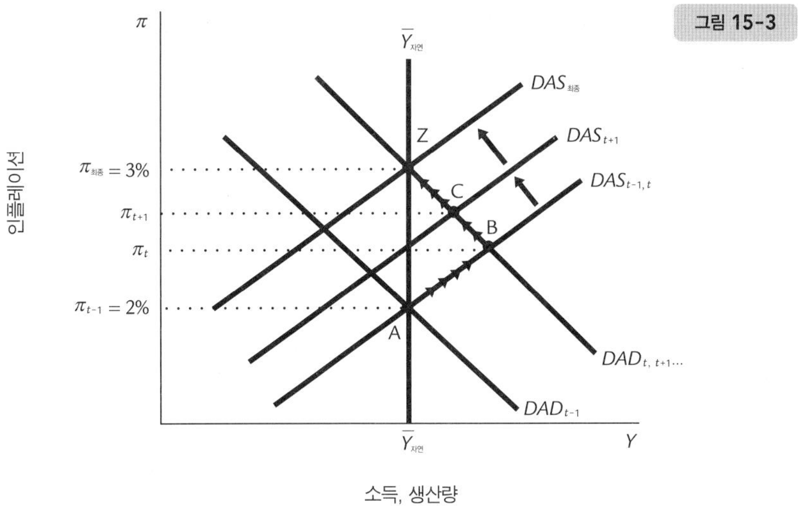

레이션의 추가 상승을 방지하기 위해 명목 및 실질이자율의 더 많은 인상을 유도하게 된다. 그리하여 동태적인 총수요곡선이 더 평평해진다. 동태적인 총수요곡선의 기울기를 수학적으로 살펴보면 다음과 같다.

$$-\frac{1+\alpha\theta_Y}{\alpha\theta_\pi}$$

모수 θ_π의 값이 커질 경우 기울기는 절댓값으로 볼 때 더 작아져서 동태적인 총수요곡선은 더 평평해진다. 직관적으로 살펴보면 중앙은행이 인플레이션을 덜 용인하려는 경우 자연율로부터 생산량의 더 큰 일탈을 감내하겠다는 것이므로 동태적인 총수요곡선은 더 평평해진다. 이 경우에 동태적인 총공급곡선을 왼쪽으로 상향 이동시키는 공급충격이 발생하면 그림 15-4에서 보는 것처럼 생산량은 대폭 감소하고 인플레이션율은 소폭 상승한다. 구 정책하에서 경제가 A에서 B로 이동한 것과는 대조적으로 신 정책하에서는 공급충격에 대응하여 A에서 C로 이동한다. 중앙은행의 정책 변화 시점에 경제가 장기균형에 있었다면 경제는 계속해서 장기균형에 있게 되지만 동태적인 총수요곡선은 더 평평해진다는 점에 주목하자.

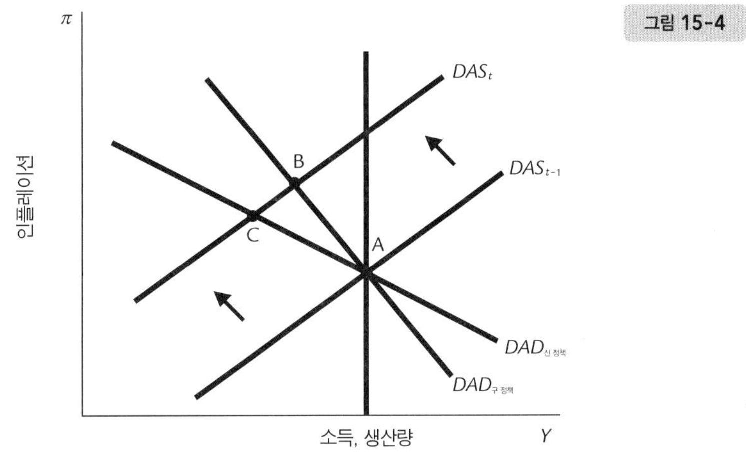

문제와 응용

1. 동태적인 $AD-AS$ 모형을 구성하는 다섯 개 방정식을 이용하여 변수들의 장기적인 값을 도출할 수 있다. 이 문제에서 수요 또는 공급에 대한 충격이 없고 인플레이션은 안정화된다고 가정한다. 인플레이션은 안정화되어 있으므로 t기의 인플레이션은 $t-1$기의 인플레이션과 같아야 한다($\pi_t = \pi_{t-1}$). 또한 기대인플레이션은 전기의 인플레이션과 같다는 사실, 즉 $E_{t-1}\pi_t = \pi_{t-1}$이라는 점을 알고 있다. 아래의 첫 번째 줄은 필립스 곡선 방정식을 의미하며 위의 두 가지 사실을 이용하면 다음과 같다.

$$\pi_t = E_{t-1}\pi_t + \phi(Y_t - \overline{Y}_t) + \upsilon_t$$
$$\pi_t = \pi_{t-1} + \phi(Y_t - \overline{Y}_t) + \upsilon_t$$
$$\pi_t = \pi_t + \phi(Y_t - \overline{Y}_t) + \upsilon_t$$

여기서 공급충격 모수 υ_t는 0이므로 생산량은 자연율 수준의 생산량과 같아진다. 재화 및 용역에 대한 수요 방정식에 관해 살펴보면 수요충격 모수 ε_t가 0이고 $Y_t = \overline{Y}_t$이므로 실질이자율은 자연이자율과 같아진다.

$$Y_t = \overline{Y}_t - \alpha(r_t - \rho) + \varepsilon_t$$

다음의 첫 번째 줄은 피셔 방정식을 의미하며 이를 통해 명목이자율은 자연이자율과 현재 인플레이션율을 합한 것과 같다는 사실을 보여 줄 수 있다. 인플레이션은 안정화되어 있으므로 기대인플레이션은 현재 인플레이션과 같아진다($E_t\pi_{t+1} = \pi_t$). 실질이자율이 자연이자율과 같아진다는($r_t = \rho$) 점을 살펴보았다.

$$r_t = i_t - E_t\pi_{t+1}$$
$$r_t = i_t - \pi_t$$
$$i_t = r_t - \pi_t$$
$$i_t = \rho - \pi_t$$

아래의 첫 번째 줄에 있는 금융정책 규칙에 대한 방정식을 살펴보도록 하자. 오른편의 세 번째 항이 0이 되도록 현재 인플레이션은 목표 인플레이션율과 같다. 마찬가지로 생산량은 자연율 수준에 있으므로 오른편의 네 번째 항도 0이 된다.

$$i_t = \pi_t + \rho + \theta_\pi(\pi_t - \pi^*_t) + \theta_Y(Y_t - \overline{Y}_t)$$
$$i_t = \pi_t + \rho$$

최종 값은 다음과 같다.

$$\begin{aligned} Y_t &= \overline{Y}_t \\ r_t &= \rho \\ \pi_t &= \pi^*_t \\ E_t\pi_{t+1} &= \pi^*_t \\ i_t &= \rho + \pi^*_t \end{aligned}$$

2. 중앙은행이 잘못된 자연이자율을 갖고 있는 경우 참값인 ρ와 다른 값 ρ'을 사용하여 표기한다. 잘못된 자연이자율은 다음과 같이 정의된다고 가상하자.

$$\rho' = \rho + \Delta\rho$$

위에서 $\Delta\rho$가 0이 되면 중앙은행은 올바른 자연이자율을 갖게 된다. 자연이자율이 잘못된 경우 장기균형 값이 변한다. 동태적인 *AD*–*AS* 모형을 구성하는 다섯 개 방정식을 이용하여 변수들의 장기 값을 도출할 수 있다. 이 문제에서 수요 또는 공급에 대한 충격은 없으며 인플레이션은 안정화된다고 가정한다. 인플레이션이 안정화되기 때문에 t기의 인플레이션은 $t-1$기의 인플레이션과 같다($\pi_t = \pi_{t-1}$). 또한 기대인플레이션은 전기의 인플레이션과 같다는 사실, 또는 $E_{t-1}\pi_t = \pi_{t-1}$이라는 점을 알고 있다. 아래의 첫 번째 줄은 필립스 곡선을 의미하며 위의 두 가지 사실을 이용하면 다음과 같다.

$$\pi_t = E_{t-1}\pi_t + \phi(Y_t - \overline{Y}_t) + \upsilon_t$$
$$\pi_t = \pi_{t-1} + \phi(Y_t - \overline{Y}_t) + \upsilon_t$$
$$\pi_t = \pi_t + \phi(Y_t - \overline{Y}_t) + \upsilon_t$$

여기서 공급충격 모수 υ_t는 0이므로 생산량은 자연율 수준의 생산량과 같아진다. 재화 및 용역에 관한 수요 방정식에 대해 살펴보면 수요충격 모수 ε_t가 0이고 $Y_t = \overline{Y}_t$이므로 실질이자율은 자연이자율과 같아진다.

$$Y_t = \overline{Y}_t - \alpha(r_t - \rho) + \varepsilon_t$$

아래의 첫 번째 줄은 피셔 방정식을 의미하며 이를 통해 자연이자율은 명목이자율에서 현재 인플레이션율을 뺀 것과 같다는 사실을 보여 줄 수 있다. 인플레이션은 안정화되었기 때문에 기대인플레이션은 현재 인플레이션과 같아진다($E_t\pi_{t+1} = \pi_t$). 실질이자율이 자연이자율과 같아진다는($r_t = \rho$) 점을 살펴보았다.

$$r_t = i_t - E_t\pi_{t+1}$$
$$r_t = i_t - \pi_t$$
$$\rho = i_t - \pi_t$$

아래의 첫 번째 줄에 있는 금융정책 규칙 방정식은 잘못된 자연이자율 ρ'을 포함하고 있다. 올바른 자연이자율과 틀린 자연이자율 사이의 관계식을 대입하여 재정리하면 다음과 같다.

$$i_t = \pi_t + \rho' + \theta_\pi(\pi_t - \pi^*_t) + \theta_Y(Y_t - \overline{Y}_t)$$
$$i_t = \pi_t + (\rho + \Delta\rho) + \theta_\pi(\pi_t - \pi^*_t) + \theta_Y(Y_t - \overline{Y}_t)$$
$$i_t - \pi_t = (\rho + \Delta\rho) + \theta_\pi(\pi_t - \pi^*_t) + \theta_Y(Y_t - \overline{Y}_t)$$

생산량은 자연율 수준에 있기 때문에 오른편의 세 번째 항은 0이 된다. 위에서 재정리한 피셔 방정식과 재정리한 금융정책 규칙에 대한 방정식을 결합하면 다음과 같다.

$$i_t = \pi_t + (\rho + \Delta\rho) + \theta_\pi(\pi_t - \pi^*_t) + \theta_Y(Y_t - \overline{Y}_t)$$
$$\rho = (\rho + \Delta\rho) + \theta_\pi(\pi_t - \pi^*_t)$$
$$0 = \Delta\rho + \theta_\pi\pi_t - \theta_\pi\pi^*_t$$
$$\pi_t = \pi^*_t - \frac{\Delta\rho}{\theta_\pi}$$

최종 값은 다음과 같다.

$$
\begin{aligned}
Y_t &= \overline{Y}_t \\
r_t &= \rho \\
\pi_t &= \pi^*_t - \frac{\Delta\rho}{\theta_\pi} \\
E_t\pi_{t+1} &= \pi^*_t - \frac{\Delta\rho}{\theta_\pi} \\
i_t &= \rho + \pi^*_t - \frac{\Delta\rho}{\theta_\pi}
\end{aligned}
$$

직관적으로 살펴보면 자연이자율이 실제보다 더 높다고 중앙은행이 판단할 경우 설정되어야 할 수준보다 더 높게 이자율을 설정하게 되며 $\Delta\rho$는 0보다 커진다. 이자율이 높아지면 재화 및 용역에 대한 수요가 감소하고 장기적으로는 인플레이션율이 목표 인플레이션보다 더 낮아진다. 단기적으로는 높아진 이자율로 인해 일시적으로 실질이자율이 정상치보다 높아지며 이로 인해 동태적인 총수요곡선이 왼쪽으로 하향 이동한다. 중앙은행이 자연이자율을 잘못 인지함으로써 경제를 후퇴 국면으로 몰고 가며 이로 인해 인플레이션율이 목표치보다 낮아지게 된다. 낮은 인플레이션율이 지속되면 기대인플레이션율이 하락하고 새로운 장기균형에 도달할 때까지 동태적인 총공급곡선은 오른쪽으로 하향 이동하게 된다. 그림 15-5는 이런 상황을 보여 주고 있다. 위에서 도출된 장기균형에서 인플레이션율은 목표치보다 낮아지며 기대인플레이션은 실제 인플레이션과 같고 목표치보다는 또한 낮다. 명목이자율은 그렇지 않았을 때보다 더 낮아진다.

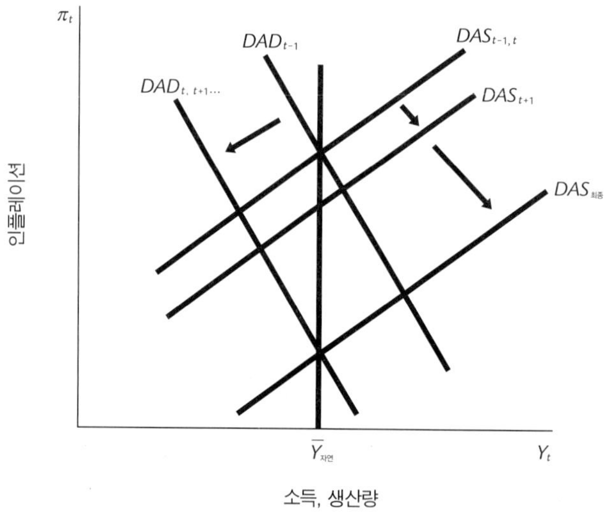

그림 15-5

3. 장기균형에서 명목이자율은 자연이자율에 목표 인플레이션율을 합한 것과 같다. 중앙은행은 장기 명목이자율을 낮추기 위해서 목표 인플레이션율을 낮추어야 하며 그리하여 궁극적으로는 실제 인플레이션율을 낮추어야 한다. 단기적으로 보면 중앙은행은 경제의 지출과 생산량을 낮추기 위해서 명목이자율을 인상시켜야만 한다. 이로 인해 인플레이션이 낮아지고 종국에 가서는 기대인플레이션이 하락한다. 이렇게 되면 경제는 명목이자율, 목표 인플레이션율, 실제 인플레이션율 모두가 더 낮아진 새로운 장기균형으로 조

절된다. 그래프상에서 설명하면 목표 인플레이션율이 낮아질 경우 동태적인 총수요곡선이 왼쪽으로 하향 이동하며 이로 인해 경제는 경기후퇴 국면으로 접어들고 단기적으로 생산량과 인플레이션이 낮아지게 된다. 장기적으로 기대인플레이션이 조절됨에 따라 동태적인 총공급곡선은 오른쪽으로 하향 이동한다. 장기적으로 보면 생산량은 자연율 수준과 같아지며 인플레이션은 하락한다.

4. 그래프 상에서 설명하면 목표 인플레이션율이 인하될 경우 동태적인 총수요곡선은 왼쪽으로 하향 이동하며 이에 따라 단기균형에서 생산량과 인플레이션율이 낮아지게 된다. 시간이 흐름에 따라 기대인플레이션이 조절되면 동태적인 총공급곡선은 생산량이 다시 잠재 생산량과 같아질 때까지 오른쪽으로 하향 이동한다. 생산량이 잠재 생산량보다 낮았던 각 연도에 대해 실제 생산량이 잠재 생산량으로부터 일탈한 백분율을 계산할 수 있으며 이를 합산하면 상실된 누적생산량을 백분율로 구할 수 있다. 교과서 시뮬레이션에 포함된 12년 동안 상실된 누적생산량은 2.59퍼센트이다. 동일한 기간 인플레이션율은 2퍼센트에서 1.35퍼센트로 하락하여 0.65퍼센트 감소하였다. 따라서 희생률은 2.59/0.65 = 3.98이다. 동일한 결과를 동태적인 *AD–AS* 모형으로부터 직접 도출할 수 있다. 아래의 첫 번째 줄에는 필립스 곡선 방정식이 있으며 적응적 기대 가정을 이용하여 다음과 같이 나타낼 수 있다.

$$\pi_t = E_{t-1}\pi_t + \phi(Y_t - \overline{Y}_t) + \upsilon_t$$
$$\pi_t = \pi_{t-1}\pi_t + \phi(Y_t - \overline{Y}_t) + \upsilon_t$$

위의 방정식에 따르면 공급충격이 없는 경우($\upsilon_t = 0$), 생산량이 자연율 수준 아래로 1퍼센트 감소하면 인플레이션은 ϕ 퍼센트만큼 하락한다(생산량이 자연율 수준으로부터 1단위 일탈할 경우 1퍼센트 일탈과 같아지도록 생산량의 자연율수준을 100이라고 하였다). 위의 결과에서 보면 인플레이션율을 1퍼센트 낮추기 위해서 생산량은 $1/\phi$ 퍼센트만큼 감소해야 한다. 시뮬레이션에서 ϕ 값은 0.25이며 $1/\phi$ 은 4가 된다. 이 값은 시뮬레이션 결과로부터 직접 구한 3.98에 매우 근접한다는 점에 주목하자.

5. 문제에 제시된 요령에 따라 수요충격 모수 ε_t가 0이 아니라는 새로운 가정하에서 장기균형에 대한 해법을 찾아볼 것이다. 인플레이션은 안정화되어 있기 때문에 t기의 인플레이션은 $t-1$기의 인플레이션과 같다($\pi_t = \pi_{t-1}$). 또한 기대인플레이션은 전기의 인플레이션과 같다는 사실($E_{t-1}\pi_t = \pi_{t-1}$)도 알고 있다. 아래의 첫째 줄에 있는 필립스 곡선을 가지고 위의 두 가지 사실을 이용하면 다음과 같다.

$$\pi_t = E_{t-1}\pi_t + \phi(Y_t - \overline{Y}_t) + \upsilon_t$$
$$\pi_t = \pi_{t-1} + \phi(Y_t - \overline{Y}_t) + \upsilon_t$$
$$\pi_t = \pi_t + \phi(Y_t - \overline{Y}_t) + \upsilon_t$$

위에서 공급충격 모수 υ_t는 0이므로 생산량은 자연 생산량과 같아진다. 아래의 첫째 줄에 있는 재화 및 용역에 대한 수요 방정식으로부터 실질이자율은 자연이자율에 새로운 항을 합한 것과 같다는 사실을 알 수 있다.

$$\begin{aligned} Y_t &= \overline{Y}_t - \alpha(r_t - \rho) + \varepsilon_t \\ 0 &= -\alpha r_t + \alpha\rho + \varepsilon_t \\ \alpha r_t &= \alpha\rho + \varepsilon_t \\ r_t &= \rho + \frac{\varepsilon_t}{\alpha} \end{aligned}$$

아래의 첫째 줄에 있는 피셔 방정식으로부터 명목이자율은 자연이자율에 현재의 인플레이션율을 더하고 다시 새로운 항을 합한 것과 같다는 사실을 알 수 있다. 인플레이션은 안정화되어 있으므로 기대인플레이션은 현재 인플레이션과 같아지며($E_t\pi_{t+1} = \pi_t$) 실질이자율은 자연이자율에 새로운 항을 합한 것과 같다는 사실을 위에서 살펴보았다.

$$\left(r_t = \rho + \frac{\varepsilon_t}{\alpha}\right):$$

$$\begin{aligned}
r_t &= i_t - E_t\pi_{t+1} \\
r_t &= i_t - \pi_t \\
i_t &= i_t + \pi_t \\
i_t &= \rho + \pi_t + \frac{\varepsilon_t}{\alpha}
\end{aligned}$$

아래의 첫째 줄에는 금융정책 규칙에 대한 방정식이 있다. 명목이자율을 위에서 재작성한 피셔 방정식으로 대체해 보자. 생산량은 자연율 수준에 있으므로 오른편의 네 번째 항은 0이 된다는 사실을 주목하자.

$$\begin{aligned}
i_t &= \pi_t + \rho + \theta_\pi(\pi_t - \pi^*_t) + \theta_Y(Y_t - \overline{Y}_t) \\
\rho + \frac{\varepsilon_t}{\alpha} + \pi_t &= \pi_t + \rho + \theta_\pi(\pi_t - \pi^*_t) \\
\frac{\varepsilon_t}{\alpha} &= \theta_\pi(\pi_t - \pi^*_t) \\
\pi_t &= \pi^*_t + \frac{\varepsilon_t}{\theta_\pi \alpha}
\end{aligned}$$

최종 값은 다음과 같다.

$$\begin{aligned}
Y_t &= \overline{Y}_t \\
r_t &= \rho + \frac{\varepsilon_t}{\alpha} \\
\pi_t &= \pi^*_t + \frac{\varepsilon_t}{\theta_\pi \alpha} \\
E_t\pi_{t+1} &= \pi^*_t + \frac{\varepsilon_t}{\theta_\pi \alpha} \\
i_t &= \rho + \pi^*_t + \frac{\varepsilon_t}{\alpha}
\end{aligned}$$

수요충격 모수 ε_t가 항구적으로 증가하여 일정한 양수로 남아 있는 경우 동태적인 총수요곡선은 오른쪽으로 영원히 이동하게 된다. 이로 인해 생산량 및 인플레이션은 단기적으로 상승하며 경제가 새로운 장기균형으로 조절되어 감에 따라 인플레이션율은 장기적으로 상승한다. 이는 새롭게 위에서 도출한 장기 값과 일치하며 거기서 인플레이션율은 목표 인플레이션율보다 더 높다. 명목 및 실질이자율처럼 기대인플레이션도 또한 더 높다는 점에 주목하자. 이 문제를 해결하기 위해서 중앙은행은 목표 인플레이션율을 낮출 수 있다. 이를 통해 수요충격 모수 ε_t의 항구적인 증가를 효과적으로 상쇄할 수 있고 동태적인 총수요곡선을 원래의 위치로 되돌릴 수 있다.

6. 동태적인 총수요곡선에 대한 방정식은 다음과 같다.

$$Y_t = \overline{Y}_t - \left[\frac{\alpha\theta_\pi}{(1+\alpha\theta_Y)}\right](\pi_t - \pi_t^*) + \left[\frac{1}{(1+\alpha\theta_Y)}\right]\varepsilon_t$$

모수 θ_π는 인플레이션율의 변화에 대한 중앙은행의 반응도를 나타낸다. θ_π가 큰 경우 중앙은행은 인플레이션율의 변화에 적극적으로 대응하게 된다. θ_π가 작지만 양수인 경우 중앙은행은 인플레이션율의 변화에 약하게 대응하며 동태적인 총수요곡선은 매우 가파른 형태를 띤다. θ_π가 음수인 경우 동태적인 총수요곡선은 위의 방정식에서 알 수 있는 것처럼 실제로 양의 기울기를 갖는다. 이 경우 동태적인 총공급곡선을 왼쪽으로 상향 이동시키는 공급충격으로 인해서 충격은 일시적이지만 계속 상승하는 인플레이션이 발생하게 된다. 이런 현상은 중앙은행의 명목이자율 인상이 실질이자율을 상승시킬 만큼 충분하지 않기 때문에 생산량이 자연율수준을 초과하는 데서 비롯된다. 공급충격은 생산비 인상으로 인해 인플레이션율이 상승하게 됨에 따라 동태적인 총공급곡선을 위쪽으로 이동시키게 된다. 명목이자율은 인플레이션율보다 더 적게 인상되므로 실질이자율이 하락하여 생산량이 증대된다. 그림 15-6에서 이런 현상은 점 A에서 점 B로의 이동으로 나타낼 수 있다. 생산량이 자연율수준을 초과하므로 인플레이션은 계속해서 상승하며 사람들이 인플레이션에 대한 자신들의 기대를 조절함에 따라 동태적인 총공급곡선은 왼쪽으로 계속해서 상향 이동하게 된다. 이 분석은 중앙은행이 낮고 안정적인 인플레이션을 유지하는 금융정책을 구상하려는 경우 테일러 규칙이 지침으로서 효과적으로 사용될 수 있다는 사실을 보여 주고 있다.

그림 15-6

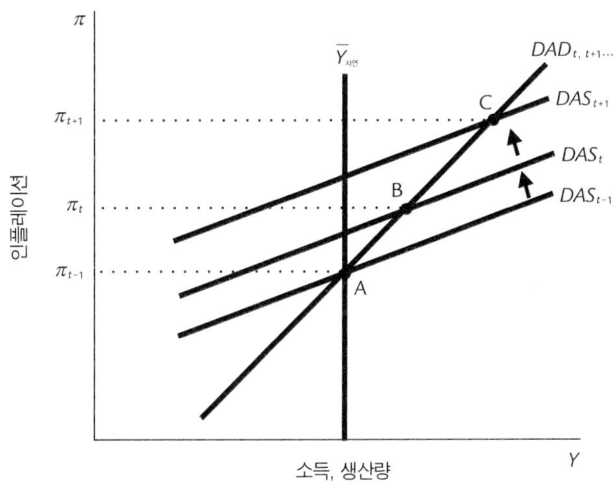

7. 자연이자율이 일정한 모수가 아니라 시간이 흐름에 따라 변화해서 이제는 ρ_t로 표기된다고 가상하자.
   a. 동태적인 총공급곡선을 도출하는 데 자연이자율이 포함되지 않기 때문에 이런 변화로 인해 동태적인 총공급에 대한 방정식은 영향을 받지 않는다. 동태적인 총수요에 대한 방정식도 이런 변화로 인해 영향을 받지 않는다. 왜냐하면 변수 ρ_t가 동태적인 총수요곡선을 도출하는 데 포함은 되지만 상쇄되어서 최종 방정식에는 나타나지 않기 때문이다.
   b. ρ_t에 대한 충격은 동태적인 총수요 또는 동태적인 총공급을 변화시키지 않는다. 왜냐하면 이 변수가 어느 방정식에도 포함되지 않기 때문이다. 따라서 생산량과 인플레이션은 영향을 받지 않는다. 하지

만 실질 및 명목 이자율은 둘 다 ρ_t의 변화량만큼 변한다.

c. 자연이자율이 시간이 흐름에 따라 변화할 경우 금융정책의 수립이 더욱 어려워질 수 있다. 예를 들면 중앙은행이 자연이자율은 4퍼센트라 알고 있고 목표 인플레이션율을 2퍼센트로 설정한 경우 명목이자율 6퍼센트는 장기 목표치가 된다. 반면에 시간이 흐름에 따라 자연이자율이 변화할 경우 목표 장기 이자율도 또한 변하게 된다. 변하지 않고 일정한 목표치를 달성하기보다 변화하는 목표치를 달성하기가 더 어렵다. 특히 위에서 암시적으로 가정한 것과 달리 자연이자율이 항상 변화하는 경우 중앙은행은 매 시점마다 자연이자율을 파악하는 데 어려움을 겪게 된다.

8. 인플레이션에 대한 사람들의 기대가 무작위적인 충격에 따른다고 가상할 경우 다음과 같다.

$$E_{t-1}\pi_t = \pi_{t-1} + \eta_{t-1}$$

a. 동태적인 총공급곡선 방정식은 필립스 곡선 및 기대 방정식으로부터 도출된다. 이 경우 다음의 첫째 줄에 있는 필립스 곡선 방정식에서 위 식을 이용하여 기대인플레이션 항을 대체시키면 다음과 같다.

$$\pi_t = E_{t-1}\pi_t + \phi(Y_t - \overline{Y}_t) + \upsilon_t$$
$$\pi_t = \pi_{t-1} + \eta_{t-1} + \phi(Y_t - \overline{Y}_t) + \upsilon_t$$

동태적인 총수요곡선은 재화 및 용역에 대한 수요 방정식, 피셔 방정식, 금융정책 규칙 방정식으로부터 도출된다. 이 문제에서 피셔 방정식은 새로운 기대인플레이션 방정식을 포함하도록 수정될 것이다. 아래의 첫째 줄에 있는 재화 및 용역에 대한 수요 방정식에서 피셔 방정식 및 금융정책 규칙 방정식을 이용하여 필요한 대체를 하면 다음과 같다.

$$\begin{aligned}
Y_t &= \overline{Y}_t - \alpha(r_t - \rho) + \varepsilon_t \\
Y_t &= \overline{Y}_t - \alpha(i_t - E_t\pi_{t+1} - \rho) + \varepsilon_t \\
Y_t &= \overline{Y}_t - \alpha[i_t - (\pi_t + \eta_t) - \rho] + \varepsilon_t \\
Y_t &= \overline{Y}_t - \alpha\{[\pi_t + \rho + \theta_\pi(\pi_t - \pi^*_t) + \theta_Y(Y_t - \overline{Y}_t)] - (\pi_t + \eta_t) - \rho\} + \varepsilon_t \\
Y_t &= \overline{Y}_t - \alpha[\theta_\pi(\pi_t - \pi^*_t) + \theta_Y(Y_t - \overline{Y}_t) - \eta_t] + \varepsilon_t
\end{aligned}$$

대수학적인 정리를 추가하면 동태적인 총수요곡선에 대한 방정식을 다음과 같이 정리할 수 있다.

$$Y_t = \overline{Y}_t - [\alpha\theta_\pi/(1 + \alpha\theta_Y)](\pi_t - \pi^*_t) + [\alpha/(1 + \alpha\theta_Y)]\eta_t + [1/(1 + \alpha\theta_Y)]\varepsilon_t$$

b. η_t가 한 기간만 0보다 큰 경우 동태적인 총수요곡선은 오른쪽으로 이동하고 동태적인 총공급곡선은 이 충격모수의 시차가 있는 값에 의존하기 때문에 $t + 1$기에 영향을 받게 된다. 동태적인 총수요곡선이 오른쪽으로 이동하기 때문에 생산량 및 인플레이션 둘 다 상승한다. 중앙은행의 금융정책 규칙에 따르면 명목 및 실질이자율 둘 다 상승한다. 직관적으로 말하면 사람들이 내년에 인플레이션이 상승할 것으로 기대할 경우 아직 저렴한 가격의 이점을 이용하기 위해 지금 구매를 증대시킨다.

c. $t + 1$기에 동태적인 총수요곡선은 원래의 위치로 되돌아가며(왜냐하면 η_{t+1}은 0이 되기 때문이다) 동태적인 총공급곡선은 왼쪽으로 이동한다(왜냐하면 η_t는 양수이며 또한 시차가 있는 인플레이션이 상승하기 때문이다). 장기균형과 비교해 볼 때 생산량은 감소하며 인플레이션은 상승한다. 따라서 경

제는 스태그플레이션을 경험하게 된다. 인플레이션에 대한 기대가 높아지기 때문에 인플레이션이 상승하며 높아진 인플레이션으로 인해 실질이자율이 인상되어서 생산량이 감소하게 된다.

d. 뒤이은 기간에는 생산량이 감소함에 따라 인플레이션이 낮아지고 이로 인해 장래 인플레이션에 대한 기대가 낮아져서 동태적인 총공급곡선은 서서히 원래의 위치로 되돌아간다. 모수 η_t는 한 기간에만 양수이지만 동태적인 총공급곡선은 원래의 위치로 즉시 되돌아가지 않는다. 왜냐하면 인플레이션의 단기적인 상승으로 인해 기대인플레이션이 장기적인 값을 초과하여 상승하였기 때문이다.

e. 이 문제는 인플레이션에 대한 우려가 자기달성적이라는 사실을 보여 주고자 한다. 사람들이 인플레이션이 상승할 것으로 믿는 경우 인플레이션이 실제로 상승한 것과 같은 방법으로 행동하며 경제는 인플레이션 상승기를 경험하게 된다.

9. 아래의 첫째 줄에서 하는 것처럼 동태적인 총공급곡선에서 Y_t를 동태적인 총수요곡선 방정식을 이용하여 대체해 보자. 몇 가지 대수학적인 과정을 거쳐 인플레이션에 대한 해법을 구하면 다음과 같다.

$$\pi_t = \pi_{t-1} + \phi\{\overline{Y}_t - [\alpha\theta_\pi/(1+\alpha\theta_Y)](\pi_t - \pi^*_t) + [1/(1+\alpha\theta_Y)]\varepsilon_t - \overline{Y}_t\} + \upsilon_t$$

$$\pi_t\{1 + [\phi\alpha\theta_\pi/(1+\alpha\theta_Y)]\} = \pi_{t-1} + (\phi\alpha\theta_Y)\pi^*_t + [\phi/(1+\alpha\theta_Y)]\varepsilon_t + \upsilon_t$$

$$\pi_t = \frac{(1+\alpha\theta_Y)}{(1+\alpha\theta_Y+\phi\alpha\theta_\pi)}\pi_{t-1} + \frac{(\phi\alpha\theta_\pi)}{(1+\alpha\theta_Y+\phi\alpha\theta_\pi)}\pi^*_t + \frac{\phi}{(1+\alpha\theta_Y+\phi\alpha\theta_\pi)}\varepsilon_t + \frac{(1+\alpha\theta_Y)}{(1+\alpha\theta_Y+\phi\alpha\theta_\pi)}\upsilon_t$$

a. 공급충격이나 수요충격으로 인해 현재의 인플레이션이 상승하게 된다. 경제가 조절되어 장기 균형 상태로 되돌아갈 때 인플레이션율은 목표치로 회복된다. 위의 방정식에서 시차가 있는 인플레이션 변수의 계수는 양이지만 1보다 작다는 사실에 주목하자. 이것이 의미하는 바는 $t+1$기의 인플레이션이 t기의 인플레이션보다 더 낮고 인플레이션은 궁극적으로 목표치로 되돌아 간다는 것이다.

b. 중앙은행이 생산량의 변화에 대응하지 않아서 θ_Y가 0이 되는 경우 위의 방정식에서 시차가 있는 인플레이션 변수의 계수는 계속해서 양수이지만 1보다 작기 때문에 해당 경제는 공급충격이나 수요충격 이후에 목표 인플레이션율로 되돌아간다. 이 경우 인플레이션은 목표치로 보다 신속하게 회복되어야 한다. 왜냐하면 시차가 있는 인플레이션 계수가 더 작아지기 때문이다(분모의 변화와 비교하여 분자의 변화가 더 커지기 때문이다). 중앙은행이 인플레이션에만 관심을 갖는 경우 동태적인 총수요곡선은 상대적으로 더 평평해진다.

c. 중앙은행이 인플레이션의 변화에 대응하지 않아서 θ_π가 0이 되는 경우 위의 인플레이션 방정식에서 시차가 있는 인플레이션의 계수는 1이 된다. 이 경우 수요충격이나 공급충격 이후에 경제는 목표 인플레이션율로 되돌아가지 않는다. 수요충격이나 공급충격으로 인해 t기의 인플레이션이 상승한다. θ_π가 0인 경우 $t+1$기의 인플레이션은 t기의 인플레이션과 같아진다.

d. 테일러 규칙에 따르면 인플레이션이 1퍼센트 상승할 경우 명목이자율은 $1+\theta_\pi$퍼센트 인상된다. 중앙은행이 인플레이션의 각 1퍼센트 상승에 대해 명목이자율을 0.8퍼센트만 인상할 경우 이는 θ_π가 -0.2라는 의미이다. θ_π가 음수인 경우 동태적인 총수요곡선의 기울기는 상향한다. 수요충격이나 공급충격이 발생할 경우 경제는 계속 상승하는 인플레이션을 경험하게 된다. 실질이자율이 계속해서 하락하여 생산량이 자연율 수준을 지속적으로 상회하기 때문에 이렇게 인플레이션이 계속하여 상승

하게 된다. 인플레이션에 대한 앞의 식에서 이런 현상을 관찰할 수 있다. 즉 θ_π가 음수인 경우 시차가 있는 인플레이션의 계수는 1보다 커진다. 이런 1보다 큰 계수를 통해 폭발적인 인플레이션 현상을 명확하게 보여 줄 수 있다.

16

안정화정책에 관한 대안적 관점

복습용 질문

1. 내부시차는 정책입안자가 충격이 경제에 영향을 미친다는 사실을 인지하고 적절한 정책을 시행하는 데 소요되는 시간을 의미한다. 일단 정책이 시행되면 외부시차는 정책시행으로 인해 경제에 영향을 미치게 되는 데 걸리는 시간이다. 이 시차는 지출, 소득, 고용이 정책 변화에 반응하는 데 시간이 소요되기 때문에 발생한다.

   재정정책은 긴 내부시차를 갖는다. 예를 들어 조세상의 변화를 제안할 때부터 입법화하는 데까지 수년이 걸릴 수도 있다. 금융정책은 상대적으로 짧은 내부시차를 갖는다. 중앙은행이 일단 정책변화가 필요하다고 결정을 내리면 수일 또는 수 주 내에 이 변화를 시행할 수 있다.

   하지만 금융정책은 긴 외부시차를 갖는다. 통화공급이 증가하여 이자율을 인하시킴으로써 경제에 영향을 미치게 되면 투자가 증대한다. 그러나 많은 기업들이 이보다 앞서서 투자계획을 수립한다. 따라서 중앙은행이 정책을 시행한 때부터 실질 GDP에 영향을 미칠 때까지는 약 6개월이 소요된다.

2. 금융 및 재정 정책은 오랜 시차를 갖고 경제에 영향을 미치게 된다. 따라서 정책을 시행하여 총수요를 확대하거나 수축할지를 결정하려면 앞으로 6개월 내지 1년 뒤에 경제상태가 어떠할지를 예측해야 한다.

   경제학자들이 경제 상황을 예측하는 첫 번째 방법은 선행지표의 지수를 이용하는 것이다. 이는 예를 들면 미국의 경우 주식가격, 발행된 신축건물 허가, 신규 공장 및 장비에 대한 주문 총액, 통화공급처럼 경제 상황에 앞서 변동하는 10개 자료 시리즈로 구성된다.

   미리 앞서 경제를 예측하는 두 번째 방법은 경제 모형을 이용하는 것이다. 컴퓨터를 이용한 대규모 모형은 경제의 각 부문을 나타내는 많은 방정식으로 구성된다. 일단 예를 들면 조세, 정부 지출, 통화공급, 석유가격 등과 같은 외생변수의 경로에 관해 가정을 하게 되면 해당 모형은 실업, 인플레이션, 생산량, 기타 내생변수의 경로에 대해 예측을 할 수 있다.

3. 사람들이 경제정책에 반응하는 방법은 장래에 대한 기대에 의존한다. 이런 기대는 정부가 추구하는 경제정책을 포함하여 많은 것에 달려 있다. 경제정책에 관한 루카스 비판에 따르면 정책을 평가하는 전통적인 방법은 정책이 기대에 미치는 영향을 적절히 고려하지 않고 있다고 본다.

   예를 들어 인플레이션을 1퍼센트 낮추기 위해 포기해야 하는 GDP의 백분율인 희생률은 개인들의 기대에 의존한다. 정부가 어떤 정책을 추구하든지 간에 기대는 일정하거나 단지 서서히 조절될 뿐이라고 가정해서는 안 된다. 이런 기대는 중앙은행이 추구하는 정책에 의존한다.

4. 거시경제 역사에 관한 각 개인의 관점에 따라 거시경제 정책이 능동적이어야 하는지 또는 수동적이어야 하는지에 관한 견해가 결정된다. 경제는 총공급 및 총수요에 대한 많은 대규모 충격을 경험하였으며 정책을 통해 이런 충격으로부터 경제를 격리시킬 수 있었다고 믿는다면 능동적인 정책을 옹호하게 된다. 반대로 경제는 큰 충격을 거의 경험하지 않았으며 관찰된 변동은 미숙한 경제정책에서 비롯됐다고 믿는다면 수동적인 정책을 옹호하게 된다.

5. 시간 불일치성 문제는 장래정책에 대한 기대가 사람들이 현재 어떻게 행동할 것인가에 영향을 미치기 때문에 발생한다. 따라서 정책입안자들은 민간부문의 의사결정자가 갖게 될 기대에 영향을 미치기 위해서 자신들이 장래에 추구하게 될 정책을 지금 발표하고자 한다. 일단 민간부문 의사결정자들이 자신들의 기대에 따라 행동을 하게 되면 정책입안자들은 자신들의 발표를 취소하고 싶어진다.

   예를 들어 교수들은 학생들이 학과목을 배우고 공부하도록 하기 위하여 기말고사가 있을 것이라고 발표하게 된다. 하지만 학생들이 이미 모든 과제물을 학습한 기말고사 당일 아침에는 채점 매길 일을 생각하여 해당 시험을 취소하고 싶어진다.

   이와 유사하게 정부는 폭력주의자들과 협상을 하지 않을 것이라고 발표하는 의지를 갖고 있다. 폭력주의자들이 인질 납치를 통해 얻을 것이 없다고 믿게 되면 이를 행하지 않게 된다. 하지만 일단 인질이 납치되면 정부는 협상을 하여 양보하고자 하는 강한 유혹을 받게 된다.

   금융정책을 시행하면서 중앙은행은 저율의 인플레이션 정책을 시행할 것이라고 발표하였다 가상하자. 하지만 중앙은행은 인플레이션과 실업 사이에 유익한 상충관계가 존재하므로 인플레이션을 증가시키고자 하는 동기를 갖게 된다.

   시간 불일치성이 발생하는 상황과 관련된 문제는 정책발표를 불신하게 되는 데 있다. 이렇게 되면 학생들은 시험 준비를 하지 않게 되고 폭력주의자들은 인질을 납치하게 되며 중앙은행은 불리한 상충관계에 직면하게 된다. 이런 상황에서 정책입안자가 특정한 정책을 준수한다는 규칙을 따르면 자신들의 목표, 예를 들면 학생들이 공부하도록 하는 것, 폭력주의자가 인질을 납치하지 않는 것, 낮은 인플레이션을 유지하는 것을 달성하는 데 도움이 된다.

6. 중앙은행이 택할 수 있는 첫 번째 정책규칙은 통화공급을 일정한 비율로 증가시키는 것이다. 통화주의자 경제학자들은 경제의 가장 큰 변동은 통화공급의 변동에서 비롯된다고 믿고 있다. 따라서 통화가 일정한 율로 증가할 경우 이런 대규모 변동을 방지할 수 있다.

   두 번째 정책규칙은 명목 GDP를 목표로 하는 것이다. 이 규칙에 따르면 중앙은행은 명목 GDP의 계획된 경로를 발표하게 된다. 예를 들어 명목 GDP가 목표에 못 미칠 경우 중앙은행은 통화공급을 증대시켜 총수요를 촉진하게 된다. 이 정책의 이점은 금융정책을 통하여 화폐유통속도의 변화에 조절 가능하다는 것이다.

   세 번째 정책규칙은 물가수준을 목표로 하는 것이다. 중앙은행은 물가수준의 계획된 경로를 발표하고 실제 물가수준이 목표치로부터 벗어날 경우 통화공급을 조절하게 된다. 물가안정이 금융정책의 주된 목표라고 생각하는 경우 이 규칙이 적절하다.

문제와 응용

1. 경제는 다음과 같은 필립스 곡선을 갖는다고 가상하자.

$$u = u^n - \alpha(\pi - E\pi)$$

위의 식은 다른 경우와 마찬가지로 다음과 같은 의미를 갖는다. 인플레이션이 기대보다 낮은 경우 실업은 자연율 이상으로 증대되어 경기가 후퇴한다. 이와 유사하게 인플레이션이 기대보다 높은 경우 실업은 자연율 아래로 감소하며 경제가 호황을 누린다. 또한 민주당은 언제나 높은 통화공급 증대와 높은 인플레이션(이를 π^D라 하자) 정책을 시행한다고 가상하자. 반면에 공화당은 언제나 낮은 통화공급 증대와 낮은 인플레이션(이를 π^R이라 하자) 정책을 시행한다고 가상하자.

a. 관찰할 수 있는 정치적 경기순환의 형태는 각 기간 초에 사람들이 기대하는 인플레이션에 의존한다. 기대가 완전히 합리적이고 새로운 정당이 정권을 차지할 경우, 계약이 즉각 조절될 수 있다면 실업에 대한 정치적 경기순환은 발생하지 않는다. 예를 들어 민주당이 동전 던지기에서 이긴 경우 사람들은 즉각적으로 높은 인플레이션을 기대하게 된다. $\pi = \pi^D = E\pi$이므로 민주당의 금융정책은 실질경제에 영향을 미치지 못하게 된다. 인플레이션에 대한 정치적 경기순환 형태를 관찰할 수 있다면, 민주당 정권인 경우 높은 인플레이션을 관찰할 수 있고 공화당 정권인 경우 낮은 인플레이션을 관찰할 수 있다.

   이제는 명목임금과 가격이 즉각 조절될 수 없을 정도로 계약이 장기간인 경우를 가상해 보자. 동전 던지기의 결과를 알기 전에는 인플레이션이 높을 확률은 50퍼센트이고 인플레이션이 낮을 확률은 50퍼센트이다. 따라서 각 기간 초에 사람들의 기대가 합리적이라면 인플레이션율을 다음과 같이 기대하게 된다.

$$E\pi = 0.5\pi^D + 0.5\pi^R$$

   민주당이 동전 던지기에서 이긴 경우 처음에 $\pi > E\pi$가 되고 실업은 자연율 아래로 감소한다. 따라서 민주당 정부 기간 초에 경제는 호황을 경험한다. 시간이 흐름에 따라 인플레이션은 π^D로 상승하며 실업은 자연율로 돌아가게 된다.

   공화당이 동전 던지기에서 이긴 경우 인플레이션은 기대한 것보다 낮아지며 실업은 자연율을 초과하여 증가한다. 따라서 공화당 정부 기간 초에 경기후퇴를 경험하게 된다. 시간이 흐름에 따라 인플레이션은 π^R로 하락하며 실업은 자연율로 돌아가게 된다.

b. 양당이 번갈아 가며 정권을 장악할 경우 실업에 대한 정치적 경기순환은 발생하지 않게 된다. 그 이유는 모든 사람들이 어느 정당이 정권을 장악할지 알 수 있기 때문에 인플레이션이 높을지 또는 낮을지를 알 수 있다. 모든 장래의 인플레이션율을 확실히 알 수 있기 때문에 장기간 지속되는 계약조차도 실제 인플레이션율을 고려할 수 있다. 인플레이션은 어느 정당이 정권을 차지하느냐에 따라 높은 수준과 낮은 수준이 번갈아 가며 발생한다.

c. 독립적인 중앙은행이 금융정책을 수립하는 데 따른 이점은 이를 통해 정치적 경기순환을 피할 수 있다는 데 있다. 선거로 뽑은 관료가 금융정책을 수립하는 직무를 담당할 경우 이론적으로 볼 때 자신들에게 유리한 정책을 사용할 수 있으며 자신들이 재선되는 데 도움이 되는 정책을 임의적으로 또는 자의적으로 수립할 수 있다. 이 예에서 두 개 정당이 번갈아 가며 정책을 수립하는 데 동의할 경우 독립적인 중앙은행이 금융정책을 수립하는 데 따른 동일한 이점을 갖게 된다. 순서를 정해 번갈아 가면

서 금융정책을 수립하면 사람들은 기대하는 것을 정확하게 알 수 있으며 이에 따라 계획을 세워 행동할 수 있다. 인플레이션은 높은 수준과 낮은 수준이 번갈아 가며 발생할 것이지만 이를 예측할 수 있어서 비용이 적게 소요된다. 최소한 이론적으로 볼 때 독립적인 중앙은행은 낮고 안정적인 인플레이션율을 언제나 유지할 수 있다는 추가적인 이점을 갖게 된다.

2. 신규로 건설된 주택의 경우 임대료 제한 법률이 적용되지 않는다는 발표는 시간 불일치성 문제를 일으킬 수 있다. 신규주택이 건설되기 전에 시 당국은 법률 적용의 면제를 약속할 의지를 갖고 있다. 따라서 주택 소유주들은 자신들이 신규로 제공한 주택으로부터 높은 임대료를 받을 것으로 기대한다. 하지만 신규주택이 일단 건설되고 나면 시 당국은 임대료 제한 법률을 확대하지 않겠다는 약속을 취소하고 싶어진다. 이렇게 되면 많은 임차인은 이득을 보는 반면에 소수의 주택소유주들은 손실을 보게 된다. 문제는 주택을 건설하려는 사람들이 시 당국이 자신들의 약속을 폐기할 것이라고 기대하느냐에 달려 있다. 따라서 이들은 신규주택을 건설하지 않을 수도 있다.

3. a. 중앙은행이 5퍼센트 인플레이션을 목표로 정했다고 밝힌 경우 기대인플레이션은 5퍼센트가 된다. 그대로 이렇게 진행되어서 실제 인플레이션이 5퍼센트가 되었다면 실업률은 5퍼센트가 된다. 이 값들을 손실함수에 대입하면 손실은 6.25가 된다.

   b. 중앙은행이 0퍼센트 인플레이션을 목표로 정했다고 밝힌 경우 기대인플레이션은 0퍼센트가 된다. 그대로 이렇게 진행되어서 실제 인플레이션이 0퍼센트가 되었다면 실업률은 5퍼센트가 된다. 이 값들을 손실함수에 대입하면 손실은 5가 된다.

   c. 0의 인플레이션 목표치가 더 적은 손실로 이어지므로 더 나은 선택이 될 수 있다.

   d. 중앙은행이 0퍼센트 인플레이션을 목표로 정했다고 밝힌 경우 기대인플레이션은 0퍼센트가 된다. 일이 그대로 이렇게는 진행되지 않아서 실제 인플레이션이 5퍼센트가 되었다면 실업률은 2.5퍼센트가 된다. 이 값들을 손실함수에 대입하면 손실은 3.75가 된다.

   e. 시간 불일치성 문제를 보여 줄 수 있다. 중앙은행은 0의 인플레이션 목표치를 발표하고자 하며 사람들은 이 발표된 목표치에 기초하여 기대를 형성하였다. 나중에 중앙은행은 실업률을 낮추기 위해서 이 정책을 변경하여 더 높은 인플레이션을 허용하고 싶어진다. 중앙은행이 자주 이렇게 하다 보면 중앙은행의 발표를 더 이상 신뢰하지 않게 된다.

4. 미국 연방준비제도이사회 웹사이트(www.federalreserve.gov)는 거시경제 상황과 관련된 많은 사항을 알려주고 있다. 예를 들면 '금융정책'에 연결시켜 보면 연방공개시장위원회 모임에서 결정된 사항을 소개하고 있으며 연방준비제도이사회 의장이 1년에 두 번씩 의회에 증언한 내용도 포함하고 있다. 다른 항목에 연결시켜 보면 연방준비제도이사회 의장이나 이사가 행한 연설 또는 증언을 볼 수 있다. 이 웹사이트는 또한 거시경제학과 관련되지 않은 많은 사항을 포함하고 있다는 데 주목해 보자(예를 들면 웹사이트상에서 '언론발표'와 연결시키면 규제 문제와 관련된 많은 사항을 찾아볼 수 있다. 그 이유는 연방준비제도이사회가 은행제도를 규제하는 데 중요한 역할을 하기 때문이다). 참고로 한국은행의 웹사이트는 www.bok.or.kr이다.

추가문제와 응용

1. a. 지금까지 도출한 모형에서 자연실업률이 변화할 경우 인플레이션율에 어떤 변화도 발생하지 않는다.

   b. 새로운 손실함수는 다음과 같다.

$$L(u, \pi) = u^2 + \gamma\pi^2$$

   제일 처음 할 일은 주어진 인플레이션 기대에 대해 중앙은행이 선택한 인플레이션에 대해 푸는 것이다. 필립스 곡선을 손실함수로 대체시키면 다음과 같다.

$$L(u, \pi) = [u^n - \alpha(\pi - E\pi)]^2 + \gamma\pi^2$$

   이제는 인플레이션 π에 대해 미분하여 다음과 같이 제1차 조건이 0과 같다고 놓자.

$$dL/d\pi = 2\alpha^2(\pi - E\pi) - 2\alpha u^n + 2\gamma\pi = 0$$

   또는 다음과 같아진다.

$$\pi = (\alpha^2 E\pi + \alpha u^n)/(\alpha^2 + \gamma)$$

   물론 합리적 대리인은 중앙은행이 이 수준의 인플레이션을 선택할 것이라고 생각한다. 기대인플레이션은 실제 인플레이션과 같아져서 위의 식은 다음과 같이 간단히 할 수 있다.

$$\pi = \alpha u^n/\gamma$$

   c. 자연실업률이 상승할 때 인플레이션율도 역시 상승한다. 그 이유는 무엇 때문인가? 실업이 상승함에 따라 중앙은행은 실업의 한계적인 증가에 대해 더욱 우려를 하게 된다. 따라서 민간 대리인들은 중앙은행이 자연실업률이 높아질 때 물가를 상승시키려는 동기를 더욱 갖게 된다는 점을 알고 있다. 따라서 균형인플레이션율도 역시 상승한다.

   d. 보수적인 중앙은행 총재를 지명했다는 사실은 γ가 증가한다는 의미이다. 따라서 균형인플레이션율이 감소한다. 실업에 어떤 일이 발생하는지는 인플레이션 기대가 얼마나 신속하게 조절되느냐에 달려 있다. 즉각적으로 조절될 경우 실업에 변화가 발생하지 않으며 자연율 수준에 머무르게 된다. 하지만 기대가 서서히 조절될 경우 필립스 곡선에서 인플레이션이 하락함에 따라 실업은 자연율을 초과하게 된다.

17

정부채무 및 재정적자

복습용 질문

1. 1980년 이래 미국 재정정책이 과거와 다른 점은 평화 시이고 경제적으로 호황일 때 정부채무가 급격히 증가했다는 것이다. 미국의 역사를 살펴보건대 GDP에 대한 연방정부채무는 큰 폭으로 변하였다. 역사적으로 볼 때 채무-GDP 비율은 일반적으로 주요 전쟁 동안 급격히 증가하였으며 평화 시에 서서히 감소하였다. 1980년대와 1990년대는 미국 역사상 평화 시에 채무-GDP 비율이 큰 폭으로 증가한 유일한 경우이다.

2. 많은 경제학자들은 미국 인구의 연령별 구성이 변화하기 때문에 향후 수십 년 동안 재정적자와 정부채무가 증가할 것으로 본다. 기대수명은 꾸준히 증가하고 출산율이 감소한다. 따라서 노년층이 인구에서 더 많은 부분을 차지하게 된다. 더 많은 사람들이 사회보장과 노년층을 위한 의료보장을 '수혜'할 수 있게 됨에 따라 정부지출은 시간이 지날수록 자동적으로 증가한다. 조세와 지출정책상의 변화가 없다면 정부채무는 또한 급격히 증가할 것이다.

3. 재정적자를 측정하는 일반적인 방법은 적어도 네 가지 이유로 인해 재정정책을 완벽하게 측정할 수 없다. 첫째, 측정된 적자는 정부의 실질채무 변화와 같아야지 명목채무의 변화와 같아서는 안 된다. 둘째, 이런 측정방법은 정부자산의 변화로 인한 정부부채의 변화를 상쇄하지 못한다. 전반적인 정부채무를 측정하기 위해서는 정부부채에서 정부자산을 감해야 한다. 셋째, 일반적인 측정방법은 예를 들면 공무원 연금, 축적된 장래의 사회보장금과 같은 일부 부채를 간과하고 있다. 넷째, 이 측정방법은 경기순환이 미치는 효과를 수정할 수 없다.

4. 공공저축은 조세와 정부구매의 차이이므로 채무를 통한 조세삭감은 조세가 감소한 양만큼 공공저축을 감소시킨다. 조세삭감은 또한 가처분소득을 증대시킨다. 한계소비성향은 0과 1 사이에 위치하므로 전통적인 견해에 따르면 소비와 민간저축 둘 다 증가한다. 소비가 증가하므로 민간저축은 조세삭감이 이루어진 양보다 작게 증가한다. 총저축은 공공저축과 민간저축의 합이다. 공공저축은 민간저축이 증가한 것보다 더 많이 감소하므로 총저축이 감소한다.

5. 리카디언 견해에 따르면 채무를 통한 조세삭감은 항상소득을 증가시킬 수 없기 때문에 소비를 촉진하지 못한다. 즉 장래를 생각하는 소비자는 현재 이루어진 정부차용이 장래의 조세인상으로 이어질 것이라 본

다. 조세삭감으로 인해 소비가 변하지 않기 때문에 가계는 현재의 조세삭감이 의미하는 장래의 조세부담을 납부하기 위해 추가적인 가처분소득을 저축하게 된다. 민간저축이 증가하여 조세삭감과 관련된 공공저축의 감소를 정확하게 상쇄한다. 따라서 조세삭감은 총저축에 영향을 미치지 않는다.

6. 정부채무에 대해 어떤 견해를 취하느냐는 소비자가 어떻게 행동할 것으로 생각하느냐에 달려 있다. 전통적인 견해를 취할 경우 채무를 통한 조세삭감은 소비자 지출을 촉진하여 총저축을 낮출 것이라고 생각하는 것이다. 다음과 같은 몇 가지 이유로 인해 이렇다고 생각할 수도 있다. 첫째, 소비자는 근시안적이거나 비합리적이므로 항상소득이 증가하지 않았는데도 증가하였다고 생각할 수 있다. 둘째, 소비자들은 제한된 차용제약에 직면하여서 자신들의 현재소득만을 소비할 수 있었을 뿐이었다. 셋째, 소비자들은 내재된 조세부채를 장래세대가 감당할 것으로 생각할 수 있으며, 조세부채를 상쇄하는 유산을 장래세대에게 물려주어서 후손들에 대해 크게 우려하지 않는다.

   리카디언 견해를 취할 경우 앞에서 살펴본 반론이 중요하지 않다고 보는 것이다. 특히 소비자들이 현재 정부가 하는 차용을 자신들이나 후손들에 대해 부과될 장래조세로 보는 통찰력을 갖고 있다고 믿는다. 따라서 채무를 통한 조세삭감은 소비자들에게 궁극적으로 상환해야 하는 일시소득을 제공할 뿐이다. 따라서 소비자들은 장래 조세부채를 상쇄하기 위하여 현재 추가적으로 받는 소득을 저축하게 된다.

7. 재정적자는 다음과 같은 이유로 인해 적합한 정책이 될 수도 있다. 첫째, 생산량이 완전고용 수준 아래에 위치하는 경우 경제를 안정화시키는 데 도움이 될 수 있다. 둘째, 정부지출의 변화(예 : 일시적인 전시상황) 또는 생산량의 변화(즉 경기후퇴)에도 불구하고 해당 국가는 조세율을 상대적으로 평탄하게 유지할 수 있다. 셋째, 현재세대로부터 장래세대로 조세부담을 전가시킬 수 있다. 예를 들어 지출이 장래세대에 이득이 되는 경우 일부 경제학자들은 이 세대가 지출에 따른 재원 조달의 비용 일부를 부담해야 한다고 주장한다.

8. 정부채무 수준은 통화를 창조하려는 정부의 동기에 영향을 미친다. 왜냐하면 정부채무는 명목가치로 표기되기 때문이다. 물가수준이 높아질수록 정부채무의 실질가치는 낮아진다. 따라서 채무수준이 높으면 물가수준을 높여서 정부채무의 실질가치를 낮추기 위해 정부는 화폐를 발행하고자 한다.

문제와 응용

1. 재정적자는 정부구매에서 정부수입을 감한 것이라 할 수 있다. 리버티벨을 타코벨에 판매할 경우 미국 정부의 수입이 증대하여 재정적자가 감소한다. 재정적자가 감소하면 정부는 차용을 덜 하게 되어 측정된 정부채무가 감소한다.

   미국이 자본예산방식을 채택할 경우 순국가채무는 (학교, 군대, 공원 등과 같은) 정부자산에서 (주로 공공채무인) 정부부채를 감한 것이다. 리버티벨을 판매함으로써 정부는 리버티벨의 가치만큼 자산을 낮추게 되고 리버티벨의 구매가격만큼 부채를 감소시키게 된다. 타코벨이 적정한 가격을 지불하였다면 이 금액은 같아져서 순국가채무는 불변한다.

   타코 리버티벨에 대해 너무 깊이 생각하기 전에 이 광고는 4월 1일 만우절에 게재되었음을 상기하시오.

2. 이에 대한 편지는 다음과 같다.

상원의원 귀하

이전 편지에서 정부가 차용을 통해 조세삭감의 재원을 조달할 경우 소비자 지출을 촉진한다고 가정하였습니다. 현재소득이 증가하면 사람들은 더 많은 소비를 하는 것처럼 보이기 때문에 많은 경제학자들이 이런 가정을 합니다. 소비가 이렇게 증가하면 총저축이 감소하게 됩니다.

리카디언 경제학자들은 위에서 살펴본 외견상 볼 때 그럴듯한 가정이 옳지 않다고 주장합니다. 채무를 통한 조세삭감으로 인해 현재 가처분소득이 증가하였지만 이는 또한 장래 언젠가는 채무와 이자를 상환하기 위해 정부가 조세를 증가시켜야 한다는 의미입니다. 따라서 조세삭감으로 인해 궁극적으로 상환해야 하는 소비자의 일시소득이 증가할 뿐입니다. 소비자가 이를 깨닫게 되면 항상 또는 평생재원이 불변하였음을 알게 됩니다. 이에 따라 조세삭감은 소비에 영향을 미치지 않으며 가계는 장래에 발생할 조세부채를 부담하기 위해 추가적으로 생긴 가처분소득 전부를 저축하게 됩니다. 소비에 영향을 미치지 않기 때문에 총저축에도 영향을 미치지 않습니다.

상원의원님께서 만나 보신 저명한 경제학자가 지적한 것처럼 총저축이 불변할 경우 재정적자는 제가 지적한 효과를 갖지 못합니다. 특히 생산량, 고용, 대외부채, 이자율은 단기 및 장기 모두에서 영향을 받지 않습니다. 조세삭감은 경제적 복지에 영향을 미치지 않게 됩니다.

리카디언 주장이 옳지 않은 다음과 같은 이유가 있습니다. 첫째, 소비자들은 합리적이지 않고 장래를 내다보지 못할 수가 있습니다. 즉 현재의 조세삭감이 장래의 조세증대로 이어질 것이라고 완벽하게 인지할 수 없습니다. 둘째, 일부 사람들은 차용하는 데 제약을 받을 수 있습니다. 조세삭감을 통해 기본적으로 현재 차용을 할 수 없는 납세자에게 대출을 제공해 주는 것과 같은 효과가 있습니다. 셋째, 소비자는 내재되어 있는 장래조세부담이 자신들이 아닌, 현재 자신들이 그들의 소비에 대해 크게 관심 갖고 있지 않은 장래세대에 부과될 것으로 생각할 수 있습니다.

귀 위원회는 소비자들이 채무를 통해 재원이 조달된 조세삭감에 어떻게 대응한다고 생각하는지를 결정해야 합니다. 특히 사람들이 소비를 증대시키는지 또는 그렇지 않은지를 결정해야 합니다.

CBO 경제학자 올림

3. a. 근로자들에게 조세를 부과할 경우 이들의 가처분소득을 감소시킨다. 가처분소득이 하락할 때 한계소비성향에 따른 양만큼 소비를 감소시키며 나머지 양만큼 저축을 감소시킨다. 노년층이 일시적인 급부금을 수령할 때 한계소비성향에 따른 양만큼 소비를 증가시킨다. 노년층은 근로계층보다 더 큰 한계소비성향을 갖는 경향이 있기 때문에 경제에 미치는 순영향은 소비의 증대라고 할 수 있다.
   b. (a)의 대답은 세대 간에 이타적으로 연계돼 있는지에 의존한다. 세대 간에 이타적으로 연계된 경우 조세 및 급부금의 증가가 일반적인 가정의 항상소득에 영향을 미치지 않으므로 사회보장급부금으로 인해 노년층이 생활이 나아졌다고 생각하지 않는다. 이는 단순히 재원이 가정의 한 세대에서 다른 세대로 이전하는 것이다. 노년층이 후손들의 희생하에 얻은 소비기회를 사용하려 하지 않으려는 경우 후손들에게 선물이나 유산을 남겨 놓음으로써 젊은 세대에 부과된 조세증대의 효과를 상쇄하려 할 수 있다. 이런 일이 발생하는 만큼 조세변화가 소비와 저축에 미치는 충격을 완화시킬 수 있다.

4. 경기순환이 조정된 균형예산을 요구하는 규칙을 채택할 경우 이 장에서 제기된 균형예산 규칙에 대한 처음 두 가지 반대 의견을 최소한 부분적으로라도 극복할 수 있다. 첫째, 이 규칙의 경우 경제를 안정화시키기 위해 경기순환변동에 상응하는 재정정책을 정부가 시행할 수 있다. 즉 조세가 자동적으로 감소하고

지출이 자동적으로 증가하는 경기후퇴기 동안에 정부는 적자를 영위할 수 있다. 이런 자동안정장치는 적자에는 영향을 미치지만 경기순환이 조정된 적자에는 영향을 미치지 않는다. 둘째, 이 규칙의 경우 소득이 특별히 낮거나 높은 기간에 정부는 조세율을 평준화시킬 수 있다. 경기후퇴기에 조세율을 높이거나 호경기에 조세율을 낮출 필요가 없다.

반면에 이 규칙은 이런 두 가지 반론을 단지 부분적으로만 극복할 수 있을 뿐이다. 왜냐하면 정부는 그렇게 크지 않은 일정 규모의 적자만을 영위할 수 있기 때문이다. 또한 경기순환이 조정된 균형예산의 경우 정부는 전쟁이나 평화 시처럼 지출이 특별히 높거나 낮은 기간에 세율을 평준화할 수 없다(전쟁과 같은 특별한 상황에서는 균형예산 규칙을 적용하지 않도록 함으로써 이런 상황을 극복할 수 있다). 이 규칙은 또한 정부가 지출 부담을 한 세대에서 다른 세대로 이전시킬 수 없으므로 이 장에서 다룬 세 번째 반론을 극복할 수 없다.

마지막으로 경기순환이 조정된 균형예산을 요구하는 규칙과 관련된 심각한 문제는 이런 예산을 직접 관찰할 수 없다는 데 있다. 즉 완전고용으로부터 얼마나 벗어나 있는지 추정해야 한다. 그리고 완전고용인 경우 지출과 조세가 얼마나 차이가 있는지 추정해야 한다. 이 중 어떤 것도 정확히 추정할 수 없다.

5. 미국 의회예산국(CBO)(www.cbo.gov)은 정기적으로 예산에 대한 예측값을 발표한다. 이런 예측값들을 요약해서 알려 주는 CBO 간행물로는 '예산 및 경제전망'을 들 수 있다. 예를 들면 2018년 4월 간행물에서 CBO는 다음과 같이 예측하였다. 일반인들이 보유한 연방채무는 2028년까지 GDP의 거의 100퍼센트까지 증가할 것이다. CBO는 예측을 하는 데 다음과 같이 가정하였다.

사회보장급부금, 주요 건강보장 프로그램, 순이자 비용에 대한 지출은 경제규모보다 빠르게 증가할 것이다. 다른 법에 규정된 지출, 국방 및 비국방에 대한 자유재량적 지출은 경제규모에 비해 감소할 것이다.

몇 가지 조세 법률이 만료되고 경제확장이 지속돼서 수입은 증대할 것으로 예측한다. 개인 소득세로부터의 수입은 GDP 규모에 비해 증가할 것으로 기대되지만, 법인세 및 다른 세원으로부터의 수입감소로 인해 상쇄될 것이다.

실질 GDP는 연간 평균 2.2퍼센트씩 성장할 것으로 예측된다. 잠재생산량은 1980년대 및 1990년대에 비해 보다 완만히 성장할 것으로 기대된다. 왜냐하면 베이비 붐 세대가 지속적으로 은퇴하고, 근로연령대 여성들의 경제활동인구 참가율이 상대적으로 안정되며, 연방조세 및 지출정책이 현재 법률에 따라 시행될 것이므로 경제활동인구가 보다 완만히 성장할 것으로 기대되기 때문이다.

하지만 이런 가정들은 실제로 준수되지 않을 수 있다. 정책입안자들은 경제가 성장해 감에 따라 자유재량적 프로그램에 대한 실질지출을 증대시킬 수 있다. 또한 조세를 예측할 수 없는 방향으로 변경시킬 수 있다. 미국의 생산성이 하락할 경우 실질생산량 성장이 감소해서 조세수입의 증가폭이 감소할 수 있다. 따라서 장래 정부부채는 현재 예측과는 다소 상이하게 나타날 수 있다.

18

금융제도 : 기회 및 위험

복습용 질문

1. 기업이 채권을 발행하여 자금을 마련할 때 이를 **차입금융**이라고 한다. 해당 기업은 필요한 자본을 매입하기 위해서 자금을 차용하며 나중에 대출금을 상환한다. 기업이 주식을 발행하여 자금을 마련할 때 이를 **주식금융**이라고 한다. 해당 기업은 주식 또는 소유 지분을 매도하여 필요한 자금을 마련한다.

2. 개별 주식에 비해 주식형 투자신탁을 보유하는 데 따른 주요 이점은 주식형 투자신탁이 덜 위험하다는 것이다. 투자신탁회사는 저축자들에게 할당된 몫을 판매하고 이 자금을 이용하여 분산투자된 합동자산을 매입하는 금융중개기관이다. 많은 상이한 주식들로 구성된 자산의 작은 몫을 매입할 경우 단지 한 개 회사의 주식을 매입하는 경우보다 덜 위험하다. 왜냐하면 합동자산에 포함된 많은 기업들은 어느 시점에서 서로 상이한 성과를 낼 가능성이 크기 때문이다.

3. 자금을 차용하려는 사람이 자금을 대출해 주려는 사람이 관찰할 수 없는 자신의 상황에 관한 어떤 정보를 갖고 있을 때 역선택이 존재한다. 자금을 차용하려고 가장 열망하는 사람들은 자신들이 대출받기에 가장 덜 적합한 사람이 되도록 하는 특성을 이따금 보유하고 있다. 은행은 잠재적 차용자들을 심사하여 차용자들이 자금을 성공적으로 운용할 가능성을 평가함으로써 역선택 문제를 줄일 수 있다. 거래의 한 당사자가 다른 당사자에게 손해를 입히는 방법으로 행동할 위험성을 도덕적 해이라고 한다. 금융시장에서 자금의 차용자가 사업의 수익성을 높이지 않는 방법으로 자금을 사용할 때 이런 문제가 발생한다. 차용자가 자금을 남용함으로써 이윤을 줄이고 이로 인해 해당 기업의 가치가 낮아질 수 있다. 은행은 차용자의 행태를 효과적으로 제한할 수 있는 대출 계약상의 조항을 포함시킴으로써 도덕적 해이 문제를 줄일 수 있다. 은행에 의한 이런 형태의 감독은 차용된 자금이 의도된 목적으로 사용되도록 보장하는 데 도움이 된다.

4. 레버리지율은 은행 자본에 대한 은행 자산의 비율이다. 레버리지율 20은 은행 자산이 해당 은행 자본의 20배가 된다는 의미이다. 이 경우 은행 자본 1달러당 해당 은행은 19달러를 차용해 줄 수 있다. 좋지 않은 경제 뉴스가 있을 때 레버리지율이 높을수록 해당 금융기관은 덜 안정적이다. 예를 들어 어떤 은행의 자본이 10달러이고 자산은 200달러라고 가상하자. 좋지 않은 경제 뉴스로 인해 해당 은행의 자산가치가 5퍼센트 감소할 경우 이는 은행 자본 10달러에 해당한다. 이 점을 넘어서게 되면 해당 금융기관은 장차 채권자들에게 상환할 자금을 갖고 있지 못하다.

5. 금융위기 동안 소비자 및 기업은 대출을 받아 새로운 투자계획에 대한 재원을 조달하기가 어려워진다. 대출이 줄어들면 지출이 감소하며 해당 경제에서 재화 및 용역에 대한 전반적인 수요를 축소시켜서 총수요곡선이 왼쪽으로 이동하게 된다.

6. 중앙은행이 최종 대부자로서 행동할 때 유동성 위기를 경감시키는 데 도움이 된다. 금융기관이 채권자의 지급요구를 충족시킬 만한 충분한 자금을 갖고 있지 않을 때 유동성 위기가 발생한다. 이럴 때 중앙은행이 금융기관에 자금을 대출해 주면 채권자의 지급요구에 부응할 수 있다. 이런 행위는 은행제도에 대한 일반인들의 신뢰를 회복시켜 유지하는 데 도움이 된다.

7. 위기에 처한 금융제도를 지지하기 위해서 공적자금을 사용하는 데 따른 이점은 금융제도의 신뢰를 유지하는 데 도움이 된다는 것이다. 제대로 작동하는 금융제도는 장래의 경제성장을 용이하게 해 준다. 금융제도를 구하기 위해서 공적자금을 사용하는 데 따른 문제점은 납세자들이 다른 사람들의 실수를 부담해야 하므로 이들에게 공평하지 못하다는 것이다. 이 밖에 정부가 긴급지원을 하게 되면 이는 장래에 도덕적 해이 문제로 이어질 수 있다. 정부가 위기 시에 이들에게 긴급 자금을 지원하기 때문에 사람들은 자신들이 위험한 행동에 참여하게 된다고 생각할 수 있다.

문제와 응용

1. a. 이는 도덕적 해이 문제이다. 릭이 일단 선불금을 받게 되면 자신의 자세를 변화시켜 교과서를 집필하기로 한 자신의 약속을 어기지 않게 된다. 이 문제는 릭이 마감일을 설정함으로써 해결될 수 있다.
   b. 이는 역선택 문제이다. 저스틴은 출판사가 알지 못하는 자신에 관한 것을 알고 있다. 저스틴이 미국대학수학능력시험 논술 분야에서 받은 낮은 점수는 교과서를 저술하는 그의 능력에 영향을 미칠 수 있다. 이 문제는 저스틴에게 선불금을 주기 전에 출판사가 그의 저술 능력을 평가함으로써 해결될 수 있다.
   c. 이는 역선택 문제이다. 마이는 보험회사가 알지 못하는 자신의 가족사에 관한 것을 알고 있다. 이 문제는 보험회사가 마이에게 그녀의 가족 건강 내력을 물어봄으로써 해결될 수 있다.
   d. 이는 도덕적 해이 문제이다. 에릭은 생명보험증권을 취득한 후 자신의 행동을 변화시킨다. 이 문제는 어떤 상황하에서 지불되는 보험금액을 제한함으로써 해결될 수 있다. 예를 들면 에릭이 위험한 행동에 가담하던 중 사망할 경우 지불되는 보험금액을 제한하는 규정을 둘 수 있다.

2. a. 국가 A가 더 높은 수준의 총요소 생산성을 갖게 된다. 총요소 생산성은 생산요소(노동 및 자본)의 동일한 양을 갖고 더 많은 양을 생산할 수 있는 변화의 효과를 측정한다. 저축자로부터 차용자에게로 자금이 공급될 때 다른 사정이 동일하다면 제대로 운용되는 금융제도가 더 높은 경제성장을 달성할 수 있다. 생산과정을 향상시키는 방법에 관해 알고 있는 기업가들은 잘 발달된 금융제도를 갖추고 있는 경우 필요한 자금을 조달할 수 있다. 이렇게 할 수 있는 그들의 능력은 더 높은 수준의 총요소 생산성으로 이어진다. 예를 들면 국가 B처럼 덜 발달된 금융제도를 갖추고 있는 국가에서 일부 좋은 투자계획은 자금을 조달할 수 없어서 이루어지지 못할 수 있다.
   b. 솔로우 성장 모형은 단지 한 가지 형태의 자본만이 존재한다고 가정한다. 여기서 두 국가가 인구성장률을 저축률, 감가상각률, 기술진보율을 갖는다고 가정할 경우 만일 동일한 인구성장률을 갖는다고

가정하게 되면 이들 두 국가는 동일한 안정상태를 향해 수렴하게 된다. 노동자 1인당 생산량, 노동자 1인당 자본, 자본–생산량 비율이 두 국가 사이에 동일해질 것이다. 하지만 상이한 형태의 자본이 존재한다면 보다 발달된 금융제도를 갖춘 국가 A가 더 높은 총요소 생산성으로 이어지는 투자계획에 자금을 보다 잘 제공할 수 있다. 따라서 노동자 1인당 생산량 및 노동자 1인당 자본이 국가 A에서 더 높아진다.

c. 콥–더글라스 생산함수는 $Y = AL^{1-\alpha}K^{\alpha}$라고 가정하자. 여기서 Y는 생산량, L은 노동, K는 자본, A는 총요소 생산성이다. 제3장에서 살펴본 것처럼 실질요소가격은 그에 상응하는 요소의 한계생산물과 같다. 따라서 다음과 같다.

$$MPL = (1-\alpha)AL^{-\alpha}K^{\alpha} = W/P$$
$$MPK = \alpha AL^{1-\alpha}K^{\alpha-1} = R/P$$

잘 발달된 금융제도를 갖춘 국가 A가 더 높은 총요소 생산성을 갖게 되므로 더 높은 수준의 실질임금 및 자본의 실질임대가격을 갖게 된다.

d. 노동자 및 자본 소유주들이 더 높은 소득을 얻게 되므로 잘 발달된 금융제도를 갖춤으로써 이들이 이득을 보게 된다.

3. 금융위기가 발생했을 때 기업들을 구제하는 조치를 정부가 취할 것이라고 사람들이 생각한다면 이들은 상대적으로 보다 위험한 행위에 가담하려는 동기를 갖게 된다. 이것은 도덕적 해이 문제이다. 하지만 정부가 주식 보유자들을 구제하지 않아서 이들이 해당 기업에 투자한 자산 전부를 잃게 된다면 도덕적 해이 문제 중 일부를 해결하게 된다. 여러분이 주식 보유자이고 금융위기 시에 정부가 긴급 자금지원을 하지 않을 것이라는 점을 알고 있다면 해당 금융기업이 과도하게 위험한 행위를 하지 않도록 하는 동기를 갖게 된다. 어떤 금융기업의 채권자들이 금융위기 발생 시 정부가 자신들에게 긴급 자금지원을 할 것이라고 생각한다면 과도하게 위험한 행위를 할 수 있다. 채권자들은 매입할 자산을 결정하는 데 지나치게 낙관적이 된다. 주택대출 담보부 채권의 일부 매입자들은 이들 자산이 제공할 수익에 대해 지나친 신뢰를 하였다고 볼 수 있다. 따라서 과도하게 위험한 행위를 할 수 있는 사람들은 주식 보유자들뿐만 아니라 채권자들도 포함된다.

4. 미국과 그리스 양국에서 발생한 경기침체는 유사한 원인을 갖고 있다. 미국에서는 주택가격의 하락이 일련의 담보물에 대한 권리 상실로 이어졌고 이는 다시 많은 금융기업들의 자산 가치를 하락시켰다. 사람들이 주택대출 담보부 채권에 대한 신뢰를 상실하게 되자 이들 채권의 가치는 더욱 하락하였다. 이런 결과는 금융제도에 대해 더 많은 압박이 되었다. 그리스에서는 정부가 국채를 발행하였고 이는 한동안 위험이 없는 것으로 인식되었다. 그리스 부채가 GDP의 116퍼센트까지 증가했다는 사실이 알려지자 사람들은 이 부채를 보유하는 데 대한 신뢰를 상실하였다. 그리스 채권의 가치가 하락하자 이로 인해 일부 금융기관들이 파산으로 내몰렸다. 그리스의 신용등급 하락이 미국의 것보다 훨씬 더 심각했지만 양국 모두에서 신용등급이 금융위기로 인해 하락하였다. 양국에서 발생한 금융위기는 지출의 감소로 이어졌으며 이로 인해 생산량이 감소하였다.

양국 상황의 차이는 해당 국가에서 어떤 당사자가 금융위기의 책임이 있느냐 하는 문제를 포함한다. 그리스의 경우 금융위기는 정부 행위에서 비롯된 반면에 미국의 경우는 민간 금융기업들의 행위에서 비롯되었다. 또한 그리스 정부부채의 증가는 금융위기의 원인이 되었던 반면에 미국의 경우 정부부채의 증가는 금융위기를 완화시키기 위한 노력의 결과로 발생하였다. 이 밖에 이들 두 국가는 각자의 위기를 처리하기 위해서 사용할 수 있는 상이한 정책적 선택을 갖고 있었다. 미국은 자국의 금융정책을 시행할 수 있는 반면에 그리스는 유럽연합의 일원이기 때문에 그렇게 할 수 없다. 미국의 연방준비은행은 예를 들면 가치를 상실한 많은 금융자산을 매입함으로써 금융위기의 심각성을 통제하는 데 도움이 되는 금융정책을 시행할 수 있었다. 그리스의 유일한 선택은 대출 및/또는 부채 유예를 통해 금융위기를 해결하는 데 도움을 달라고 유럽연합에 호소하는 것뿐이었다.

19

소비 및 투자의 미시경제적 기초

복습용 질문

1. 첫째, 케인즈는 한계소비성향(추가적으로 증가한 소득으로부터 소비되는 금액)이 0에서 1 사이에 존재한다고 추론하였다. 이는 개인의 소득이 1달러 증가할 경우 소비와 저축 모두 증가한다는 의미이다.

   둘째, 케인즈는 **평균소비성향**(소득에 대한 소비의 비율)이 소득이 증가함에 따라 감소한다고 추론하였다. 이는 부유한 사람들이 가난한 사람들보다 자신의 소득 중 더 많은 비율을 저축한다는 의미이다.

   셋째, 케인즈는 소득이 소비의 주요한 결정요인이라고 추론하였다. 특히 이자율은 소비에 중요한 영향을 미치지 않는다고 믿었다.

   위의 세 가지 추론을 만족시키는 소비함수는 다음과 같다.

$$C = \overline{C} + cY$$

   여기서 $\overline{C}$는 상수로 '자율적 소비'이며 Y는 가처분소득이고 c는 한계소비성향으로 0과 1 사이에 위치한다.

2. 케인즈의 추론과 일치하는 실증자료는 단기간의 가계자료를 연구할 경우 찾아볼 수 있다. 이 가계자료로부터 두 가지 사실을 관찰할 수 있었다. 첫째, 더 높은 소득을 갖는 가계는 더 많이 소비하고 더 많이 저축한다. 이는 한계소비성향이 0과 1 사이에 위치한다는 의미이다. 둘째, 소득이 높은 가계는 소득이 낮은 가계보다 소득 중 더 많은 비율을 저축한다. 이는 소득이 증가함에 따라 평균소비성향이 감소한다는 의미이다.

   단기자료로부터 세 가지 추가적인 관찰을 할 수 있다. 첫째, 평균소득이 낮은 수년 동안 소비와 저축 모두 낮다. 이는 한계소비성향이 0과 1 사이에 위치한다는 의미이다. 둘째, 소득이 낮은 수년 동안 소득에 대한 소비의 비율이 높다. 이는 평균소비성향이 소득이 증가함에 따라 감소한다는 의미이다. 셋째, 소득과 소비 사이의 상관관계가 매우 강한 것처럼 보여서 소득 이외의 다른 변수들이 소비를 설명하는 데 중요한 것처럼 보이지 않는다.

   케인즈의 세 가지 추론과 상반된 첫 번째 증거는 제2차 세계대전 후 '지속적인 경기침체'가 발생하지 않은 데서 찾아볼 수 있다. 케인즈의 소비함수에 기초할 경우 일부 경제학자들은 시간이 흘러 소득이 증가함에 따라 저축률도 역시 증가할 것이라 기대하였다. 이들은 이런 저축을 흡수할 이윤이 남는 투자계획이 충분하지 않아서 경제가 무한히 지속될 장기간의 불경기로 진입할 수 있다고 우려하였다. 하지만 이런 일은 발생하지 않았다.

   케인즈의 추론과 상반되는 두 번째 증거는 장기간의 소비 및 소득에 관한 연구에서 찾아볼 수 있다. 사이면 쿠즈네츠(Simon Kuznets)는 소득에 대한 소비의 비율이 10년 간격으로 볼 때 안정적이라는 사실을 발견하였다. 즉 평균소비성향은 시간이 흘러 소득이 증가함에 따라 하락하는 것처럼 보이지 않았다.

3. 생애소득 가설과 항상소득 가설은 모두 개인의 시간 범위가 1년보다 더 길다는 점을 강조한다. 따라서 소비는 단순히 현재소득의 함수가 아니다.

생애소득 가설은 개인의 일생 동안 소득이 변화한다는 점을 강조한다. 저축을 통해 소비자는 소득이 높은 일생의 한 시점에서 소득이 낮은 다른 시점으로 소득을 이전할 수 있다. 생애소득 가설에 따르면 부와 소득이 개인의 생애 재원을 결정하므로 소비는 이 두 가지에 의존해야 한다고 예측한다. 이에 따르면 소비함수는 다음과 같을 것으로 보인다.

$$C = \alpha W + \beta Y$$

단기적으로는 부가 고정되므로 '일반적인' 케인지언 소비함수를 구할 수 있다. 장기적으로는 부가 증가하므로 단기 소비함수가 그림 19-1에서 보는 것처럼 위쪽으로 이동한다.

그림 19-1

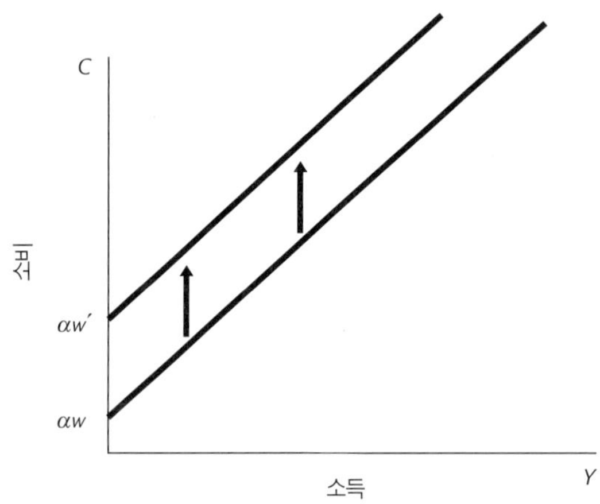

항상소득 가설은 또한 약간 다른 면을 강조하지만 사람들이 소비를 평준화하려 한다고 본다. 항상소득 가설은 일생 동안의 소득형태에 초점을 맞추기보다 사람들이 매년 확률적이며 일시적인 소득 변화를 경험한다는 점을 강조한다. 항상소득 가설에 따르면 현재소득은 항상소득 Y^P와 일시소득 Y^T의 합이라고 한다. 밀턴 프리드먼(Milton Friedman)은 소비가 다음과 같이 항상소득에 의존한다고 본다.

$$C = \alpha Y^P$$

항상소득 가설은 일반적인 케인지언 소비함수가 소득을 측정하는 데 잘못된 변수를 사용한다고 제시함으로써 소비의 수수께끼를 설명하려 하였다. 예를 들어 어떤 가계가 높은 일시소득을 갖는 경우 더 높은 소비를 하지 않게 된다. 여기서 소득 변동의 많은 부분이 일시적인 경우 연구자들은 소득이 높은 가계가 평균적으로 더 낮은 평균소비성향을 갖는다는 사실을 발견하게 된다. 이는 또한 소득의 연간 변동 중 많은 부분이 일시적인 경우 단기 자료에서도 타당하다. 하지만 장기 자료에서 보면 소득변동이 주로 항구적이다. 따라서 소비자는 소득의 증가를 저축하는 대신에 이를 소비하게 된다.

4. 항상소득 가설에 따르면 소비자는 시간이 흐름에 따라 소비를 평준화하려 하므로 현재소비는 생애소득에 대한 현재기대에 의존하게 된다. 따라서 소비 변화는 생애소득의 '갑작스러운 변화'를 반영한다. 소비자가 합리적 기대를 하는 경우 이런 갑작스러운 변화를 예측할 수 없고 이에 따라 소비 변화도 또한 예측할 수 없다.

5. 이 장은 소비자들이 세월이 흐른다는 이유만으로 자신들의 결정을 바꾸는 시간적으로 불일치한 몇 가지 행태를 보여 주고 있다. 예를 들어 어떤 사람이 적절한 방법으로 감량을 하려 하지만 오늘 저녁은 많이 먹고 내일부터 저녁을 적게 먹기로 결정할 수 있다. 하지만 다음 날 이 사람은 다시 한 번 동일한 결정을 내릴 수 있다. 그날 저녁은 많이 먹고 다음 날부터 적게 먹기로 결심을 할 수 있다.

6. 기업 고정투자에 관한 신고전파 모형에서는 자본의 실질임대가격이 자본비용보다 더 큰 경우 기업이 자본량을 증가시키면 이윤을 얻을 수 있다. 실질임대가격은 자본의 한계생산물에 의존하는 반면에 자본비용은 실질이자율, 감가상각률, 자본재의 상대가격에 의존한다.

7. 토빈 q는 장치된 자본의 대체비용에 대한 장치된 자본의 시장가치 비율이다. 토빈에 따르면 순투자는 q가 1보다 큰지 또는 작은지에 의존해야 한다고 본다. q가 1보다 큰 경우 주식시장에서 장치된 자본의 대체비용보다 장치된 자본의 가치를 더 높게 평가하는 것이다. 이는 투자를 유인하는 동기가 된다. 왜냐하면 기업인들은 더 많은 자본을 구입함으로써 해당 기업 주식의 시장가치를 높일 수 있기 때문이다. 반대로 q가 1보다 작은 경우 주식시장에서 장치된 자본의 대체비용보다 장치된 자본의 가치를 더 낮게 평가하는 것이다. 이 경우 기업인들은 자본이 닳아 없어지더라도 이를 대체하지 않게 된다.

   이 이론은 투자에 대한 신고전파 모형을 나타내는 또 다른 방법이다. 예를 들어 자본의 한계생산물이 자본비용을 초과하는 경우 장치된 자본은 이윤을 낼 수 있다. 이윤이 발생하면 해당 기업을 소유하는 것이 바람직하다. 이로 인해 해당 기업 주식의 시장가치가 상승하여 q값이 높아진다. 토빈 q는 자본의 현재 및 기대되는 장래 수익성을 반영하므로 투자하려는 동기를 측정할 수 있다.

문제와 응용

1. a. 소비를 평탄화하기 위해서 알버트와 프랑코는 자신들의 생애소득을 계산하고 생애기간의 수로 나누어보았다. 이들은 각각 생애소득이 $300,000이며 5기간 동안 생존하므로, 소비는 표 19-1에서 보는 것처럼 $600,000로 일정하다. 표 19-2는 (소득에서 소비를 감한) 저축을 보여준다.

표 19-1

	C_1	C_2	C_3	C_4	C_5
알버트	60,000	60,000	60,000	60,000	60,000
프랑코	60,000	60,000	60,000	60,000	60,000

표 19-2

	S_1	S_2	S_3	S_4	S_5
알버트	40,000	40,000	40,000	−60,000	−60,000
프랑코	−20,000	40,000	100,000	−60,000	−60,000

b. 표 19-3은 각 기간 초에 알버트와 프랑코의 부(축적된 저축)를 보여준다. 두 사람 모두 기간 1에는 부를 갖지 않고 출발했으며, 기간 6에는 부를 남기지 않고 생을 마감한다.

표 19-3

	W_1	W_2	W_3	W_4	W_5	W_6
알버트	0	40,000	80,000	120,000	60,000	0
프랑코	0	−20,000	20,000	120,000	60,000	0

c. 그림 19-2는 알버트의 소비, 소득, 부를 보여 주며, 그림 19-3은 프랑코의 소비, 소득, 부를 보여준다. 그림 19-2는 본문에 있는 그림 19-5와 매우 유사하다. 알버트는 근로를 하는 동안 저축을 하고 부를 축적하며, 은퇴해서는 저축을 인출한다. 그림 19-3이 보여주는 것처럼 프랑코의 경우는 시간이 흐름에 따라 소득이 증가한다는 점에서 다소 상이하다. 따라서 소비에 대한 재원을 조달하기 위해 처음에는 차용을 한다. 프랑코가 차용제약으로 속박되었을 경우 시간의 흐름에 따른 소비, 소득, 부를 보여준다.

그림 19-2

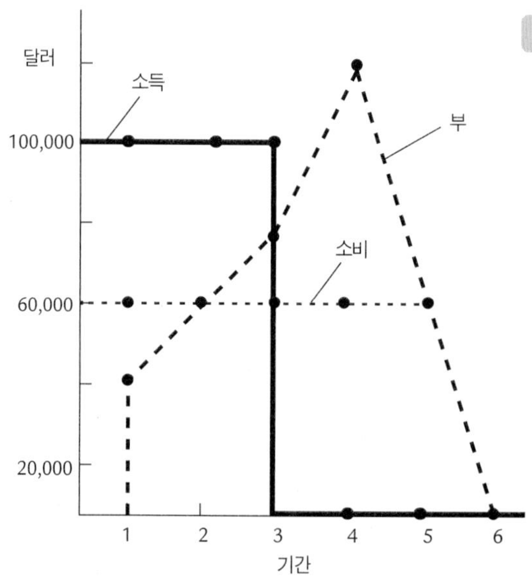

그림 19-3

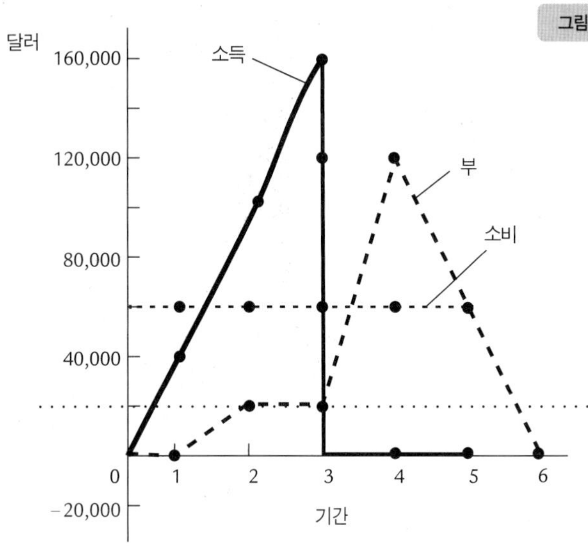

d. 알버트는 차용을 하지 않기 때문에 차용제약으로 인해 영향을 받지 않는다. 프랑코는 기간 1에 차용하고자 하지만 할 수 없다. 따라서 표 19-4에서 보는 것처럼 프랑코는 기간 1에 자신의 전체 소득인 $40,000를 소비하며 그 이후에 $65,000 수준에서 자신의 소비를 평탄화한다. 표 19-5 및 표 19-6은 저축 및 기간 초의 부를 각각 보여준다. 그림 19-4는 프랑코가 차용제약으로 속박되었을 경우 시간의 흐름에 따른 소비, 소득, 부를 보여준다.

표 19-4

	C_1	C_2	C_3	C_4	C_5
알버트	60,000	60,000	60,000	60,000	60,000
프랑코	40,000	65,000	65,000	65,000	65,000

표 19-5

	S_1	S_2	S_3	S_4	S_5
알버트	60,000	60,000	60,000	60,000	60,000
프랑코	0	65,000	65,000	65,000	65,000

표 19-6

	W_1	W_2	W_3	W_4	W_5	W_6
알버트	0	40,000	80,000	120,000	60,000	0
프랑코	0	0	35,000	130,000	65,000	

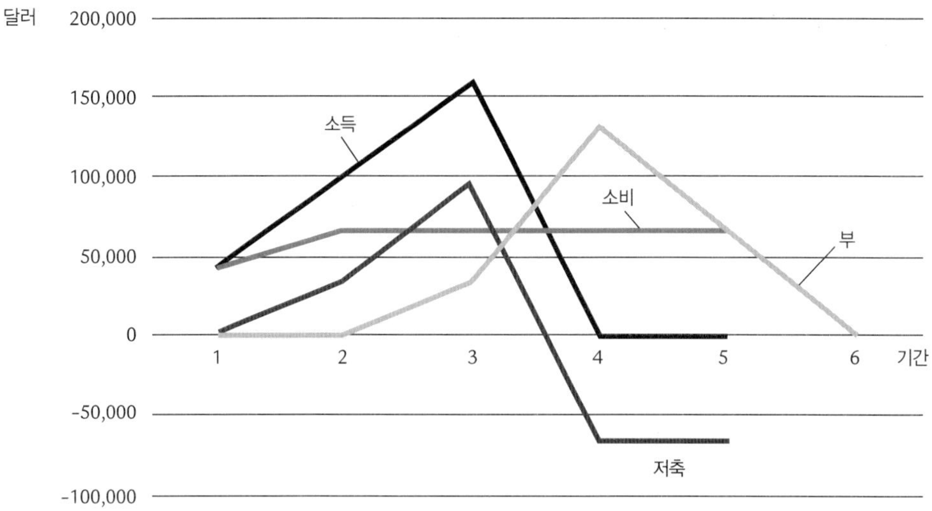

그림 19-4

2. 생애소득 모형에 따르면 저축하는 주요한 근원을 사람들이 은퇴 후에 소비의 재원을 조달하기 위하여 노동을 할 수 있는 동안 저축을 한다는 데서 찾고 있다. 향후 20년 동안 노년층의 인구분포가 증가할 경우 생애소득 모형에 의하면 노년층이 은퇴함에 따라 은퇴 후의 소비에 대한 재원을 조달하기 위하여 축적한 부를 사용하기 시작한다고 본다. 따라서 총저축률은 향후 20년 동안 하락하게 된다.

3. a. 이 장에서는 노년층이 생애소득 모형이 예측한 것처럼 빠르게 저축을 사용하지 않는 이유를 두 가지로 설명하였다. 첫째, 예측할 수 없고 비용이 많이 드는 일이 발생할 수 있기 때문에 기대한 것보다 오래 살거나 의료비용이 많이 들 경우에 대비하여 노년층은 예비적 저축을 비상금으로 갖고자 한다. 둘째, 후손, 친척, 자선단체에 유산을 남겨 주길 원하므로 은퇴기간에 자신의 부를 모두 사용하지 않는다.

   b. 후손이 없는 노인들이 후손이 있는 노인들처럼 부를 서서히 사용한다면 이는 예비적 동기 때문일 것으로 보인다. 유산을 남겨 주려는 동기는 아마도 후손이 없는 노인들보다 있는 노인들에게 더 강할 것으로 보인다. 달리 해석하면 후손이 있다는 사실로 인해 아마도 바람직한 저축이 증가하지 않을 수 있다. 예를 들면 후손이 있는 노년층은 유산을 남겨 주려는 동기가 크지만 예비적 동기는 낮아질 수 있다. 즉 금전상의 위기가 발생하면 후손들에게 의지할 수 있다. 저축에 미치는 이 두 가지 효과가 아마도 서로 상쇄되었을지도 모른다.

4. 총수요에 영향을 미치는 재정정책의 효과는 이 정책이 소비에 어떤 영향을 미치는지에 달려 있다.

   a. 일시적인 조세삭감이 이루어진 경우, 차용제약에 직면하는 가계는 소비하기 위해 차용하길 원했으나 그렇게 할 수 없었으므로 차용제약에 직면하지 않은 가계보다 소비에 더 많이 지출한다. 따라서 가처분소득이 증가하면 주로 소비증가에 충당하게 된다. 사실 가처분소득이 증가한 이후에도 차용제약이 계속 구속력을 갖는 가계의 경우 조세삭감 전체를 소비에 충당한다. 따라서 일시적 조세삭감이 총수요에 미치는 영향은 가계가 차용제약을 갖는 경우 더 크다.

   b. 장래의 조세삭감을 발표할 경우 장래의 가처분소득을 증가시킬 뿐이다. 차용제약을 갖지 않는 가계

는 현재의 소비 증가에 대한 재원을 마련하기 위해 차용을 함으로써 자신의 소비를 평탄화할 수 있다. 차용제약에 직면하는 가계는 이렇게 할 수 없으므로, 현재소비가 변화하지 않는다. 따라서 장래의 조세삭감 발표가 현재 총수요에 미치는 영향은 가계가 차용제약을 갖지 않는 경우 더 크다.

5. a. 완벽하게 합리적이고 시간이 일치하는 소비자인 경우 요구를 하면 예금을 인출할 수 있는 예금계좌를 분명히 선호할 것이다. 예금계좌에 대해 궁극적으로 동일한 이자를 받으면서도 (예를 들면 기대하지 못한 일시적인 소득 감소가 발생하는 경우처럼) 기대하지 못한 상황에서 계좌의 자금을 이용하여 소비의 재원을 조달할 수 있다.

   b. 이와는 대조적으로 '즉각적인 만족의 표출'을 경험하게 되면 인출하기 30일 전에 미리 인출통보를 해야 하는 예금계좌를 선호할 수도 있다. 이처럼 즉각적인 만족을 얻으려는 욕구를 채우기 위해 자금을 사용하지 못하도록 미리 속박을 할 수 있다. 이런 속박을 통해 시간불일치 문제를 극복할 수 있다. 즉 어떤 사람들은 저축을 더 많이 하기를 원하지만 어느 특정 순간에 즉각적인 만족을 얻으려는 강한 욕구 때문에 언제나 저축보다 소비를 선택하게 된다.

   c. 요구를 하면 예금을 인출할 수 있는 예금계좌를 선호할 경우 이는 어빙 피셔, 프랑코 모딜리아니, 밀턴 프리드먼의 모형에서 상정하고 있는 소비자 형태이다. 자금을 인출하기 30일 전에 미리 인출통보를 해야 하는 예금계좌를 선호할 경우 이는 데이비드 레입슨의 모형에서 상정하고 있는 소비자 형태이다.

6. a. 피셔 모형에 따르면 소비자는 두 기간 소비 사이의 한계대체율이 $1 + r$과 같아지도록 소득을 배분한다. 여기서 r은 실질이자율이다. 이 문제에서 실질이자율은 0이다. 한계대체율은 어떤 두 기간 한계효용의 비율이다. 한계효용을 구하기 위해서 효용함수를 C_i에 대해 미분하면 $MU_i = 1/C_i$가 된다. 기간 1 및 기간 2에 대해 구하면 다음과 같다.

$$\frac{1/C_1}{1/C_2} = 1$$
$$C_1 = C_2$$

기간 2 및 기간 3에 대해 구하면 다음과 같다.

$$\frac{1/C_2}{1/C_3} = 1$$
$$C_2 = C_3$$

따라서 다음과 같다.

$$C_1 = C_2 = C_3 = 40{,}000\text{달러}$$

   b. 데이비드는 두 기간 사이의 한계대체율을 1이라고 놓는다. 기간 1 및 기간 2에 대해 구하면 다음과 같다.

$$\frac{2/C_1}{1/C_2} = 1$$
$$C_1 = 2C_2$$

기간 2 및 기간 3에 대해 구하면 다음과 같다.

$$\frac{1/C_2}{1/C_3} = 1$$

$$C_2 = C_3$$

우리는 또한 $C_1 + C_2 + C_3 = 120{,}000$달러라는 사실을 알고 있다. 위의 식으로부터 구한 값을 C_1 및 C_3에 대입하면 $2C_2 + C_2 + C_2 = 120{,}000$달러가 된다. 따라서 $C_1 = 60{,}000$달러, $C_2 = C_3 = 30{,}000$달러가 된다. 기간 1 후에 데이비드는 부로 60,000달러를 갖게 된다.

c. 기간 2에서 데이비드는 기간 3에 대해 두 배의 효용을 얻게 된다. 위와 동일한 과정을 밟으면 $C_2 = 2C_3$가 되서 데이비드는 기간 2에서 40,000달러를 소비하고 기간 3에서 20,000달러를 소비한다. 데이비드는 장래소비에 대해 현재소비에 두 배의 가치를 두기 때문에 기간 1로부터 자신의 결정을 수정한다. 데이비드의 선호는 시간적으로 불일치한다.

d. 데이비드가 기간 2에서 자신의 선택을 제약할 수 있다면 기간 2에서 30,000달러를 소비하고 기간 3에서 30,000달러를 소비하길 선호한다. 주어진 효용함수하에서 데이비드는 기간 1에서 60,000달러를 소비하고 다음 두 기간 각각에서 30,000달러씩 소비하길 선호한다. 데이비드는 레입슨 교수의 즉각적인 만족의 표출 모형의 예가 된다. 데이비드는 자신이 불완전한 의사결정자라는 점을 알고 있으므로 자신의 장래 결정을 제약하길 선호한다.

7. (a)에서 (c)까지 대답하는 데 다음과 같은 신고전파 투자함수를 다시 한 번 생각해 보는 것이 필요하다.

$$I = I_n[MPK - (P_K/P)(r+\delta)] + \delta K$$

위의 식에 따르면 기업 고정투자는 자본의 한계생산물(MPK), 자본비용($(P_K/P)(r+\delta)$), 자본량의 감가상각규모(δK)에 의존한다. 또한 균형에서 자본의 실질임대가격은 자본의 한계생산물과 같아야 한다.

a. 실질이자율이 상승하면 자본비용 $(P_K/P)(r+\delta)$가 증가한다. 기업은 자본량을 증대시키는 데 필요한 이윤이 남는 투자를 더 이상 찾을 수 없기 때문에 투자가 감소한다. 자본의 한계생산물은 변하지 않기 때문에 자본의 실질임대가격에는 즉각적인 어떤 변화도 발생하지 않는다.

b. 지진으로 인해 자본량의 일부가 파괴되는 경우 한계생산물 체감 때문에 자본의 한계생산물이 증대된다. 따라서 자본의 실질임대가격이 상승한다. (변하지 않은) 자본비용에 비해 MPK가 증가하므로 기업들은 투자증대로 이윤을 남길 수 있다고 생각한다.

c. 외국노동자들의 이민으로 인해 노동력이 증대되는 경우 자본의 한계생산물 그리고 이로 인한 자본의 실질임대가격이 증가한다. (변하지 않은) 자본비용에 비해 MPK가 증가하므로 기업들은 투자증대로 인해 이윤을 남길 수 있다고 생각한다.

d. 생산을 보다 효율적으로 하는 컴퓨터 기술이 발전함에 따라 자본의 한계생산물이 증가한다. 이에 따라 자본의 실질임대가격과 투자가 증가한다. 자본의 비용은 변화하지 않는다.

8. 다음과 같은 기업의 투자 방정식을 다시 한 번 생각해 보자.

$$I = I_n[MPK - (P_K/P)(r+\delta)] + \delta K$$

식에 따르면 기업의 투자는 자본의 한계생산물, 자본비용, 자본량의 감가상각규모에 의존한다고 한다.

원유매장량에 대해 부과된 단 한 번의 조세는 MPK에 영향을 미치지 않는다. 석유회사는 자본을 얼마나 보유하고 있든지 조세를 납부해야 한다. 자본을 보유하는 데 따른 이익(MPK)이나 자본비용이 조세에 의해 변하지 않기 때문에 투자도 역시 변하지 않는다.

하지만 기업이 금융제약에 직면하는 경우 투자규모는 현재 소득규모에 의존하게 된다. 조세가 부과되면 현재소득을 낮추게 되므로 투자 또한 낮추게 된다.

9. a. 투자가 국민소득에 의존하는 몇 가지 이유가 있다. 첫째, 기업 고정투자에 관한 신고전파 모형에서 보면 고용이 증가할 경우 자본의 한계생산물이 증대된다. 따라서 고용이 증가하여 국민소득이 증가하면 MPK가 높아져서 기업이 투자하려는 동기를 갖는다. 둘째, 기업이 금융제약을 갖는 경우 현재 이윤이 증가하면 기업이 투자할 수 있는 금액이 증대된다. 셋째, 소득이 증가하면 주택 수요가 증대되어 주택가격이 상승하는데 이로 인해 주택투자 수준이 증가한다. 넷째, 재고의 가속도 모형에 따르면 생산량이 증가할 경우 기업은 더 많은 재고를 보유하고자 한다. 그 이유는 재고가 생산요소이기 때문이거나 기업들이 재고가 고갈되는 것을 피하려 하기 때문이다.

b. 제11장의 균형 국민소득결정 모형에서 $I = \overline{I}$ 라고 가정하였다. 정부 지출이 ΔG 증가하는 경우 정부 구매 승수를 살펴보았다. 즉각적인 영향은 소득이 ΔG 증가하는 것이다. 소득이 이만큼 증가하면 소비가 $MPC \times \Delta G$만큼 증가한다. 소비가 이렇게 증가하면 지출과 소득이 다시 한 번 증가하고 이 과정은 무한히 지속되어 소득에 미치는 궁극적인 영향은 다음과 같다.

$$\begin{aligned}\Delta Y &= \Delta G(1 + MPC + MPC^2 + MPC^3 + \cdots)\\ &= [1/(1 - MPC)]\Delta G\end{aligned}$$

따라서 제11장에서 구한 정부지출 승수는 다음과 같다.

$$\Delta Y/\Delta G = 1/(1 - MPC)$$

이제는 투자가 소득에 또한 의존하여 $I = \overline{I} + aY$라고 가상하자. 이전처럼 정부지출이 ΔG만큼 증가하면 소득이 ΔG만큼 증가한다. 이런 초기의 소득증대로 인해 소비가 $MPC \times \Delta G$만큼 증가한다. 이제는 이로 인해 또한 투자가 $a \times \Delta G$만큼 증가한다. 소비와 투자가 증가함에 따라 지출과 소득이 다시 한 번 증대된다. 이 과정은 지속되어 다음과 같아진다.

$$\begin{aligned}\Delta Y &= \Delta G[1 + (MPC + a) + (MPC + a)^2 + (MPC + a)^3 + \cdots]\\ &= [1/(1 - MPC - a)]\Delta G\end{aligned}$$

따라서 정부구매 승수는 다음과 같다.

$$\Delta Y/\Delta G = 1/(1 - MPC - a)$$

동일한 방법으로 진행을 하면 조세승수는 다음과 같다.

$$\Delta Y/\Delta T = -MPC/(1 - MPC - a)$$

투자가 소득에 의존할 경우 재정정책 승수가 더 커진다는 데 주목하자.

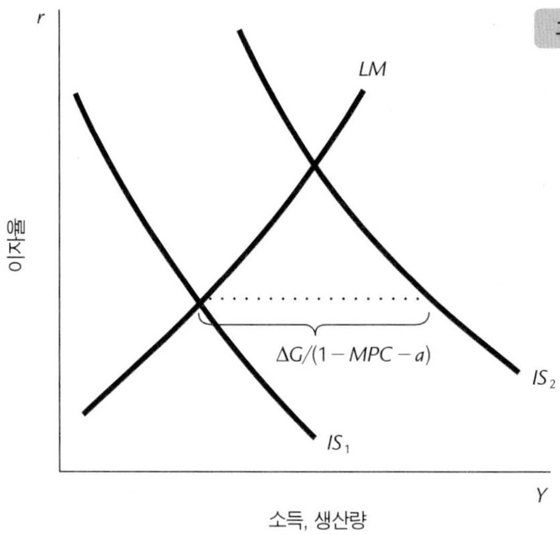

그림 19-5

c. 균형 국민소득결정 모형에서 정부구매 승수를 통해 이자율이 일정하게 주어진 경우 생산량이 정부구매의 변화에 어떻게 반응하는지 알 수 있다. 따라서 정부구매의 변화에 반응하여 *IS*곡선이 얼마나 이동하는지 알 수 있다. 투자가 소득과 이자율에 의존하는 경우 (b)에서 승수가 더 커진다는 사실을 알았다. 투자가 이자율에만 의존할 경우보다 *IS*곡선이 더 멀리 바깥쪽으로 이동한다. 그림 19-5에서 이는 IS_1이 IS_2로 이동하는 것으로 나타난다.

그림에서 보면 국민소득과 이자율이 증가하는 것이 분명하다. 소득이 높아짐에 따라 소비도 역시 더 높아진다. 투자가 증가하는지 또는 감소하는지는 알 수 없다. 이자율이 상승할수록 투자는 감소하는 경향이 있는 반면에 국민소득이 증가할수록 투자가 증대되는 경향이 있다.

투자가 이자율에만 의존하는 일반적인 모형에서 정부구매가 증대되면 투자는 분명히 감소한다. 즉 정부구매로 인해 투자가 '구축'된다. 이 모형에서는 대신에 정부구매가 증대됨에 따라 *Y*가 일시적으로 증가함으로써 단기적으로 투자가 증가한다.

10. 주식시장이 대폭락하는 경우 장치된 자본의 시장가치가 하락하게 된다. 장치된 자본의 대체비용에 대한 장치된 자본의 시장가치인 토빈 q도 역시 감소한다. 이로 인해 투자가 감소하고 총수요도 감소한다.

미국의 경우 연방준비은행이 생산량이 불변하도록 유지하려 한다면 확장적 금융정책을 시행하여 이런 총수요 충격을 상쇄할 수 있다.

11. 기업인들이 상대 당 후보가 선거에서 승리할 것이라 생각한다면 계획하고 있는 투자의 일부를 연기할 수도 있다. 기다렸다가 상대 당 후보가 선출될 경우 투자세액공제로 인해 투자비용이 감소한다. 따라서 내년에 투자세액공제 제도를 시행하겠다는 선거공약으로 인해 현재 투자가 감소하게 된다. 투자가 감소하면 현재 총수요와 생산량이 하락한다. 따라서 경기후퇴가 심화된다.

이렇게 경기후퇴가 심화되면 현직 후보 대신에 상대 당 후보에게 투표를 할 가능성이 높아져서 상대 당 후보가 승리할 가능성이 더 높아진다는 사실에 주목하자.

경기변동이론의 발전

복습용 질문

1. 실물경기변동이론은 노동공급의 변동을 통해 고용의 변동을 설명하고 있다. 이 이론은 노동의 공급량이 노동자들이 직면하는 경제적 동기에 의존한다는 점을 강조한다. 기간 간 대체, 즉 시간이 흐름에 따라 자신들의 노동을 재분배하려는 노동자의 의지가 사람들이 이런 동기에 어떻게 반응하는지를 결정하는 데 특히 중요하다. 예를 들면 현재의 임금 또는 이자율이 일시적으로 높은 경우 장래에 비해 현재 더 많이 노동을 하는 것이 의미가 있다.

2. 실물경기변동이론에 관한 논의에서 네 가지 핵심적인 이견이 있다. 이 이견들은 아직 해결되지 않아서 활발한 연구분야로 남아 있다. 이 이견들은 다음과 같다.

   a. **노동시장에 관한 해석** – 경기순환을 경험하면서 실업률은 큰 폭으로 변화한다. 실물경기변동이론을 주장하는 사람들은 경제가 언제나 노동공급곡선상에 위치한다 가정하고 고용의 변동은 사람들이 노동하고자 하는 규모의 변화에서 비롯된다고 본다. 이들은 적어도 다음과 같은 두 가지 이유 때문에 실업통계를 해석하기가 힘들다고 본다. 첫째, 사람들은 실업보험수당을 받기 위해 실업상태에 있다고 주장할 수 있다. 둘째, 실업자들은 지난 대부분 기간에 받았던 임금을 제의받을 경우 기꺼이 노동을 하려 할 수 있다.

      이론을 비판하는 사람들은 고용변동이 사람들이 노동하고자 하는 규모를 단순히 반영한 것이 아니라고 본다. 이들은 불경기에 실업률이 높은 것을 노동시장이 청산되지 않은 상황, 즉 노동공급과 수요가 균형되도록 임금이 조절되지 못한 상황을 의미한다고 본다.

   b. **기술충격의 중요성** – 실물경기변동을 주장하는 사람들은 경제가 자본 및 노동이란 요소로부터 재화 및 용역을 생산하는 경제 능력상의 변동을 경험한다고 가정한다. 이런 변동은 기술 자체뿐만 아니라 날씨, 환경규제, 유가에서 비롯된다.

      실물경기변동이론을 비판하는 사람들은 “충격이 무엇이냐?”고 질문한다. 이들은 기술진보가 점진적으로 이루어진다고 본다. 기술축적의 속도가 느려질 수는 있지만 퇴보하는 상황은 일어나지 않을 것으로 보인다.

   c. **화폐중립성** – 화폐증가와 인플레이션이 낮아지는 경우 일반적으로 높은 실업 기간과 연계된다. 대부분의 사람들은 이런 현상을 금융정책이 실질경제에 강한 영향력을 미치는 증거라고 본다. 실물경기변동이론은 경기변동의 비화폐적(즉 ‘실질적’) 요인을 강조하면서 다음과 같이 주장한다. 즉 생산량

변동으로 인해 통화공급의 변동이 발생하기 때문에 화폐와 생산량 사이에 밀접한 상관관계가 존재하는 것이지 그 반대는 성립하지 않는다고 본다. 따라서 실물경기변동이론을 주장하는 사람들은 금융정책이 생산량과 고용 같은 실질변수에 영향을 미치지 않는다고 주장한다.

d. **임금 및 가격의 신축성** – 대부분의 미시경제학 분석에서는 가격이 조절되어 공급과 수요가 균형을 이룬다고 가정한다. 실물경기변동이론을 주장하는 사람들은 거시경제학에서도 동일한 가정을 해야 한다고 믿고 있다. 이들은 임금 및 가격의 비신축성이 경제 변동을 이해하는 데 중요하지 않다고 주장한다. 실물경기변동이론을 비판하는 사람들은 많은 임금 및 가격이 신축적이지 않다고 지적한다. 이들은 이런 비신축성을 통해서 실업의 존재와 화폐의 비중립성을 설명할 수 있다고 본다.

3. 가격조절이 시차를 두고 이루어지면 통화수축이 이루어지고 난 이후에 물가수준이 매우 서서히 조절된다. 어느 한 기업이 가격을 조절할 경우 그 기업은 자신의 가격을 매우 주저하면서 변화시킬 것이다. 그 이유는 가격을 대폭적으로 변화시키면 자신의 실제 가격(다른 기업에 대한 자신의 가격)이 변화될 수 있기 때문이다. 이런 소폭적인 변화로 인해 경제 내 모든 기업들이 일차로 가격조절을 하고 난 이후에도 총물가수준은 새로운 균형수준으로 완전히 조절되지 못한다.

문제와 응용

1. 일시적으로 양호한 기후가 발생하면 로빈슨 크루소는 더 열심히 노동을 할 것이다. 따라서 GDP는 양호한 날씨와 보다 많은 노동으로 인한 효과가 복합적으로 발생하여 증가한다. 로빈슨 크루소가 현재 여가를 취하기 위해서는 많은 생산을 포기해야 하므로 현재의 여가가격은 상대적으로 높다. 며칠 뒤의 날씨는 그렇게 좋지 않을 것이므로 그때의 여가는 상대적으로 저렴해져서 로빈슨 크루소는 여가를 취하기 위해 많은 생산을 포기하지 않아도 된다. 로빈슨 크루소는 장래에 더 많은 여가를 즐기기 위해서 현재의 여가를 더 적게 선택하게 된다(더 많은 노동을 선택하게 된다).

   이와는 대조적으로 날씨가 영원히 좋아졌다면 로빈슨 크루소의 노동에 대한 기간 간 대체효과가 발생하지 않는다. 즉 현재의 생산성이 장래의 것과 동일하다. 하지만 날씨상황이 나아진 세계에서 로빈슨 크루소는 자신의 노동습관을 바꾸려 하게 된다. 날씨가 좋아져서 로빈슨 크루소의 생활이 나아졌기 때문에 소득효과가 발생하며 이로 인해 노동을 덜 하고도 생활을 할 수 있다. 이를 상쇄하는 것이 대체효과이다. 즉 얻지 못하게 될 생산량의 측면에서 본 여가의 가격이 더 높아져서 로빈슨 크루소는 더 열심히 노동을 하고자 하는 동기를 갖게 된다.

   로빈슨 크루소는 날씨가 좋아진 이후에 노동을 적게 하더라도 생산성 수준이 높아져서 GDP가 상승할 가능성이 매우 높다. 그 이유는 로빈슨 크루소가 원하는 재화와 여가를 모두 더 많이 갖기 위해서 자신의 증대된 잠재력을 이용할 것으로 보기 때문이다. 즉 로빈슨 크루소는 소비가 감소할 정도로 여가를 증대시키지 않을 것으로 보인다. 미시경제학적으로 표현을 한다면 재화와 용역이 모두 정상재, 즉 소득이 증가할 경우 더 많이 원하는 재화이기 때문에 GDP가 증가한다.

2. 실물경기변동이론은 물가수준이 완전히 탄력적이라고 가정한다. 따라서 이 장에서는 *LM* 곡선을 무시하였다. 즉 실질변수에 영향을 미치지 못한다고 보았다. 다시 말해 물가수준이 조절되어 화폐시장이 균형을 이루게 되어 다음과 같이 실질화폐잔고의 공급이 수요와 일치한다고 가정한다.

$$M/P = L(r, Y)$$

중앙은행이 통화공급 M을 결정하며 실질 총공급과 실질 총수요가 교차하는 점에서 이자율 r과 생산량 Y가 결정된다. 물가수준이 자유롭게 조절되어 화폐시장의 청산이 이루어지도록 한다.

a. 생산량 Y가 증가하게 되면 실질화폐잔고에 대한 수요가 증가한다. 중앙은행이 통화공급 M을 일정하게 유지할 경우 화폐시장의 균형을 회복하기 위하여 물가수준이 하락해야 한다. 따라서 P와 Y는 서로 반대방향으로 변동한다.

b. 이제는 중앙은행이 통화공급을 조절하여 물가수준 P가 변동하지 못하도록 한다고 가상하자. 생산량 Y가 증가하면 실질화폐잔고에 대한 수요가 증가한다. 물가수준이 하락하는 것을 방지하기 위하여 중앙은행은 통화공급을 증대시켜야 한다. 이와 유사하게 생산량이 하락하면 중앙은행은 물가수준이 안정된 상태로 화폐시장의 균형을 유지하기 위하여 통화공급을 감소시켜야 한다. 따라서 M과 Y는 동일한 방향으로 변동한다.

c. 통화공급 변동과 생산량 변동 사이의 상관관계가 반드시 실물경기변동이론과 부합되지 않는 증거가 되지는 않는다. 중앙은행이 (b)에서처럼 물가수준을 안정되게 유지하려는 정책을 채택할 경우 통화가 생산량에 영향을 미치지 않으면서 M과 Y 사이에 밀접한 상관관계가 있음을 관찰할 수 있다. 정확히 말하면 이 상관관계는 생산량의 변동에 대해 금융당국이 내생적으로 대응한 결과에서 비롯된 것이라 할 수 있다.

3. a. 표 A-1은 게임에 따른 성과를 보여 주고 있다. 앤디와 벤이 모두 열심히 일할 경우 이윤 100달러에서 열심히 일하는 데 소요되는 20달러를 제외하고 각각 80달러를 받는다. 이 둘 중 한 사람만이 열심히 일할 경우 열심히 일한 사람은 이윤 70달러에서 열심히 일하는 데 소요되는 20달러를 제외한 금액을 받는 반면에, 그렇지 않은 사람은 다른 비용이 소요되지 않기 때문에 이윤 70달러를 전부 받게 된다. 마지막으로 아무도 열심히 일하지 않을 경우 각각 60달러를 받는다.

표 A-1

		벤: 열심히 일하는 경우	벤: 열심히 일하지 않는 경우
앤디	열심히 일하는 경우	80 80	50 70
앤디	열심히 일하지 않는 경우	70 50	60 60

b. 앤디와 벤은 둘 다 열심히 일해서 최대금액인 80달러를 각각 받기를 선호한다.

c. 앤디는 벤이 열심히 일할 것이라고 기대하는 경우 자신도 또한 열심히 일해서 80달러를 받고자 하거나 열심히 일하지 않고 70달러를 받으려 할 것이다. 따라서 앤디도 역시 열심히 일하려 할 것이다. 벤도 동일한 선택에 직면하게 되어 동일한 결정을 하게 될 것이다. 열심히 일하는 것이 균형이 된다. 앤디와 벤 모두 상대편이 열심히 일할 것이라고 기대하는 경우 둘 다 열심히 일해서 상대편의 기대를 충족시키게 된다.

d. 앤디는 벤이 게으르다고 기대하는 경우 열심히 일해서 50달러를 받든지 같이 게으름을 피워 60달러를 받게 된다. 따라서 앤디는 게으름을 피우게 된다. 벤도 동일한 선택에 직면하게 되어 동일한 결정

을 내리게 된다. 게으름을 피우는 것이 균형이 된다. 앤디와 벤 모두 상대편이 게으르다고 기대하는 경우 둘 다 게으름을 피워 서로의 기대를 충족하게 된다.

e. 이 게임은 사업관계에서 조정실패의 가능성을 보여 주는 한 예이다. 앤디와 벤 모두 열심히 일하면 상황이 더 나아질 수 있었지만 결국에는 둘 다 게으름을 피우는 것으로 끝이 났다. 둘이 조정을 해서 모두 열심히 일을 했다면 상황이 나아질 수 있었지만 어느 누구도 일방적으로 열심히 일하려는 동기를 갖고 있지 않았다. 실제로 조정실패는 참가자가 많은 게임에서 더 중요한 문제가 될 수 있다. 참가자가 적은 경우 조정하기가 상대적으로 덜 어렵다. 또한 (저술을 하는 공저자를 포함하여) 동업자 간의 관계는 매기 동업자가 자신들의 노동 강도를 선택하는 반복적인 게임에 더 유사하다. 이런 반복적인 게임에서는 나은 균형상태에 보다 용이하게 도달할 수 있는 방법인 '상대편이 지난번에 열심히 일한 경우에만 열심히 일한다'는 전략이 있을 수 있다.

4. a. 그림 A-1은 한계비용, 수요, 한계수입을 보여 주고 있다. 한계수입곡선은 수요곡선 아래에 위치한다. 그 이유는 수요곡선 아래로 이동하기 위하여 가격을 낮추는 경우 이전에 판매된 모든 수량으로부터 얻은 수입이 감소하기 때문이다. 한계수입과 한계비용이 일치하는 곳에서 이윤을 극대화하는 수량이 결정된다. 독점기업은 이 수량에 상응하는 수요곡선상의 점을 선택함으로써 가격을 설정할 수 있다. 그림 A-1에서 소비자 잉여는 면적 A이고 이윤은 면적 B이다.

그림 A-1

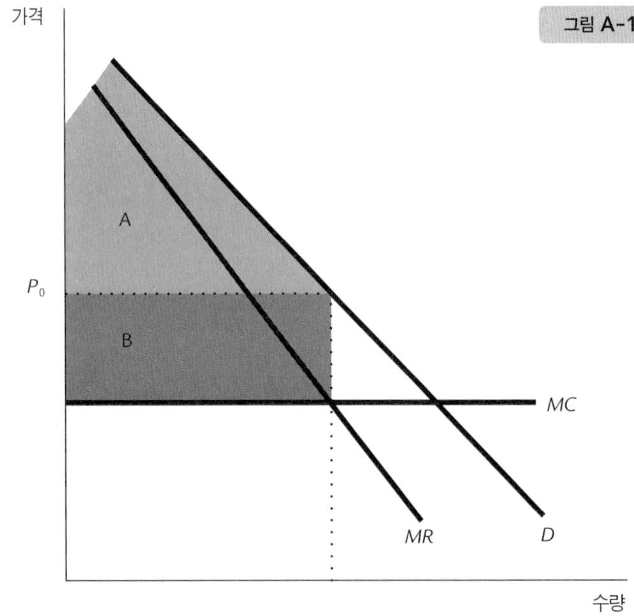

b. 그림 A-2는 더 높은 가격에서 소비자 잉여가 A라는 사실을 보여 주고 있다. 최적수준과 비교해 볼 때 소비자 잉여의 변화는 −(B + C)이다. 더 적은 수의 소비자가 이 상품을 소비하고 가격이 더 높아졌기 때문에 소비자는 이 두 부분의 면적을 잃게 된다.

최적수준에서 이윤은 D + E가 되는데 가격이 높아짐에 따라 이윤은 B + D가 된다. 최적수준과 비교해 볼 때 더 높은 가격에서 이윤의 변화는 B−E가 된다. 생산자는 해당 상품이 더 적게 판매되어 손

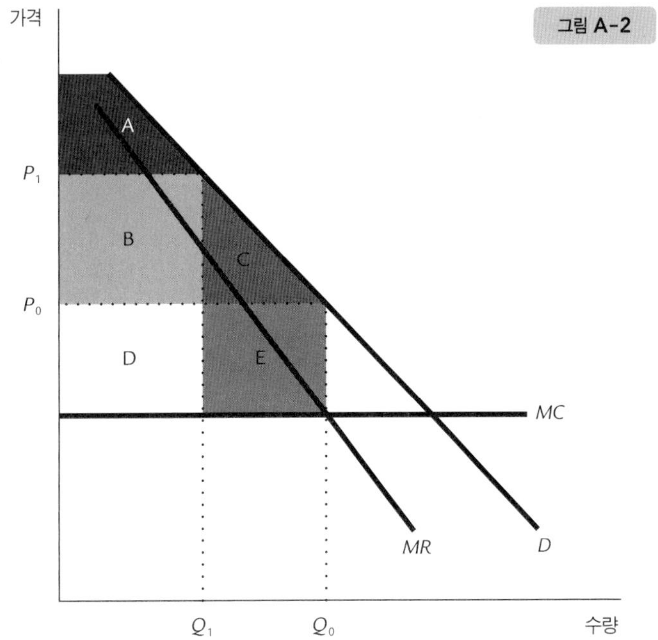

실을 보지만 판매된 각 상품 단위에 대해 더 높은 가격을 받았으므로 이득을 보게 된다.

c. 기업은 E > 메뉴비용인 경우 가격을 조절하게 된다. 이런 결정을 내리면서 기업은 가격이 높음으로써 소비자 잉여에 미치는 비용을 간과하고 있다. 사회적 총손실 C + E가 메뉴비용보다 큰 경우 사회는 가격을 조절함으로써 상황이 나아진다. 다시 말해 메뉴비용이 존재하는 경우 독점기업은 가격을 필요한 만큼 자주 인하하지 않게 된다.

| 역자 소개 |

이 병 락

고려대학교 경상대학 교수

주요 역서 및 저서

- **국제경제학**(1999, 2007, 시그마프레스)
- **경기전망지표**(1999, 시그마프레스)
- **무역실무**(2008, 시그마프레스)
- **계량경제학**(2003, 2010, 2020, 시그마프레스)
- **미시경제학**(2004, 2010, 2015, 시그마프레스)
- **문제 풀며 정리하는 미시경제학**(2011, 2015, 시그마프레스)
- **통계학**(2014, 시그마프레스)